KB275500

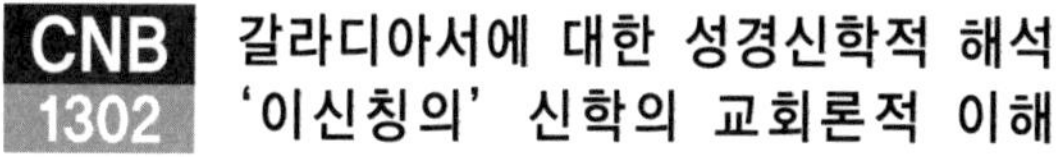
CNB 1302

갈라디아서에 대한 성경신학적 해석
'이신칭의' 신학의 교회론적 이해

갈라디아서 연구

이 재 복

2011년

칼빈아카데미

지은이 | 이재복

• 총신대학신학대학원, 천안대학교(M.A.), 천안백석대학원(Th.M.)에서 수학하였고, 호서대학교연합신학전문대학(Th.D.)에서 신약신학을 전공했다. 현재, 예장합동선교부(GMS) 이사, 전북신학대학 이사로 재직하고 있으며, 대한예수교장로회 진안읍교회에서 목회에 전력하고 있다.

갈라디아서 연구

CNB 1302

갈라디아서 연구

A Study of The Justification by Faith in the Galatians
by Jaebok Lee
Copyright ⓒ 2011 by Jaebok Lee

Published by Calvinacademy Publishing House

초판 인쇄 | 2011년 3월 10일
초판 발행 | 2011년 3월 19일

발행처 | 칼빈아카데미
주소 | 서울시 구로구 구로5동 26번지 신도림 포스빌 1702호
전화 | 02-865-9120
등록번호 | 제12-614호
등록일자 | 2008년 12월 17일

발행인 | 장수민
지은이 | 이재복
편집주간 | 송영찬
편집 | 신명기
디자인 | 조혜진

총판 | (주) 비전북출판유통
주소 | 경기도 고양시 일산구 장항동 568-17호 (우) 411-834)
전화 | 031-907-3927(대)   팩스 031-905-3927

저작권자 ⓒ 2011 이재복

CNB카페 | http://cafe.daum.net/C.N.B.(교회와 성경)

갈라디아서 연구

A Study of The Justification by Faith in the Galatians

CNB 시리즈
서 문

CNB The Church and The Bible 시리즈는 개혁신앙의 교회관과 성경신학적 구속사 해석에 근거한 신·구약 성경 연구 시리즈이다.

이 시리즈는 보다 정확한 성경 본문 해석을 바탕으로 역사적 개혁 교회의 면모를 조명하고 우리 시대의 교회가 마땅히 추구해야 할 방향을 제시함으로써 교회의 삶과 문화를 창달하는 것을 그 목적으로 하고 있다.

따라서 이 시리즈는 진지하게 성경을 연구하며 본문이 제시하는 메시지에 충실하고 있다. 그렇다고 이 시리즈가 다분히 학문적이거나 또는 적용적이라는 의미에 국한되지 않는다. 학구적인 자세는 변함 없지만 궁극적으로 하나님의 나라를 지향함에 있어 개혁주의 교회관을 분명히 하기 위해 보다 더 관심을 가진다는 의미이다.

본 시리즈의 집필자들은 이미 신·구약 계시로써 말씀하셨던 하나님께서 지금도 말씀하고 계시며, 몸된 교회의 머리이자 영원한 왕이신 그리스도께서 지금도 통치하시며, 태초부터 모든 성도들을 부르시어 복음으로 성장하게 하시는 성령님께서 지금도 구원 사역을 성취하심으로써 창세로부터 종말에 이르기까지 거룩한 나라로서 교회가 여전히 존재하고 있음을 그 무엇보다도 중요하게 여기고 있다.

아무쪼록 이 시리즈를 통해 계시에 근거한 바른 교회관과 성경관을 가지고 이 땅에 진정한 그리스도인의 삶과 문화가 확장되기를 바라는 바이다.

시리즈 편집자

김영철 목사, 미문(美門)교회, 합동신학대학원대학교, Th. M.
송영찬 목사, 기독교개혁신보 편집국장, M. Div.
이광호 목사, 실로암교회, 홍은신학연구원, Ph. D.

추천사

서 용 원 박사 (Ph.D.)
호서대학교 연합신학전문대학원장
호서대학교 대학원장

　이재복 목사님의 연구서 「갈라디아서 연구」가 출간됨을 믿음의 동지들, 후학들과 함께 기뻐하며, 감사와 영광을 主 하나님께 올려드린다.

　이 책은 이재복 목사님의 신학박사학위논문 「갈라디아서에 나타난 이신칭의以信稱義에 대한 연구研究」를 보완하여 출간한 연구서이다. 학위논문이기에 읽기에 다소간 부담이 되겠으나 기독교 신앙의 중심에 있는 '구원에 관한 성경 말씀' 곧 '하나님의 은혜를 인하여 믿음으로 말미암아 구원받는다' (justification through faith by grace)는 이신칭의以信稱義에 관한 논의와 그 성서적 신학적 배경적 이해를 폭넓게 다루고 있기 때문에 필독하기를 권하며 추천하는 바이다.

　칭의(δικαιοω)란 용어는 '의롭게 한다' 가 아니고 '의롭다고 선언한다' 라는 뜻을 지닌다. 칭의란 '본래는 죄인이지만 그리스도를 믿을 때에 하나님께서 의롭다고 인정하여 선언하시는 것' 을 말한다. 바울은 이 칭의란 말을 동사(δικαιοω)로 14회, 명사(δικαιοσυνη)로 52회 사용하고 있다. 바울이 쓴 용어는 유대주의자들의 공격에 대한 변증적 의미가 있고 나아가 바울의 중심 사상이라고 말할 수 있다.

　이 '의롭다고 선언한다' 는 뜻은 '하나님과 바른 관계를 가진다' 는 말로 윤리적 개념보다는 관계적 개념을 지닌다. 그런 의미에서 바울이 쓰는 이 '의'義 개념은 선언적 법정개념이다. 심판자 되시는 하나님의 선언인 것이다. 바울에게 믿음은 전적인 하나님께 완전히 의존하는 것을 말한다. 이 믿음으로 하나님과의 관계가 회복된 이는 성령 안에서 매일 성화의 삶으로 나아가는 것이다.

갈라디아서가 갖는 신학적 역사적 의미는 매우 크다고 할 수 있다.

첫째, 새로 탄생한 기독교와 그 신앙공동체가 유대교의 한 분파로 머무느냐 아니면 예수 그리스도의 십자가에 나타난 하나님의 인류 구원의 복음 신앙으로 나아가느냐의 갈림길에서 예수 그리스도의 말씀 위에서 기독교를 세계의 종교로 우뚝 서도록 그 신학적 기초를 제공하였기 때문이다.

그 결과 믿음과 행함, 율법과 복음의 의미와 한계를 명시하여 참 신앙과 구원의 문제를 규명하고 있으며 구원받은 자의 자유가 방종이 아니고 사랑의 열매로 나타나야 할 것을 밝혀주고 있다.

둘째, 갈라디아서는 로마서와 함께 16세기 종교개혁자들에게 하나님의 교회를 바로 세우고 구원의 도를 바로잡는 신학적 근거를 제공하는 책이기에 그 의미가 크다고 할 수 있다. 종교개혁자 루터는 '나는 이 서신 곧 갈라디아서와 결혼하였다. 이 책은 내 아내이다' 라고 선언했는데 그 이유는 이 책이 인류의 정신적 영적 해방을 가져다 준 책이기 때문이다.

사도 바울은 자신이 받은 계시와 체험적 신앙을 통해 그가 선포한 복음 외에 다른 복음을 전하는 자들에게 강한 경고와 질책을 하며, 종이 되지 말고 아들이 되고, 율법인이 되지 말고 능동적 자유인이 되라고 권면하고 있다.

종교개혁자들은 교황청과 당대의 교회가 범한 비성경적 작태들(속죄부 판매, 성직매매, 교황의 사죄권 등)을 격파하고 십자가에 나타난 하나님의 은혜와 사랑과 그리고 그것을 신뢰하는 믿음으로 값없이 주시는 구원의 길을 천명하였다.

셋째, 중요한 의미는 오늘의 역사와 문화를 책임지고 있는 하나님의 사람들의 사상에 큰 비중을 차지하고 있기 때문이다.

갈라디아서는 크게 세 부분으로 구성된 책이다.

첫 번째, 1장 1절에서 2장까지는 바울의 대적자들과 다른 복음을 전하는 자들의 공격에 대하여 자신의 사도직과 그 직책이 직접계시를 통해 받은 것, 곧 그가 전한 복음의 기원을 말하고 있다.

두 번째, 2장에서 4장까지는 '다른 복음' 에 대항하여 바울 자신이 전한 복음의 본질에 대한 철저한 변호와 방어이다. 바울의 적대자들(opponents)은 유대주의자들(judaizers)로 그리스도 신앙을 갖고 있으면서도 유대교적 전통을 동시에 지켜야 될 것을 주장한 사람들로 추정된다. 그들의 주장은 그리스도인들도 '할례' 를 받고 '유대교 율법과 관례' 를 준수하며 나아가 '유대인이 되어야 할 것' 을 주장한 것이다.

또 다른 적대자들의 주장은 바울이 12제자에 속하지 않기에 진정한 사도가 아니라는 주장이다. 이에 대해 바울은 그가 받은 복음은 사람으로부터가 아니고 특별한 계시를 통해 받았고 하나님이 임명하신 사도임을 확인하고 있다.

바울이 전한 복음, 곧 하나님과 바른 관계를 가지게 되는 의인義認은 믿음(신앙)에 기준한 것이지 율법을 지키는 데 근거한 것이 아니다. 성도들이 성령을 받은 것은 율법을 행함으로가 아니고 '복음을 듣고 믿기 때문' 이다. 아브라함이 '하나님을 믿어 그것으로 그는 의롭다 함을 얻었다.'

신자들은 믿음의 조상 아브라함의 후예들이다. 율법은 완전케 지킬 수 없기에 율법의 행위로 의롭게 된다는 것은 스스로 저주 아래에 들어가는 것이다. 우리를 대신하여 저주를 받으신 분이 바로 그리스도이다.

그리스도가 오기 전까지는 율법이 개인교사였으나 그리스도가 율법에 대한 우리의 관계를 변형시키셨고 그래서 인간은 율법을 통해서가 아니고 믿음을 통해서 하나님의 자녀가 되는 것이다. 우리는 하나님의 아들을 통하여 우리가 이방인이든 유대인이든 하나님의 자녀가 되는 것이다.

세 번째 부분은 5장과 6장 18절까지이다. 바울의 적대자들은 바울의 복음, 그리스도인의 자유가 도덕적 타락을 조장시킨다는 주장이다. 이에 대해 바울은 믿음과 사랑과 성령의 관계로 그리스도인의 윤리강령을 제시한다.

믿음은 그 자체를 그리스도의 사랑 안에서 표현해야 하는 것이며, 자유는 이교도와 같은 방종이 아니라 이웃을 내 몸과 같이 사랑함으로써 율법을 완성하는 것이다. 이 일을 할 수 있도록 하나님께서 성령을 보내셨다. 그래서 성령의 소욕은 육신을 거스른다.

육적인 인간은 음행과 더러움과 방탕과 우상숭배와 마술과 원수 맺기와 싸움과 시기와 분노와 당파심과 분열과 분파와 질투와 술주정과 연락과 또 그와 비슷한 것들이다. 이런 일 행하는 이는 하나님 나라를 차지할 수 없는 불신앙인들이다.

그러나 성령의 열매는 사랑과 기쁨과 화평과 인내와 친절과 선함과 신실과 온유와 절제로 이것들을 금할 법이 없다. 그리스도 예수에게 속한 이들은 정욕과 욕망과 함께 자기 육신을 십자가에 못박은 사람들이다. 성령은 새로운 삶을 주고 윤리적 안내를 한다. 그리스도 안에 있을 때 그는 새로운 피조물이 되는 것이다.

바울이 활동하던 신약교회는 매우 역동적이고 다양한 현상을 보여주었고 교회에 따라서 전승해석의 차이점을 많이 나타내고 있다. 따라서 갈라디아서에 등장하는 바울의 적대자들의 사상도 그 의미를 생각하며 바울의 주장에 경청해야 할 것이다. 바울은 그의 복음을 변호하고 설득하고 상대방을 위협하고 경고하며 설교하고 있다. 바울은 그의 복음을 사수하기 위해 처절한 전투를 치렀고 땅 끝까지 가서 이 복음을 전하고 거룩한 순교를 통해 하나님의 곁으로 부름을 받았다.

갈라디아서는 오늘의 교회와 성도들에게 큰 경종을 울려주는 책이다. 충성된 종으로 자기 정체성을 확인하고, 어둠의 역사를 빛과 진리의 역사로 변혁하고, 죽음을 생명으로 바꾸는 복음사역에 더 철저해야 하고, 온 세상에 만연된 죄악의 굴레에서 허덕이는 인류를 하나님의 자녀로 회복하고 구원하는 일을 위해 우리 모두를 초대하고 결단을 촉구하는 주의 음성이며 계시의 말씀이다.

이 귀한 갈라디아서를 연구하여 출간하는 이재복 박사님과 함께 동역하시는 성도님들께 고마운 마음을 드리고 축하를 드린다.

〈추천사〉

이신칭의 사상과 교회의 존재 의미

송 영 찬 목사
기독교개혁신보 편집국장

갈라디아서의 신학적 핵심 논제는 바울의 '이신칭의' 사상이 바울의 고유한 사상인가 아니면 사도시대의 교회들이 이미 이 사상을 가지고 있었는가를 규명하는 데 있다 해도 과언이 아니다. 그만큼 이 논제는 바울 복음의 근본을 규명함에 있어 일종의 열쇠 역할을 하고 있다.

이 문제를 해결하는 방법은 갈라디아서의 저작 연대를 밝힘으로써 가능하다. 이와 관련해 바울의 회심 이후 예루살렘 방문 횟수와 3차에 걸친 전도여행 과정에서 어느 시기에 갈라디아 성도들에게 갈라디아서를 보냈는지를 확정해야 한다. 그것은 동시에 갈라디아서 작성 연대가 공식적으로 할례 문제와 더불어 '이신칭의'의 사상을 표방하고 있는 예루살렘 공의회(행 15장)가 있기 전이었는지, 혹은 그 이후였는지를 밝히는 것과 연결된다.

왜냐하면 예루살렘 공의회 이전에 갈라디아서가 작성되었다면 갈라디아서의 '이신칭의' 사상이 바울의 고유한 신학 사상으로 정립될 수 있는 반면에 공의회 이후에 작성되었다면 바울의 '이신칭의' 사상이 예루살렘 사도들로부터 전수된 것으로 볼 수 있기 때문이다.

바울의 이신칭의 사상이 바울로부터 시작되어 교회의 설립에 있어 기초가 되었는가 아닌가를 밝히는 것은 이후 전개되는 교회의 창설과 더불어 교회의 역사 안에서 바울의 서신들이 제시하고 있는 바울의 신학 사상이 교회 설립의 기초였는가를 규명하는 작업이기에 중요하다. 왜냐하면 바울의 신학 사상이 교회 설립의 중요한 기초가 되었다는 것은 바울이 주장하고 있는 자신의 사도권에 대한 교회의 객관적인 증거가 되기 때문이다.

이처럼 갈라디아서의 저작 연대를 규명함으로써 갈라디아서의 이신칭의 사상이 바울로부터 시작되어 교회 설립의 기초로 작용하고 있는가를 밝히는 것은 교회가 존립하고 있는 신학의 기본을 정립하는 일이기에 더욱 중요한 의의를 가진다 하겠다.

하지만 안타깝게도 갈라디아서의 저작 연대를 밝히는 작업은 그리 간단하지 않다. 왜냐하면 오랜 기독교회의 전통 속에서 갈라디아서는 대체적으로 예루살렘 공의회 이후에 갈라디아인들에게 보내진 서신으로 알려져 있었기 때문이다. 그 결과 교회 설립의 기초가 되는 바울의 이신칭의 사상이 교회의 존재 의의를 돋보이게 하는 역할보다는 신자 개개인이 누리고 있는 구원의 원리 정도로 밖에는 그 역할을 하지 못하고 있는 것이 작금의 현실이다.

비록 이러한 현상이라 할지라도 이신칭의 사상이 루터의 회심으로부터 시작된 중세의 교회개혁운동의 밑거름이 되기는 하였지만 그보다 중요한 것은 그때까지 적어도 1,500여년 동안 '이신칭의' 사상이 교회 설립의 기초이며 교회의 신학에서 핵심적인 역할을 하지 못하고 있었다는 점은 참으로 안타까운 역사가 아닐 수 없다. 이처럼 교회가 이신칭의 사상을 신자들 개인이 누리는 구원의 서정에서나 다루고 있다는 것은 근본적으로 교회관의 이해에 부정적인 역할을 하고 있었다.

이런 점에서 이신칭의 사상을 교회 설립의 근본으로 접근하고 있는 이재복 박사의 '갈라디아서 연구'야말로 이 시대의 교회에 시사하는 바가 크다 하지 않을 수 없다. 이재복 박사는 바울의 이신칭의 사상이야말로 기독교 초창기부터 교회를 설립하는 근본적인 신학사상임을 강조함으로써 오늘날 교회가 개인의 구령 사업에 빠져 있는 잘못된 폐단의 원인을 정확하게 지적하고 있는 것이다.

이신칭의 신학사상에 근거하여 '교회는 믿음을 그 기초로 하여 존재하고 있다' 는 이 단순한 진리를 교회 설립 초기부터 웅변적으로 교회가 주장해 왔다고 한다면 중세시대의 암흑기에 빠지지 않았을 것이다. 또한 대다수 교회가 신자들 개개인의 구령 사업에 매진하는 일도 없었을 것이다.

오히려 이신칭의 신학사상을 통하여 교회는 근본적으로 믿음의 공동체로서 몸된 교회의 머리이신 그리스도에게 최상의 믿음을 고백해 왔어야 한다. 그리고 그 믿음의 고백에 기초하여 교회는 신자들 개개인의 삶에 대해 무한책임을 져야 했다. 그랬다면 오늘날 교회는 신자들이 이땅에서 살아가는 모든 삶의 원동력으로써 굳건하게 자리매김을 하였을 것이다.

이제라도 교회는 이신칭의 신학사상 위에 서 있어야 한다. 교회 그 자체가 그리스도께 믿음을 고백하는 참된 그리스도의 몸으로 변화되어야 한다. 그럴 때 비로소 교회야말로 구원을 보증하는 지상의 유일한 기관으로서 올바른 제 기능을 발휘하게 될 것이다.

이 시대의 교회가 마땅히 추구해야 할 신학의 방향을 제시한 이재복 박사의 역작인 '갈라디아서 연구' 가 출판되기까지 모든 협력을 아끼지 않은 진안교회 당회원들과 성도들에게 아낌없는 박수를 보낸다. 진안교회의 전폭적인 지지가 아니었다면 이처럼 아름다운 열매를 거둘 수 없었기 때문이다.

머리글

갈라디아서는 '종교적 자유의 대헌장' 이라는 별명을 가지고 있다. 그것은 갈라디아서가 하나님을 영접하는 모든 사람들에게 참 자유의 길을 보여주고 있기 때문이다(갈 5:1). 이 참된 자유는 사람이 자기 자신을 구원하려는 모든 시도를 단념하겠다고 자원하면서 그리스도의 십자가만을 자랑하며(갈 6:14) 그리스도를 율법의 완성자로 신뢰하고(갈 3:13) 자신의 주와 구주로 모시려고 자원할 때 비로소 발견된다.

무엇보다도 갈라디아서는 이제 막 유대교로부터 독립해 참된 교회로 설립되는 과정에서 바울 사도가 제시한 첫 번째 교회 설립의 원칙으로 '이신칭의' 를 제시하고 있다는 점에서 가장 큰 관심을 가지게 한다. 그때까지만해도 유대주의에 물들어 있던 사람들은 회심한 이방인 신자들에게 유대주의의 율법관을 요구하고 있었다.

일반적으로 '이신칭의' 는 교회론적 관점에서 이해하지 않고 개인 구원의 서정의 한 단계로 이해되어 왔었다. 다시 말하면 소명과 회심의 과정에서 회심의 신학적 원인으로 '이신칭의' 를 적용해 왔던 것이다. 그러나 이러한 적용의 이면에는 최초 교회의 설립 원칙으로 '이신칭의' 를 제시한 바울 사도의 신학적 이해를 간과하고 있음을 주의해야 할 것이다.

바울 사도는 유대주의 율법관을 교회에 적용하려고 하는 자들에 반대하여 교회의 존립 자체가 '이신칭의' 신학 위에 서 있음을 명확하게 제시하기 위해 갈라디아서를 집필했다. 따라서 교회의 존재가 그 기초를 세우고 있는 신학의 터는 유대주의의 율법관도 아니며 방종에 빠져 있는 이방 종교관도 아니며 전적으로 십자가의 죽음과 그 죽음으로부터 부활하신 그리스도에 대한 믿음에 근거하고 있음을 우리는 고백해야 한다.

이러한 고백 아래 교회가 존립할 때 교회는 율법주의와 방종주의를 거절하고 전적으로 '이신칭의'의 신학 아래에서 그리스도께 대한 올바른 신앙고백 위에 교회를 계속해서 세워나갈 수 있게 된다. 우리는 이 사실을 잘 알고 있다 하면서도 정작 교회의 존재의 원칙에 적용하는 일에는 실패하고 말았음을 시인해야 할 것이다.

이 책은 다음과 같이 구성되어 있다.

제 I 부 서론에서는 바울 복음의 핵심인 '이신칭의' 사상에 대한 개괄적인 이해를 바탕으로 바울의 사도권, 그리스도의 계시에 대한 바울의 이해, 갈라디아서의 특성과 신학적 배경 및 연구 동향 등을 다루게 될 것이다.

제 II 부 갈라디아서 구조에서 이신칭의 본문의 위치와 그 중요성에서는 갈라디아 교회의 위치와 서신의 집필동기를 거쳐 갈라디아서의 구조와 이신칭의 본문의 중요성과 하나님의 의와 이신칭의의 역동적 관계성에 대해 조명하게 될 것이다.

제 III 부 율법과 복음의 관계에서 이신칭의의 의미에서는 바울의 율법 이해와 복음 이해 그리고 율법과 복음의 관계에서 이신칭의를 다루게 될 것이다.

제 IV 부 갈라디아서 2장 11절-21절 분석적 이해에서는 본문에서의 맥락과 역사적, 공간적, 사회적 배경을 살펴봄으로써 '이신칭의' 본문에 대한 신학적 이해를 도모하게 될 것이다.

제 V 부 갈라디아서의 이신칭의와 그 신학적 메시지에서는 믿음으로 받은 성령을 통해 새롭게 형성된 교회의 신자들이 살아가는 신학적인 삶의 원리들을 조명하게 될 것이다.

제Ⅵ부 결론에서는 갈라디아서의 핵심 사상인 '이신칭의'를 간략하게 정립하고 '이신칭의' 신학 위에 서 있는 교회가 추구할 방향들을 제시하게 될 것이다.

이 책이 나오기까지 학문의 길을 열어준 호서대학교 연합신학전문대학원 서용원 박사님께 감사를 드린다. 아울러 지속적으로 학문의 길을 갈 수 있도록 물심양면으로 모든 사랑을 베풀어준 진안교회 당회원들과 성도들에게 깊은 감사를 드린다. 또한 학문의 동역자로 언제나 격려를 아끼지 않은 전주 산들교회 오영원 박사님과 기독교개혁신보 편집국장 송영찬 목사님에게 감사를 드린다. 그리고 늘 용기를 잃지 않도록 지켜준 사랑하는 아내와 자녀들의 희생을 잊을 수 없다.

아무쪼록 이 책을 통해 우리 시대의 교회가 온전하게 서 가기를 고대하는 독자들에게 작은 위로가 되기를 바란다.

2011년 3월
진안골에서
저자 아룀

목 차

로마제국

브리타니아
론디니움
게르마니아
라인 강
골로그나
마인쯔
비스둘라 강
사르마티아
드니에퍼 강
볼가 강
대 서 양
로이레강
갈리아
리용
론 강
포 강
일루리곤
아드리아 해
다누베 강
다키아
모에시아
흑 해
코카서스 산맥
카스피 해
코르시카
로마
이달리아
보디올
마게도냐
드라게
비잔티움
비두니아와 본도
갑바도기아
아르메니아
시루스 강
티리엔 해
데살로니가
빌립보
무시아
버가모
갈라디아
파르티아
타구스강
스파니아
사르디니아
시실리
카르타고
수라구사
아가야
고린도
아덴
에베소
에게 해
갈라디아
브루기아
더베
길리기아
에뎃사
다소
안디옥
시리아
유브라데강
메소보다미아
티그리스강
둘라-유로포스
아프리카
그레데
지 중 해
구브로
유대
시돈
두로
다메섹
벨라
마우레타니아
구레네
예루살렘
구레네
알렉산드리아
멤피스
나일 강
나바테아
애굽
안티노에
홍해
바사 만

6,000
5,000
4,000
3,000
2,000
1,000
0—해수면(m)
-500
율리우스 카이사르 시대의 로마 제국(주전 44년)
아우구스투스 카이사르에 의해 추가된 영토(주후 14년)
트라얀에 의해 추가된 영토(주후 117년)
로마에 의해 임시로 병합된 영토
© 2005 Zondervan
Maps created by Mosaic Graphics

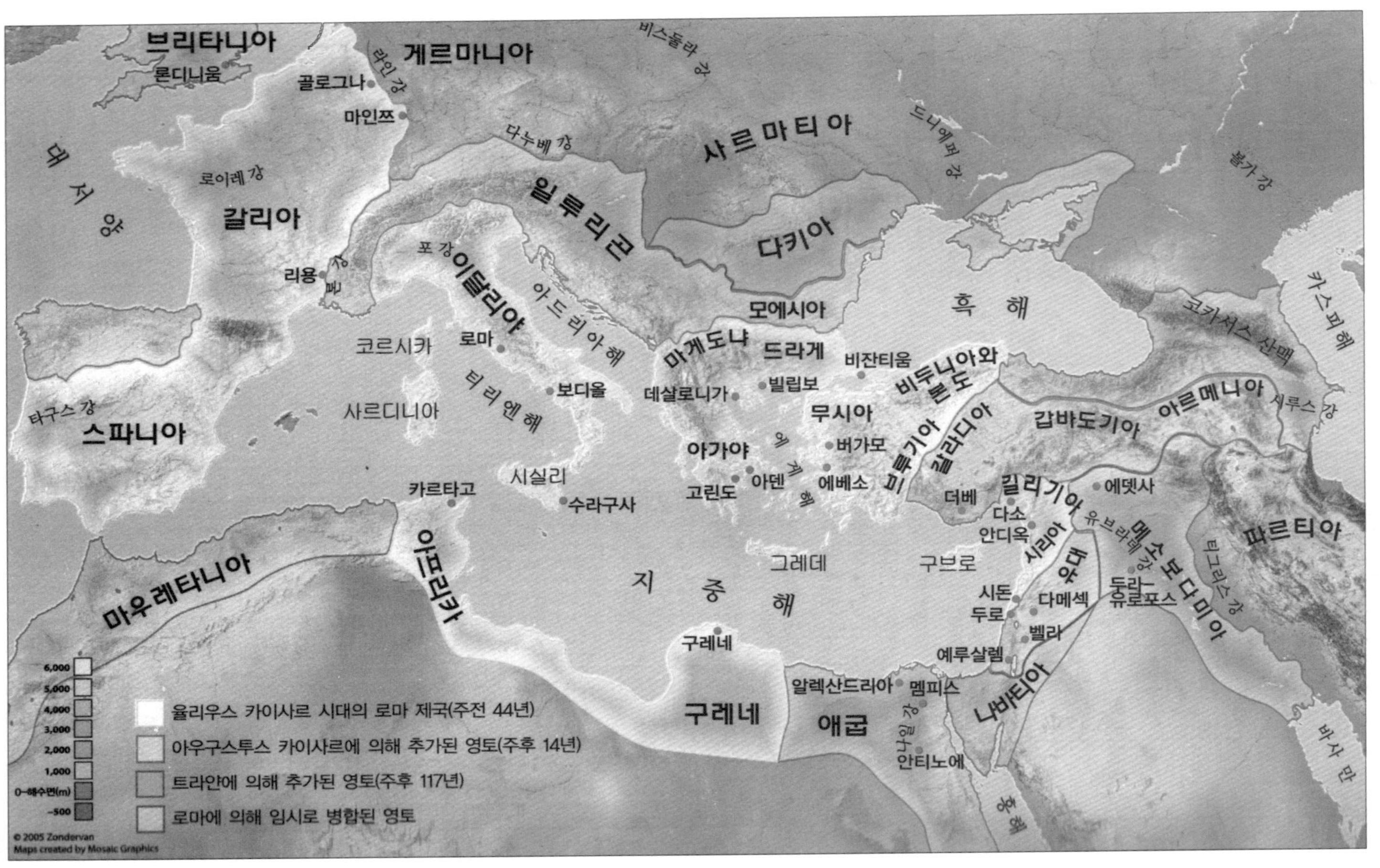

I. 서론

I. 서론

갈라디아서는 바울 복음의 변증서이며 선언서라고 할 수 있다. 특히 갈라디아서 2장 11-21절의 '이신칭의' 以信稱義 교리는 초대교회 형성에 커다란 영향을 미쳤으며 이후 교회의 정체성[1] 확립과 더불어 바른 신학과 신앙을 교회에 심어주는 결정적인 역할을 하고 있다.

1. 바울 복음의 핵심 '이신칭의' 사상

바울의 복음 선포에 있어서 '이신칭의'의 주제는 기독교가 유대교로 회귀할 것인가 아니면 유대교의 전승 속에서도 근본적인 새로운 이해를 통해 교회라고 하는 새로운 체제로 나아갈 것인가를 결정하는 전환점에서 그 중요성을 가진다. 만일 바울의 '이신칭의' 신학이 없었다면 초기 기독교회는 자칫 유대교의 한 종파로 머물고 말았을 것이다.[2]

---

[1] 교회는 예수와 초기 기독교의 복음 위에 서 있어야 한다. 예수의 복음의 핵심은 그분이 선포한 하나님 나라의 성격, 즉 하나님의 공의와 사랑이 충만한 하나님의 통치로 구현된다. 그리고 예수의 말씀과 행위는 하나님의 통치에 근거한 사랑의 실천이었다. 이런 점에서 교회는 진리를 선포하고 진실을 살아가는 교회여야 하며 진실한 사랑의 에너지를 공급하는 산실인 교회 공동체이어야 한다. 서용원, 『생존의 복음』(서울: 한들출판사, 2000), 8.

[2] William Wrede, *Paul* (London: Philip Green, 1907), 166.

이런 점에서 바울의 '이신칭의' 신학은 유대교와 본질적으로 다른 초대 교회를 형성하는 데 있어서 지대한 역할을 하였다 할 것이다. 뿐만 아니라 '이신칭의' 신학이야말로 기독교 신학의 핵심이며 기독교 신앙의 근본을 이루고 있다고 보아야 할 것이다.

그럼에도 불구하고 오늘날에 와서 교회와 기독교가 '이신칭의' 신학에 어느 정도 뿌리를 내리고 있는가 하는 점에 대해서는 그리 쉽게 단정지을 수 없다. 이 사실은 그만큼 교회의 신앙과 기독교 신학의 정체성이 변질되고 있음을 시사하고 있음을 반증하고 있다.

갈라디아서에 대한 연구가 루터의 종교 개혁 이후 '이신칭의'와 관련하여 율법과 '믿음의 의'라는 신학적 주제에 집중되어 온 것은 사실이다.3 반면에 그동안 갈라디아서와 관련되어 집중적으로 연구되어 왔던 칭의, 하나님의 의, 율법에 대한 바울의 이해를 비롯해 바울의 종교 기원 등에 대한 다양한 연구 주제들은 최근에 와서 바울 서신의 수신자들이 직면한 상황에서 이탈하여 추상적인 여러 명제와 교리 중심으로 축소되었다는 지적을 받고 있다.4 이러한 지적은 바울 서신들에 대한 복음의 교리적 핵심으로서가 아니라 새로운 상황에서 복음이 말하도록 해야 한다는 인식을 부추기고 있다.

그럼에도 불구하고 바울에게 있어 갈라디아서는 그의 서신들 중 가장 먼저 기록되었을 가능성5 때문에 바울의 신학 사상이 이후 전개되는 신약 시대의 교회 형성에 어떤 영향을 끼쳤는가를 판단하는 중요한 위치를 차지하고 있다. 이런 점에서 갈라디아서가 신약 시대의 교회를 세움에 있어

---

3 F. F. Bruce, *The Epistle to the Galatians* (Grand Rapids: Eerdmans, 1982), 55.

4 J. C. Beker, *Paul the Apostle: The Triumph of God in Life and Thought* (Philadelphia: Fortress Press, 1980), 35.

5 John W. Drane, 『바울』 이중수 역 (서울:두란노서원, 1989), 52. 갈라디아서 기록 연대는 가장 난해한 문제들 중 하나이지만 남부 갈라디아설을 따르게 되면 기록 연대는 적어도 49년 이전으로 추정될 수 있기 때문에 갈라디아서는 바울의 최초 서신이 된다.

지대한 영향을 미친 최초의 서신이라는 사실은 단순히 바울의 '이신칭의' 신학이 바울의 독자적인 사상인가 아니면 예루살렘 공의회 이후에 형성된 신학 사상인가를 가름하는 것으로 끝나지 않는다.

갈라디아서의 저작 년대를 추측할 수 있는 수신자 및 저작 년대와 관련된 신학적 논쟁은 아직도 끝나지 않은 상태이다.[6] 이것은 갈라디아서 수신자들이 로마 시대의 행정 지역인 북부 갈라디아 지방에 있는 교회들인가 아니면 사도행전 13-14장에서 바울의 제1차 전도여행에 대해 보도하고 있는 비시디아, 루가오니아 지역의 남부 갈라디아에 있는 교회들인가에 대한 견해가 팽팽하게 맞서 있기 때문이다.[7]

이 논쟁은 또한 갈라디아서 저작 년대와 맞물려 있어서 갈라디아서의 기본을 이루고 있는 바울의 '이신칭의'가 처음부터 바울의 사상이었는지 아니면 AD 49/50년에 있었던 예루살렘 공의회 이후에 정립된 것인지를 판가름하는 신학적 이슈와 민감하게 연결되어 있다. 또한 바울의 예루살렘 방문의 회수와 년대에 대한 누가의 기록들에 대한 해석과도 연결되어 있다. 때문에 이 논의는 매우 복잡하게 전개되었고 그 결과에 따라 '이신칭의'에 근거하고 있는 바울의 복음에 대한 개념이 어떻게 발전되었는가에 대한 신학적 재구성까지도 달라지게 하였다.

이 논제는 초기 기독교 신학 정립과 밀접하게 관련되어 있다는 점에서

---

6 갈라디아서의 저작 년대에 대한 논쟁에 대해서는 Richard N. Longenecker, 『갈라디아서』 WBC 이덕신 역(서울: 솔로몬 출판사, 2003), 85-124와 Ralph Martin, 『신약의 초석』II 원광연 역 (고양: 크리스챤다이제스트, 1993), 226-232와 Alan Cole, 『갈라디아서』 기효성 역 (서울: 기독교문서선교회, 1979), 12-22를 참고하라. 좀더 학문적인 연구를 위해서는 Ernest De Burton, *The Epistle to the Galatians* (Edinburgh: T. & T. Clark Ltd, 1980), xxi-liii를 참고하라.

7 사도행전은 바울의 예루살렘 방문에 대해 다섯 번을 기록하고 있다. 사도행전 9장 26-30절에 기록된 바울이 회심한 이후 첫 번째 예루살렘 방문과 사도행전 11장 27-30절에 기록된 바나바와 바울이 기근에 시달린 예루살렘 교회를 돕기 위해 안디옥 교회로부터 파송을 받아 두 번째 예루살렘 방문 이후 안디옥으로 돌아 온 기록(행 12:25) 그리고 사도행전 15장 1-30절에 기록된 공의회 참석을 위한 세 번째 예루살렘 방문을 비롯해 사도행전 18장 22절과 21장 27절 이하의 방문 기록이 있다.

관심의 대상이 되어 왔다. 그만큼 복잡한 이론들이 제기되었으며 그 이론들에 대한 다양한 증거들도 제시되었고 서로 다른 의견들에 대한 반대 이론도 다양하게 전개되었다. 때문에 어느 한 쪽에 무게를 둘 수 없을 정도로 팽팽한 균형을 이루고 있다.

최근에는 이 서신의 수신자가 바울의 제1차 전도 여행지였던 남부 갈라디아 지역의 교회들이며, AD 49/50년 예루살렘 공의회 이전에 저작되었으며, 바울은 예루살렘 공의회 이전에 예루살렘을 두 번 방문했다는 주장에 힘이 모아지고 있다.8 하지만 이처럼 다양한 이론과 주장에도 불구하고 수신자와 저작 년대에 대한 논의는 그리 간단하게 결론지을 수 없었다.

'갈라디아' 라는 명칭은 오늘날 터키를 포괄하는 북부 소아시아의 광활한 지역을 지시한다. 주전 25년 갈라디아의 마지막 왕 아민타스(Amyntas)가 죽자 아우구스투스는 그 왕국을 제국의 한 지방으로 재정비하여 지방 총독(legate)의 관할 아래 두었고 그 지역을 남쪽으로 지중해까지 포함하는 소아시아 전 지역으로 확장시켰다.9

때문에 '갈라디아서' 가 본래의 프로빈키아 갈라티아(Provincia Galatia)의 영토에 있는 지방의 교회들을 염두에 두었다면 사도행전 16장 6절과 18장 23절에서 말하는 갈라디아인들을 수신자로 보아야 한다. 이 경우 갈라디아서는 예루살렘 공의회 이후에 저작된 것으로 연대를 측정해야 할 것이다. 이것을 일명 북부 갈라디아설이라고 한다.10

반면에 갈라디아서가 안디옥, 이고니온, 루스드라, 더베 등 바울이 제1차 전도여행(행 13-14장) 때 방문했던 브루기아와 루가오니아 지역의 교회들

---

8 Richard N. Longenecker, 『갈라디아서』 93. 갈라디아서 2장 1-10절에 기록된 바울의 예루살렘 방문 목적은 사도행전 15장에 나오는 예루살렘 공의회와 그 목적이 완전히 다르며 그 묘사가 너무나 상이하기 때문에 사도행전 11장 30절의 기근 방문과 동일시 여겨지고 있다.

9 Ralph Martin, 『신약의 초석』II 원광연 역 (고양: 크리스찬다이제스트, 1993), 222.

10 북부 갈라디아설은 초대교회로부터 알려진 보편적인 견해였다. 특히 로마 행정구역상 갈라디아는 북쪽 고원지대의 켈트족 지방이었다. Alan Cole, 『갈라디아서』 13.

을 상대로 하였다면 저작 년대를 예루살렘 공의회 이전으로 측정할 수 있다. 이를 남부 갈라디아설이라고 한다.[11]

18세기 이전까지만 해도 대부분의 주석가들이 북부 갈라디아설 견해를 따랐다. 그 이유는 AD 2세기 이후에 갈라디아주에서 루가오니아가 분리되어 길리기아와 통합되었고, AD 3세기 말에는 갈라디아주에서 비시디아가 독립해 비시디아주로 확장되어 갈라디아주는 북쪽으로 한정되었으며 당시 교부들은 갈라디아서 1장 2절을 자기들에게 친숙한 북부 지방의 갈라디아주로 이해했고 이 전통이 오랫동안 주석가들과 신학자들에게 영향을 미쳤기 때문이다.[12]

하지만 19세기 말에 람세이(W. M. Ramsay)가 처음으로 소아시아 지방을 답사하고 고고학적 탐구와 비문 및 고전 문헌에 대한 연구를 통하여 남부 갈라디아설을 주장하게 되었다. 이전까지만 해도 이 의견은 회의적인 반응을 받았을 뿐이었다.[13] 19세기 이후에 부각된 남부 갈라디아설의 주장들에 대한 반대 의견이 없었던 것은 아니지만 성경의 기록과 당시 아시아의 행정 구역에 대한 명칭들에 대해 점차 분명히 밝혀지면서 남부 갈라디아설이 설득력을 얻게 되었다.[14]

특히 바울이 갈라디아인을 언급할 때(갈 1:2; 3:1)와는 달리 누가는 사도행

---

11 남부 갈라디아설은 주전 25년에서 최소한 주후 74년까지 로마의 갈라디아 성이 바울의 제1차 선교 여행 도시들에 포함되었으며(행 13:14-14:23), 갈라디아 성에서 비로마인들은 로마인들에 의해 인종이 아니라 행정 구역상의 명칭에 의해 알려지고 호칭되었으며, 바울은 로마인과 그 제국의 시민으로서 갈라디아인 회심자들에 대해 공식적이며 행정 구역상의 호칭을 사용한 반면 누가는 일반적으로 대중적, 지리적, 구어적 어법을 따른다는 람세이의 주장에 근거하고 있다. Richard N. Longenecker, 『갈라디아서』 97.

12 Alan Cole, 『갈라디아서』 13. 사도 바울이 본 서신을 "갈라디아 여러 교회들에게" (갈 1:2) 보냈으며 그들을 가리켜 "갈라디아 사람들" (갈 3:1)이라고 부르고 있다는 점에서 본 서신의 수신자들이 18세기까지는 로마의 행정적 명칭인 갈라디아 지방에 거주하고 있던 켈트 족속들일 것이라고 보는 것이 보편적 견해였었다.

13 Ralph Martin, 『신약의 초석』 II 223.

14 Donald Guthrie, 『신약 서론』 김병국 · 정광욱 공역 (고양: 크리스챤다이제스트, 1996), 426-430.

전 16장 6절과 18장 23절에서 매우 명확하게 인종상의 갈라디아와 대조되는 성이라는 행정 구역상의 갈라디아를 지칭하고 있다고 본 람세이는 남부 갈라디아설을 강력하게 주장할 수 있었다. 람세이는 사도행전 16장 6절의 브루기아-갈라디아는 로마 행정 구역의 일부 지역에 브루기아인들이 살았으며 지리적으로는 브루기아로 알려졌다고 보았다.[15]

또한 사도행전에 북부 갈라디아 교회들에 관한 기록이 없다는 점 역시 남부 갈라디아설을 지지하고 있다는 점이다.[16] 누가는 사도행전에서 남쪽 지역에 있는 교회들에 대해 언급하고 있는 반면에 북쪽 지역 교회들에 대해서 침묵하고 있다는 사실은 남부 갈라디아설을 지지하는 근거로 받아들여지고 있다.[17] 나아가 갈라디아서는 바울이 건강을 회복하는 기간에 갈라디아 교회들을 처음 방문한 것으로 기록한다(갈 4:13). 이 또한 길이 험난해서 여행하기 어려운 북쪽보다는 남쪽 지역일 가능성이 높다는 점을 지지하고 있다.[18]

바울이 사용한 행정 구역 명칭 역시 남부 갈라디아설을 지지하고 있다. 바울은 자기가 세운 교회들을 언급할 때 교회가 위치해 있는 행정 구역의 명칭들을 사용하는 것으로 보아 남부 갈라디아설이 유력하다. 또한 이 지방을 부를 때 관습적으로 로마의 공식 명칭을 사용했을 것으로 보인다. 왜냐하면 당시 그 지역은 모두 '갈라디아' 였기 때문이다.

뿐만 아니라 갈라디아인들이 바나바를 잘 알고 있는 것처럼 바울이 말하고 있다는 것(갈 2:1-2)도 람세이의 주장을 뒷받침해 주고 있다. 그것은 바나바가 오직 바울의 제1차 전도 여행에만 동행했기 때문이다.

또한 예루살렘 교회에 보낼 구제 헌금의 모금 대표자들 중에서 북부 갈라디아에서 온 대표가 없다는 점도 이점을 지지하고 있다. 사도행전 20장

15　Richard N. Longenecker, 『갈라디아서』 93.
16　서철원, 『갈라디아서』 (서울: 대한예수교장로회 총회출판부, 2005), 21.
17　William Handriksen, 『갈라디아서』 25.
18　Richard N. Longenecker, 『갈라디아서』 96.

4절 이하에서 바울 일행에 대한 언급은 둘 다 남부 갈라디아에서 온 더베 사람 가이오와 루스드라에서 온 디모데였다. 하지만 이 기록은 대표자들을 모두 기록한 것이 아니기 때문에 확실하다고 단언할 수 없다.

그러나 람세이의 새로운 주장으로 말미암아 바울의 갈라디아서는 AD 49/50년에 있었던 예루살렘 공의회 이전으로 저작 년대를 측정할 수 있게 되었다.[19] 그리고 갈라디아서가 지금까지 가장 오래된 바울 서신으로 알려진 데살로니가전서(AD 51년)보다 먼저 쓰여졌으며 신약성서에서는 최초로 기록된 서신서(AD 48/49년)로 자리할 수 있게 되었다.

이 새로운 학설을 바탕으로 바울의 회심과 바울의 복음 그리고 바울과 갈라디아 교회와의 관계를 재정비할 수 있게 되었다. 아울러 갈라디아 교회에 보낸 서신의 핵심적 주제인 '이신칭의' 사상은 바울의 회심 사건과 긴밀한 관련성이 있으며 예루살렘 공의회 이전에 확립된 바울의 독자적인 사상임을 재확인할 수 있게 되었다.

2. 바울의 회심과 사도권

AD 32/33년 다메섹 도상에서 부활하신 그리스도를 만난 후(행 9:1-19) 바울에게는 급격한 신학적 전환이 발생했다. 이 사건은 바울로 하여금 기독교가 선포하고 있는 내용, 즉 예수는 메시아이시며 유대인들이 십자가에 못박아 죽였지만 하나님께서 예수를 죽은 자 가운데서 다시 살리심으로써 '능력으로 하나님의 아들'로 선포하셨다(롬 1:4)는 신학적 전환을 가져오게 하였다.

반면에 유대인들이 눈이 멀어 그리스도에게 있는 하나님의 의를 보지 못했다면(롬 10:3) 바울에게 있어서 율법은 의에 이르는 길이 아니며 그리스

---

19 서철원, 『갈라디아서』 22.

도만이 의에 이르는 율법의 마침이라는 확신(롬 10:4)을 갖게 하였다.[20]

아울러 "이 사람은 내 이름을 이방인과 임금들과 이스라엘 자손들 앞에 전하기 위하여 택한 나의 그릇이라"(행 9:15)는 말씀을 통해 이 다메섹 사건은 회심과 동시에 이방인의 사도로 부르심을 받은 바울의 소명이기도 했다. 여기에서 바울은 율법을 지키는 여부와 관계없이 이 구원은 보편적이며 동시에 이방인에게도 그대로 적용되어야 한다는 의식을 가지게 되었다.

바울 서신 중에서 다메섹 사건에 대한 바울의 영적 상태를 보여주는 유일한 구절은 로마서 7장 7-25절이다. 바울은 하나님께서 사전에 그에게 자신의 죄에 대한 깊은 깨달음을 주시고 또한 하나님의 율법을 참되고도 충만하게 지키기에 자신이 무능하다는 사실을 자각하게 해 주심으로써 다메섹 사건을 주관적으로 준비시키셨음을 암시하고 있다.[21]

바울은 그 이전에도 여러 번 같은 목적을 가지고 다메섹으로 향했었다(행 26:11-12). 하지만 그 목적의 여행은 이번이 마지막이었다. 이 놀라운 체험 사건에 대하여 바울은 상세하게 해설하고 있다. 바울은 그 사건이 자신을 '만삭되지 못하여 난 자'(고전 15:8)로 만들었으며, 이 사건으로 그리스도 예수께 잡힌 바 된 상태가 되었다고 말한다(빌 3:12).

또한 이 사건은 자신을 유대교에서 하나님의 교회로 옮긴 극적인 사건이었으며(갈 1:13) 육체를 신뢰하던 유대교의 가르침을 배설물로 여기는 계기가 되게 하였다고 단정함으로써 유대교와의 단절을 가져온 사건으로 이해하고 있다(빌 3:4-8).

바울은 이 사건을 통하여 하나님 앞에서 자신의 의를 추구함에 있어 구약 성경의 핵심적 주제라 할 수 있는 모세의 율법과 성전 의식儀式에 대한

---

20 Robert L. Reymond, 『바울의 생애와 신학』 원광연 역 (고양: 크리스챤다이제스트, 2003), 96.

21 Robert H. Gundry, *The Moral Frustration of Paul Before His Conversion* (Grand Rapids), 1980, 228-45.

순종으로부터 이것을 실현시킨 예수 그리스도의 십자가 사건으로 대신하게 되었다(고후 3장; 갈 4장). 이것은 종교적 회심이었으며 구약 신앙의 성취인 새 언약(렘 31:31-34)의 하나님 신앙, 즉 기독교 신앙으로의 회심이었다.

바울은 이 회심을 통하여 예수 그리스도는 하나님의 아들이시며 유대교의 메시아로 믿는 믿음에 대한 새로운 이해를 갖게 되었다(행 9:20, 22). 동시에 바울은 아직 사도로서 성숙한 사상을 충만하게 갖지는 못했지만 열방을 향한 사도로서의 소명이 함께 동반된 회심 사건이었다.[22]

회심 사건과 더불어 소명을 받은 이후 바울은 예루살렘으로 돌아가지 않고 아라비아에서 그곳 사람들을 대상으로 복음을 전파했다. 이때 바울은 아라비아에서 명상 생활에 전념하는 것만으로는 시간을 보내지 않았다.[23]

"다메섹에서 아레다 왕의 방백이 나를 잡으려고 다메섹 성을 지킬 새 내가 광주리를 타고 들창문으로 성벽을 내려가 그 손에서 벗어났노라"(고후 11:32-33)고 자전적인 이야기를 하고 있는 것처럼 바울의 복음 전파로 인해 그곳에서는 소요가 일어날 정도였다. 이것은 바울이 예루살렘의 사도들을 만나기 오래 전부터 이방인의 사도로 사역하였음을 보여주고 있으며 바울의 사도권은 예루살렘 사도들로부터 독립되어 있었음을 증거하고 있다.[24]

---

[22] Robert L. Reymond, 『바울의 생애와 신학』, 82.

[23] 서철원, 『갈라디아서』, 64.

[24] 사도직에 대해 바울은 다음과 같이 이해하고 있었다.
　①바울은 사도적 권위가 복음에 달려 있고 복음에 종속되어 있음을 중시했다. 이 복음으로 말미암아 바울은 사도적 고난조차도 감수할 수 있었다. 복음을 위하지 않았다면 고난도 없었기 때문이다. 무엇보다도 사도권은 복음의 효력(갈 3:1-5; 4:6-9)에 달려 있었다. 복음의 효력이 없다면 사도의 권위도 없다는 것이 바울의 지론이었다.
　②바울에게 있어서 사도권의 권위는 그리스도인 공동체에 대해서 행사되는 것이 아니라 그리스도인 공동체 안에서 행사되어야 했다(고전 9:19-23). 즉 사도의 권위는 다른 교회의 직임들과 마찬가지로 "이는 성도를 온전케 하며 봉사의 일을 하게 하며 그리스도의 몸을 세우려 하심이라"(엡 4:12)에 그 목적을 두어야 했다.
　③이때 사도권은 설립된 교회 안에서 첫 번째 직임으로 다른 직임자들을 세우는 것으로 행사된다. 이렇게 함으로써 공동체인 교회로 이끈 사람들을 한 몸된 그리스도의 지체

바울은 자신의 소명에 대해 "일어나 네 발로 서라 내가 네게 나타난 것은 곧 네가 나를 본 일과 장차 내가 네게 나타날 일에 너로 사환과 증인을 삼으려 함이니 이스라엘과 이방인들에게서 내가 너를 구원하여 저희에게 보내어 그 눈을 뜨게 하여 어두움에서 빛으로, 사단의 권세에서 하나님께로 돌아가게 하고 죄사함과 나를 믿어 거룩케 된 무리 가운데서 기업을 얻게 하리라"(행 26:16-18)고 하신 그리스도의 말씀과 연결시킨다.

바울의 사도 위임은 다른 사도들과 구별되어야 했다. 왜냐하면 바울은 예수의 지상 사역에 참여한 바 없었으며 12사도들의 동반자도 아니었기 때문이다.25 따라서 바울은 자신이 12사도들과 독립되어 있으며 자신의

로 책임 있게 행할 수 있도록 붙들어 주어야 한다.

④사도직에 대한 바울의 또 다른 원칙은 예루살렘 공의회의 결정을 존중하는 것에서 확인된다. 이 선교 협약에 따라 바울은 자신의 사도적 권위가 특정한 지역, 즉 자신이 세운 교회들이 있는 지역에 제한된 것으로 이해하였다(고후 10:13-16). 그리고 자신은 제한된 지역 안에서 사역을 하기 위해 세심한 주의를 기울였다. 때문에 사도는 타인의 영역에 들어가, 즉 타인이 세운 교회가 들어가서는 안 되었다(고후 9:2; 12:28).

⑤끝으로 바울은 고난과 구원의 역설을 원칙으로 여기고 있었다. 즉 바울에게 있어서 사역의 사역을 수행함에 있어 고난은 구원의 과정에서 피할 수 없는 필수 불가결한 요소였다. 따라서 사도직의 수행은 고난 속에서 하나님의 위로를, 연약함 속에서 하나님의 능력을 체험하는 것과 연결된다(고후 1:3-11; 4:7-5:10; 6:3-10; 7:5-7). 사도적 사역의 진정한 표지는 그리스도의 고난에 동참하는 체험이며 인간의 연약함 속에서 역사하는 하나님의 능력이다(고후 12:9-10; 13:4). 복음이 십자가의 신학이듯이 복음 사역도 십자가의 신학이어야 한다. James D. G. Dunn, 『바울신학』 박문재역 (서울: 크리스찬다이제스트, 2003), 760-772.

25 베드로는 사도로서의 자격을 "요한의 세례로부터 우리 가운데서 올리워 가신 날까지 주 예수께서 우리 가운데 출입하실 때에 항상 우리와 함께 다니던 사람 중에 하나"(행 1:21-22)라고 제한하고 있다. 왜냐하면 복음은 역사적인 행적이기에 그리스도의 역사적인 행적을 친히 목격한 사람만이 그 증인이 될 수 있기 때문이다. 복음은 어떤 이념이나 이상을 세우는 것이 아니라 그리스도의 역사적인 구속 사건을 근거하고 있어야 한다. 따라서 복음 자체가 그리스도의 삶을 통한 계시로서 인류에게 주어져야만 한다. 그러기에 베드로는 "우리로 더불어 예수의 부활하심을 증거할 사람"(행 1:22)만이 사도가 될 수 있다고 단언하고 있다. 여기에서 사도성을 찾아볼 수 있는데 곧 역사적인 예수 그리스도의 계시를 접하고 전하는 자만이 진정한 사도임을 알 수 있다. 김홍전, 『내 증인이 되리라』(서울: 도서출판 성약, 2005), 75-78.

사도직은 주님에 의해 직접 위임되었음을 분명하게 밝혀야 할 이유를 가지고 있었다.

바울은 처음 기술한 갈라디아서에서 이 사실을 명시하고 있다. "형제들아 내가 너희에게 알게 하노니 내가 전한 복음이 사람의 뜻을 따라 된 것이 아니라 이는 내가 사람에게서 받은 것도 아니요 배운 것도 아니요 오직 예수 그리스도의 계시로 말미암은 것이라"(갈 1:11-12). 이처럼 바울이 전파한 복음의 근거는 '예수 그리스도의 계시' 였다.

3. 그리스도의 계시에 대한 바울의 이해

바울이 갈라디아 1장 12절에서 표현하고 있는 직접적인 '계시' 로서 복음의 토대를 이루는 것은 회심 이래로 부활하신 주님과 직접적인 교제를 통하여 얻은 지식이었다.[26] 이와 관련해 바울은 "우리가 우리를 전파하는 것이 아니라 오직 그리스도 예수의 주 되신 것과 또 예수를 위하여 우리가 너희의 종 된 것을 전파함이라 어두운 데서 빛이 비취리라 하시던 그 하나님께서 예수 그리스도의 얼굴에 있는 하나님의 영광을 아는 빛을 우리 마음에 비취셨느니라"(고후 4:5-6)고 이해하고 있었다.

바울이 그리스도로부터 받은 계시의 핵심은 '예수 그리스도의 얼굴에 있는 하나님의 영광을 아는 빛' 이었다. 이 경험은 바울에게 있어서는 '새 창조' 사건이었다. 옛 창조가 '깊음 위에 있는' 흑암을 내쫓는 빛이 비췸으로써 시작되었듯이(창 1:2-3) 새 창조 역시 불신앙의 어두움을 내쫓는 빛을 비췸으로써 시작되었다. 이 빛은 다메섹 도상에서 바울을 '둘러 비추는 하늘로서 빛' (행 9:3)이었으며 그 빛 가운데서 부활하신 그리스도께서 바울에게 나타나셨음이 분명하다(행 9:17; 22:14; 26:16).

---

[26] F. F. Bruce, 『바울』 박문제 역 (고양: 크리스챤다이제스트, 1992), 115.

바울에게 있어 그리스도의 나타나심은 이스라엘 전 역사가 지향해 왔던 성취의 절정이었다. 즉 아브라함에게 주신 하나님의 약속(갈 3:7-8, 16-17, 29; 4:22-23), 율법의 수여(갈 3:17, 19; 4:24-25), 이스라엘의 포로기에 실현된 율법의 저주(갈 3:10, 13; 4:24-25)에 이은 하나님의 백성이 미래에 받을 구원과 회복에 관한 선지자들의 약속(갈 1:6-9)이 모두 그리스도에게서 성취되었기 때문이다.[27]

여기에서 아브라함에게 주어진 언약이 근본적인 중요성을 가지게 된다. 뒤에 주어진 율법, 즉 모세의 율법은 이미 맺어진 언약을 바꾸지 못하기 때문이다(갈 3:15-18). 따라서 아브라함과 그의 후손들을 위한 언약은 한 번 맺어진 이상 하나님의 신실하심에 근거하여 결코 취소되거나 폐기되지 않는다.

신실하신 하나님께서 율법을 주신 것은 그리스도께서 오실 때까지 잠정적인 기능을 수행하도록 하기 위함이었다. 이 율법은 유대인들에게 일종의 보호자인 셈이다. 율법은 마치 유대인들을 돌보는 종과 같은 역할을 하기 위해 주어졌다. 때문에 율법은 아브라함의 언약에 반대될 수 없다. 왜냐하면 율법은 생명을 얻는 언약과 다른 방법으로 주어진 것이 아니라 사람들로 하여금 그들이 죄인인 것을 깨닫게 함으로써 그리스도에게로 인도하기 위해 주어졌기 때문이다(갈 3:21).

이처럼 율법은 사람이 해야 할 것과 하지 말아야 할 것을 가르쳐줌으로써 그들을 죄로부터 지켜주기 위함이었다.[28] 그러나 동시에 율법의 목적은 믿음에 의해서 사람들을 하나님과 바른 관계에 세워주는 하나님의 방법이 계시될 때까지 사람들에게 죄를 깨닫게 하였다. 그러므로 그리스도의 나타나심으로 율법의 기능이 성취되었다.

---

[27] S. Andrew Cooper, *Marius Victorinus' Commentary on Galatians* (New York: Oxford Univesity Press, 2005), 254.

[28] Ernest De Witt Burton, A Critical and Exegetical Commentary, *The Epistle to the Galatians*, 193.

이제 그리스도의 나타나심으로 그리스도와 함께 새로운 시대가 도래했다. 이로써 한시적인 율법의 기능도 끝나게 되었다. 그리스도를 믿는 사람들은 그들이 유대인이든 헬라인이든 하나님의 자녀이며 그리스도 안에서 하나의 백성을 이루게 되었다(갈 4:1-7).

따라서 그리스도를 믿음으로써 성도들은 아브라함에게 약속되었고 그가 경험하였던 복을 받는다. 이 복은 성령을 경험하는 것과 동일시된다. 이렇게 해서 믿음은 다른 누군가, 곧 그리스도가 확보한 혜택을 성도들이 받는 수단이 된다. 이에 신자들은 율법 준수의 굴레 아래에서 노예같이 있는 것이 아니라 하나님의 아들과 딸로 입양되었다. 이들에게는 아들의 자격과 함께 그것과 연결된 특권들이 주어지게 된다. 특별히 성령의 은사가 주어지며 미래에 하나님이 주실 유산을 상속할 상속자의 신분이 주어진다. 이것은 율법 아래에서는 없었던 새 생명의 경험이다.29

이 새로운 경험은 하나님의 자녀로서 누리게 되는 자유를 통해 나타난다(갈 5:2-15). 그러나 이 자유는 죄를 지을 수 있는 자유가 아니다. 가장 근본적인 계명인 사랑의 계명을 지킬 수 있도록 율법의 요구와 죄의 세력으로부터 건짐을 받는 자유이다.

이런 점에서 성도들은 더 이상 육신의 능력이 아닌 성령께서 신자들로 하여금 경건한 성품을 드러나게 하는 능력으로 살게 된다. 이것이 성령의 인도를 받는 신자의 삶이다(갈 5:16-26).30 때문에 성도들은 그리스도와 율법을 동시에 섬기려고 해서는 아무것도 이룰 수 없다. 오직 성령의 인도를 받을 때에만 육신의 욕구로부터 자유로울 수 있다(갈 6:13-14).

이처럼 그리스도의 나타나심은 그리스도가 오시기 전과 후를 구별하는 경계선이었다. 즉 하나님이 믿음을 통해 이방인들을 의롭다 칭하지 않으

---

29 I. Howard Marshall, 『신약성서신학』 박문재 · 정용신 역 (고양: 크리스챤다이제스트, 2006), 270.

30 Herman N. Ridderbos, *The Epistle of Paul to the Churches of Galatia* (Grand Rapids : Wm. B. Eerdmans Publishing Co, 1953), 207.

셨던 시대와 하나님이 이방인들을 의롭다고 칭하시는 현 시대를 구별한다 (갈 3:8-9). 약속된 후손이 오기 전의 시대와 그 약속이 성취되는 현 시대를 구별한다(갈 3:19, 22). 믿음이 오기 전 시대와 믿음이 온 시대를 구별한다(갈 3:23, 25). 세상의 원리인 초등 학문에 예속된 종의 시대와 구속받은 자녀의 시대를 구별한다(갈 4:3-5).[31]

이 원리는 바울의 생애에서도 발견된다. 즉 그리스도의 오심은 바울의 생애를 하나님께서 바울에게 그리스도를 계시하시기 이전과 그리스도를 계시하신 이후로 구별시킨다(갈 1:13-15; 갈 2:20). 마찬가지로 갈라디아인들의 삶에서도 그들이 하나님을 알지 못했던 때와 하나님을 알고 하나님이 그들을 아시는 현재의 때로 구별시킨다(갈 4:8-9).

그리스도의 나타나심으로 성취된 변혁이 너무나 철저했기 때문에 바울은 이전의 세계와 자신의 이전 존재가 그리스도의 십자가와 함께 끝났다고 말할 정도였다(갈 6:14). 그리고 이제 할례를 받거나 안 받는 것이 중요한 것이 아니라 '새 창조'(갈 6:15)만이 중요하며 이 새 창조는 사람을 통해 드러나는 믿음 안에서 발견된다는 사실을 주장하게 되었다(갈 5:6).[32] 바울은 그가 증언하는 예수 그리스도의 십자가의 구원 사건과 관련하여 '이신칭의'의 사상을 전개하면서 유대교의 신학이 지니는 오류가 무엇인가를 반박하고 복음의 진정성의 효과를 드러내고자 했던 것이다.

4. 갈라디아서의 특징

갈라디아서는 할례와 율법 준수로 상징되는 유대인들과 상관이 없는 이방인의 구원, 바울과 예루살렘 공의회와의 관계 속에서 제시된 '이신칭의' 신학 원리, 나아가 새로운 체제로서 기독 공동체인 교회가 가지는 성

---

31 Frank J. Matera, *Galatians* (Collegeville: Liturgical Press, 1999), 153.
32 Herman N. Ridderbos, *The Epistle of Paul to the Churches of Galatia*, 190-91.

격과 목적을 비롯해 교회가 사회적으로 갖는 갈등과 교회 공동체 회원들 간의 관계, 교회의 신학적 질문 등과 같은 다양한 자료들을 수록하고 있다. 이것은 갈라디아서가 바울의 이신칭의 신학과 더불어 교회의 본질과 특성을 명확하게 파악하는데 있어 중요한 열쇠가 되고 있음을 보여주고 있다.[33]

이런 점에서 오늘날 다변화되고 있는 종교다원주의 사회에서 믿음의 정체성을 확립하고, 말세라고 불려지는 이 시대에서 시대적 사명을 확고하게 세움으로써 포스트모던이즘이라는 시대적 영향 가운데 있는 교회들로 하여금 '이신칭의'에 근거한 믿음의 본질을 보다 정확하게 이해할 필요가 있다.

바울이 이해하고 있는 역동적인 '이신칭의' 관을 바르게 정립함으로써 우리는 하나님의 교회로서 존재론적 의미를 재확인하게 될 것을 기대할 수 있다. 특별히 이신칭의 신학에 근거한 갈라디아서 본문에 담겨 있는 다양하고 역동적인 믿음을 근거로 바울이 제시하고 있는 교회의 성품과 모습들을 본받는다면 어느 시대를 막론하고 교회 존재에 대한 자긍심을 명확하게 가지게 될 것이다.

지금까지 신약 연구에 있어서 지배적인 해석 방법은 본문의 문학적, 양식사적 면모와 전승사적, 편집사적 또는 신학적 주제나 동기가 무엇인가를 밝히는 데 집중되어 연구되어 왔었다. 이로써 교리, 전통, 신앙, 역사 등의 논제들을 도출하고 그 해답을 찾고자 했다.[34]

---

33 갈라디아서는 인간의 노력, 즉 율법의 행위를 믿음에 더함으로 구원에 이르는 것이 아니라 전적으로 믿음으로 구원에 이르고 의에 이름을 강조한 책이다. 그러나 유대인들은 오직 율법을 지킴으로써 구원에 이른다고 믿었다. 유대 그리스도인들 역시 예수 믿음에 율법의 행위를 더해야 완전한 구원을 얻는다고 믿었다. 이에 반해 바울은 오직 예수 그리스도의 십자가의 죽음을 믿음으로써 구원에 이른다고 가르쳤다. 이처럼 갈라디아서는 기독교가 구원의 종교로서 구원을 이루고 진정한 기독교로 남는 길은 성경이 가르치는 대로 구원이 오직 예수 그리스도만을 믿음에 있음을 선포하고 있다. 서철원, 『갈라디아서』 10-11.

34 김창락, 『새로운 성서해석-무엇이 새로운가?』 (서울:한국신학연구소, 1987), 7-17.

하지만 이러한 관념적이고 사변적인 연구 성향들은 신약성경의 사회적 맥락이나 사회적 조건 또는 교회공동체의 위치 등을 규명하거나 또는 교회의 신학과 역사적인 관심에 치우치는 경향을 가져왔다. 이런 점에서 기존 연구의 한계를 극복하기 위한 갈등과 대립이 제시되기도 하였다. 그 대안의 하나가 신약성경의 본문을 형성하고 있는 사회적 집단적 존재로서의 인간의 삶의 모습과 더불어 그것에 나타나고 있는 갈등과 대립의 문제를 사회학적 이론과 방법론을 통해 해소하고자 하는 시도를 들 수 있다.35

하지만 신약성경이 성경계시로 교회에 주어졌다는 점에서 갈라디아서 역시 교회의 생성과 발전에 깊은 관심을 가지고 있다는 기본적인 전제만은 배제할 수 없다. 뿐만 아니라 사회학적 이론들 역시 바울의 회심과 종교적 헌신에 대해 결코 간과할 수 없다는 점에서 당시 유대교로부터 그리스도를 믿는 바울의 신앙과 관련해 또 다른 관심을 가질 필요성이 강조되고 있다.36 이런 점에서 '이신칭의' 신학을 가져온 바울의 종교적 경험이 갈라디아 지역교회에 미친 영향을 관찰한다는 것은 바울의 기독교 운동에 대한 전체적인 성격을 규명함에 있어 중요한 열쇠가 된다 하겠다.

5. 갈라디아서의 신학적 배경

AD 46년 중반부터 48년까지 제1차 전도 여행을 다녀온 바울은 수리아의 안디옥 교회에서 유대주의자들(Judaigers)과 뜻하지 않은 변론을 하게 되었다(행 15:1). 바울은 이들과의 변론을 통해 '이신칭의'의 신학 위에 세워진 교회들에게 심각한 어려움이 임할 것이라는 염려를 하게 되었다.

---

35 김대경, 『고린도전서에 반영된 고린도교회의 갈등과 바울의 해결에 관한 연구: 사회학적 접근』 박사학위 논문 (평택대학교 신학전문대학원, 2003), 3.

36 Beverly Gaventa, *From Darkness to Light: Aspect to Conversion in the New Testament* (Philadelphia: Fortress Press, 1986), 39-40.

예루살렘에서 온 이들 유대주의자들은 기독교의 기본적인 진리를 공격한 것이 아니었다. 그들은 기본적인 기독교 신학에 유대주의자들의 신학, 즉 할례와 율법 준수를 요구하고 있다는 점에서 더 큰 위협을 느끼게 만들었다. 바울과 바나바는 이들 유대주의자들의 주장을 반박하였지만 이 문제가 지속적으로 기독교의 진전에 걸림돌이 될 것을 염려하지 않을 수 없었다. 이에 안디옥 교회는 바울과 바나바 및 몇몇 형제들을 예루살렘 교회로 파송하여 이 문제에 대한 예루살렘 교회의 공식적인 입장을 확인하기로 하였다.

이즈음 유대주의자들은 갈라디아에까지도 영향을 미치고 있었다.[37] 그들은 바울이 전파한 그리스도의 복음[38]이 아닌 '다른 복음'을 전했다. 바울이 한 사람을 특별히 지목하여 갈라디아 기독교인들에게 해악을 가한 책임이 있는 것처럼 말하는 것을 볼 때(갈 5:10) 이들은 한 지도자의 인도 아래 갈라디아에서 활동한 것으로 보인다.[39] 그들은 자신들이 진실되고 충성된 유대인이라는 사실을 입증하기 위해 할례에 강력한 상징적 의미를 부여하고 있었다. 그들은 이방인 신자들이 아브라함의 신비한 자손과 관련을 맺어서 이미 실현된 현재의 하늘 왕국, 곧 지금 여기에 존재하는 새 이스라엘의 일원이 될 수 있는 의식으로써 할례를 받아야 할 것을 주장했다.

아직 어린 신앙 안에 있던 갈라디아 교회는 유대주의자들의 가르침에

---

[37] Donald Guthrie, 『신약 서론』 439.

[38] 바울이 언급하고 있는 '그리스도의 복음'(롬 15:19; 고전 9:12; 10:14; 살전 3:2)이란 그리스도 자신의 메시지가 아니고 그리스도를 그 내용으로 하는 메시지임을 뜻한다. 이것은 동시에 주 예수의 복음(살후 1:8), 그의 아들의 복음(롬 1:9), 그리스도의 영광의 좋은 소식(고후 4:4), 즉 부활하신 그리스도에 대한 메시지이며 여기에서 바울은 특별히 부활하신 그의 지위에 대한 칭호로 '그리스도'를 사용하고 있다. 바울은 이 그리스도의 복음을 가리켜 '나의 복음', 즉 내가 선포한 복음(갈 2:2)이라고 정의하고 있다. 서용원, 『생존의 복음』 245.

[39] Robert L. Reymond, 『바울의 생애와 신학』 169.

미혹되어 바울의 복음으로부터 유대주의자들의 주장에 따라 할례와 율법을 준수하는 방향으로 기울어지고 있었다. 이방인 성도들에게 있어서 아브라함의 자손(갈 3:16-29)이나 우리의 어머니 예루살렘(갈 4:26) 등과 같은 말은 이 새로 온 유대주의자들을 신뢰하게 만들기에 충분했다.

또한 구원을 안정되게 확보하고자 하는 이방인 성도들은 그 선택받은 무리의 일원이 된다는 약속만으로도 충분히 설득이 될 수 있었다. 그 결과 그들은 할례를 받음으로써 새로운 인류의 일원이 될 것이라는 그릇된 결론에 빠져들 위기에 봉착해 있었다.[40] 뿐만 아니라 유대주의자들은 자신들의 주장을 좀더 합리화하기 위해 바울이 전파한 복음에 하자가 있음을 인정받기 위해 바울의 사도적 지위에 대해 강한 이의를 제기함으로써 바울의 복음에 손상을 입힐 수 있을 것으로 여기고 있었다.[41] 그들은 다음과 같이 바울의 사도권에 대해 이의를 제기하고 있었다.

바울이 의도적으로 복음을 왜곡하였으며 바울이 조상의 유전에 충실한 참된 유대인이라면 어떻게 할례받지 않은 이방인들과 거룩한 주님의 만찬을 같이 할 수 있겠는가 하는 의심을 불러 일으켰던 것이다. 또한 바울이 사도라고 주장한다면 그 권위는 예루살렘 교회의 권위에 근거하고 있어야 하며, 어떤 인간적인 조직도 바울에게 사도의 권위를 주지 않았기에 바울의 설교는 정당한 근거를 가지고 있지 않고 신뢰할 수 없는 인물이라고 주장했던 것이다.

나아가 율법이 요구하는 도덕성에 일관된 삶을 거부한다는 것은 율법이 요구하는 도덕까지도 거부하는 것이며 이것은 개종한 이방인들이 교회 내에서 여전히 이방인의 죄를 범하고 있는 것과 같다고 주장했던 것이다.[42] 이처럼 그들은 바울의 복음과 그의 사도권에 대해 의심을 불러일으키고

---

40 Ralph Martin, 『신약의 초석』 II 236-238.
41 J. Christian Beker, 『사도 바울』 장상 역 (서울: 한국신학연구소, 1998), 73.
42 I. Howard Marshall, 『신약성서신학』 260-261.

이방인들이 율법 아래 들어 올 때 비로소 진정한 교회의 회원이 되는 것이라고 가르치고 있었다.

예루살렘으로 향하던 바울은 이 소식을 듣고 안디옥 교회에서 발생한 유대주의자들과의 변론에서 경험한 내용에 근거하여 갈라디아 교회들에 서신을 작성해 보내기로 하였다. 그 서신이 바로 갈라디아서이다. 갈라디아서를 기록하게 된 바울의 목적은 "그리스도의 은혜로 너희를 부르신 이를 이같이 속히 떠나 다른 복음 좇는 것을 내가 이상히 여기노라"(갈 1:6)에서 나타난다.

갈라디아 교회들은 바울을 통해 유일한 그리스도의 복음을 받았다. 그럼에도 불구하고 그들은 벌써 '다른 복음' 으로 전향하고 있는 중이었다. 이에 바울은 자신이 전파한 복음이 무엇이며 그들이 빠져 있는 '다른 복음' 의 정체를 보다 정확하게 밝힐 필요가 있었다. 또 하나의 문제는 다른 복음을 전하는 자들이 자기들의 주장을 정당화하기 위해 바울의 사도권에 대한 권위를 훼손하고 있다는 점이었다.

바울은 이 두 가지의 문제를 야기시킨 일에 대해 심각한 위기 의식을 가졌다. 그것은 조금 전 예루살렘 교회에서 안디옥 교회에 온 유대주의자들과의 변론에서 이미 감지한 위기였다. 곧 그리스도의 복음에 무엇인가를 더한다는 것은 복음의 본질을 훼손할 뿐만 아니라 새 언약의 성취로 이땅에 세워진 기독교 교회를 유대적 색채의 교회로 변질시킬 수 있다는 점이었다. 바울이 이 원리를 천명하고 그것을 위해 싸우지 않았다면 기독교의 교회들은 결국 유대교의 한 분파로 전락하고 말았을 것이 확실하다.[43]

이 사실을 명확하게 밝히기 위해 바울은 자신을 가리켜 "사람들에게서 난 것도 아니요 사람으로 말미암은 것도 아니요 오직 예수 그리스도와 및 죽은 자 가운데서 그리스도를 살리신 하나님 아버지로 말미암아 사도된

---

[43] Robert L. Reymond, 『바울의 생애와 신학』 175-76.

바울"(갈 1:1)이라고 명시하고 있다. 즉 그가 받은 복음은 '사람들에게서 난 것도 아니요 사람으로 말미암은 것도 아니요 오직 예수 그리스도' 에 대한 것이며 그의 사도직은 '죽은 자 가운데서 그리스도를 살리신 하나님 아버지로 말미암아' 위임되었음을 논증함으로써 복음의 본질과 교회의 신앙을 보존하기 위함이었다.

바울은 부활하신 그리스도로부터 자신의 임무를 받은 사도임을 논증하고 예루살렘의 사도들로부터 독립성을 증명하기 위해 자신의 행방을 설명한다. 특히 이 자전적 묘사를 통해 바울은 자신의 사도적 권위의 독특성(갈 1:1, 10, 11-12, 16, 18)을 강조하고 있다. 이것은 바울이 예수의 사역을 함께 했던 증인이 아니었으며 예루살렘으로부터 어떤 권위도 위임받지 않았다는 적대자들의 주장을 반론하기 위함이다.

이런 이유에서 바울은 모든 사도들이 갖고 있는 권위는 유일한 그리스도의 복음에서 나온다는 사실을 강조하고 있다. 또한 사도는 어느 직분에 정당하게 선출된 사람이거나 그 권위가 선출의 적법성이나 직위의 우월성에서 나오는 것이 아니라 복음을 복종하고 분명하게 제시하는 데 있음을 주장한다. 그리고 복음은 세상 사람에게는 감추어져 있지만 성령의 활동에 의해 어떤 이들에게 알려진 실재의 발현이며 이때 계시는 하나님의 구속적 목적의 한 면이며 그리스도의 죽음과 부활에 대한 역사적이고 해석적 선언을 포함하는 전통과는 달리 근본적으로 하나님이 사람과 상황을 변화시키는 거룩한 능력임을 강조한다.[44]

이러한 논증을 통해 바울은 자신이 '그리스도 예수의 계시' 를 받았음을 강조함으로써 자신의 사도권은 예루살렘과 상관없는 독립적이라는 사실을 말하고 있다. 하지만 바울은 그가 전하는 복음의 내용에 있어서는 예루살렘과 전혀 다르지 않다는 사실을 밝히고 있다.

---

[44] Chrales B. Cousar, 『갈라디아서』, 54.

갈라디아서에서 바울은 1-2장에서 사도직의 정당한 근거로 바울의 복음은 인간적 근원으로부터 유래하지 않고 직접 하나님으로부터 나오며 그 복음이 자신의 사도직을 성립시킨다는 점을 제시한다. 이어 3-5장에서 바울 복음의 정당한 근거로 복음은 인간의 기준에 따르지 않고 성경에 따르며(갈 3:1-4:31) 성령에 의해 확증된다(갈 5:1-25)는 사실을 논증한다. 그리고 6장에서 기독교인이 가지는 진정한 소망을 제시함으로써 유대주의자들의 주장을 반박하고 있다.

AD 49년 이전에 쓰여진 갈라디아서는 복음서들이나 다른 어떤 서신서들보다 먼저 쓰여졌다는 점에서 관심을 가지게 한다. 신약에서 최초로 기록된 갈라디아서가 '율법으로부터의 해방과 복음 안에서 누리는 자유'를 주제로 하고 '이신칭의'의 신학 사상을 정립하고 있다는 점은 시사하는 바가 크다 하지 않을 수 없다.[45]

6. 갈라디아서 연구동향

갈라디아서에 대한 연구는 다양한 형태의 기독교 교리, 선포 그리고 실행의 기초로 중요한 학문적 대상이 되어 왔었다.

1. 교부시대

유대교와 대비되는 기독교를 정립하는 해석의 열쇠로 갈라디아서를 중요하게 발견한 인물은 마르시온이었다.[46] 마르시온은 갈라디아서가 유대교와 유대교적인 모든 것에 반대하는 것으로 이해하고 있었다. 마르시온은 바울이 선포하는 하나님과 유대교 경전의 하나님을 완전히 다른 신으

---

[45] 서철원, 『갈라디아서』 10-11.
[46] Tertullian, *Adversus Marcionem*. ed., tr., E. Evans (Oxford: Clarendon, 1972), vol 5. 2. 21.

로 인식하고 있었다.[47]

특별히 바울이 지칭하는 '다른 복음'(갈 1:8)을 바울의 가르침과 철저하게 대립시켰다. 또한 하갈과 사라에 대한 은유(갈 4:21-31)를 상이한 두 가지 계시들로 해석하면서 바울은 회심자들에게 전자를 유대교의 교훈으로 여기고 버려한 한다고 요구하는 것으로 보았다. 대신에 바울은 그리스도의 십자가(갈 6:14)를 해석함에 있어 유대교의 하나님과 율법의 폐기와 관련이 있다고 주장했다.[48]

터툴리안 역시 유대교에 반대하는 최고의 서신은 갈라디아서라고 강조했다.[49] 하지만 터툴리안은 율법과 복음의 창시자는 창조주 하나님이기 때문에 마르시온이 창조주 하나님을 부인하며 유대교 경전을 무시하는 것은 심각한 잘못이라고 주장했다.[50]

특별히 터툴리안은 갈라디아서가 기독교의 율법 폐기는 창조주 자신의 뜻에서 비롯되었으며 그 창조주가 파송한 그리스도의 사역으로 인해 발생했음을 교훈한다고 강조했다.

이러한 견해를 바탕으로 터툴리안은 하나님은 구속사의 초기에 자신의 백성을 가르치기 위해 율법을 제정하셨으며 그리스도의 오심과 더불어 자신의 구속 계획이 성취되었기 때문에 율법을 폐기하신 것으로 보았다.[51] 나아가 터툴리안은 율법의 의식적 측면이 폐기된 반면에 그리스도에 의해 율법의 도덕적 측면이 확립되고 강화된 것으로 보았다.[52]

갈라디아서에 대해 좀더 획기적인 관찰은 아니러니하게도 영지주의의 한 분파인 발렌티누스주의자들에 의해 제기되었다. 발렌티누스주의자들

---

47 Richard N. Longenecker, 『갈라디아서』 59.
48 Tertullian, *Adversus Marcionem*, vol 5. 2. 4.
49 Richard N. Longenecker, 『갈라디아서』 60.
50 Tertullian, *Adversus Marcionem*, vol 5. 2. 1.
51 Richard N. Longenecker, 『갈라디아서』 60.
52 Tertullian, *Adversus Marcionem*, vol 5. 2. 4.

은 사도권과 복음이 인간에게서 나왔다는 데 대한 바울의 부정과 오히려 사도권과 복음이 계시에 근거하고 있다는 바울의 주장(갈 1:1, 11-12)이야말로 자신들의 전통과 계시 구분의 근거라고 주장했다.53

나아가 유대인과 이방인의 관계에 대한 바울의 해석을 부름받은 자와 선택받은 자, 즉 정신적인 자와 영적인 자의 관계로 해석했다. 이들은 정신적인 사람의 하나님을 유대인의 하나님으로, 영적인 사람의 하나님을 그리스도인의 하나님으로 대비시켰다.

이러한 견해를 바탕으로 발렌티누스주의자들은 하갈과 사라(갈 4:21-31)에 대해 하갈을 노예의 신분보다 나을 게 없는 정신적 아들의 신분으로, 사라를 과거의 전통에서 자유하며 약속과 계시에 의해 사는 영적인 아들의 신분을 상징하는 것으로 해석했다. 이러한 발렌티누스주의자들은 바울이 언급하고 있는 '신령한 자들'(갈 6:1-5)을 하나님의 이스라엘(갈 6:15)로 해석하면서 바로 자기 자신들의 신학과 같다고 주장했다.54

이와는 달리 율법에 대한 부정적인 견해와 복음에 대한 긍정적인 견해로 보았던 이원론적 해석과 달리 율법에 긍정적 의미를 부여한 교부들은 알렉산드리아의 교부들이었다. 클레멘트는 계명이 거룩하기 때문에(롬 7:12) 율법 역시 선하다고 강조했다.55

클레멘트는 그리스도야말로 모든 믿는 자들에게 의를 이루기 위한 율법의 성취가 되시며(롬 10:4) 성부의 뜻을 온전히 준수하는 자를 종으로 여기시는 것이 아니라 자녀와 공동 상속자로 삼으신다(갈 3:26-27)고 해석했다. 이처럼 클레멘트는 율법의 본질에 있어서 그것은 선하고 거룩하다고 보았으며, 율법의 목적 역시 그것은 두려움과 예배적 가르침이 동반되는 일종의 훈련으로 보았고, 율법의 지향성 역시 그것은 예수의 궁극적인 율법 수

---

53 Richard N. Longenecker, 『갈라디아서』 61.
54 Tertullian, *Adversus Marcionem*, vol 5, 2, 4.
55 Richard N. Longenecker, 『갈라디아서』 63.

여와 은혜로 인도되는 것으로 보았다.56

오리겐은 율법에 대한 다양한 견해를 선보였다. 오리겐은 율법을 문자적으로 모세의 법(갈 3:10, 19, 24; 5:4), 영적 의미에 따른 모세의 법(롬 7:12, 14), 자연법(롬 2:14), 모세의 역사(갈 4:2), 선지서(고전 14:21) 등으로 보았다.57 그리고 오리겐은 율법을 육신에 따라 해석되며 그리스도 말미암아 폐기된 레위기식의 의식법과 그리스도에 의해 존속되고 확대된 율법의 도덕적 요구로 구분하면서 복음을 율법의 성취로 이해했다.58

한편 갈라디아서 해석과 관련해 수리아의 안디옥 교부들은 새로운 해석을 시도했다. 크리소스톰은 복음과 율법을 대립적으로 분리하는 것을 반대하면서 율법을 그리스도인의 윤리적 지침으로 보는 것을 달가워하지 않았다. 오히려 크리소스톰은 율법이 신자들의 개인교사이며 신자들이 율법 아래 갇혀 있을 때 율법은 은혜의 적이 아니라 동료라고 주장했다.59

그는 역사에 면면히 나타나는 하나님의 구속적 행위들에서의 연속성을 인정하였고 역사적 발전과 구속적 성취에 더 많은 의의를 부여했다.60 하지만 정작 칭의 교리에 대한 신학적 관심을 12세기 중엽에 이르러 주요 이슈로 떠올랐다. 그리고 이 칭의 교리 개념은 다른 많은 교리에서와 마찬가지로 어거스틴의 신학적 유산에 그 근거를 두고 있었다.61

2. 종교개혁시대

종교개혁 기간 동안 갈라디아서에 대한 관심은 더욱 높아졌다. 리델보

---

56 Richard N. Longenecker, 『갈라디아서』 64.
57 S. Andrew Cooper, *Marius Victorinus Commentary on Galatians*, 120.
58 Richard N. Longenecker, 『갈라디아서』 65.
59 S. Andrew Cooper, *Marius Victorinus Commentary on Galatians*, 177-78.
60 Richard N. Longenecker, 『갈라디아서』 70.
61 김영재, 『기독교 교리사 강의』 (수원: 합동신학대학원출판부, 2006), 124.

스는 "종교개혁의 기본 주제인 칭의 교리는 오랫동안 바울이 전한 복음의 실제 내용으로 여겨왔고 그 주위로 바울 서신의 다른 모든 요소들이 집결된다"[62]고 평가한 바 있다.

에라스무스는 1518년에 갈라디아서를 의역했는데 이 의역서는 비평적 편집자로서 에라스무스를 주시하게 만들었다.[63] 페인(J. B. Payne), 라빌(A. Rabil), 스미스(W. S. Smith) 등은 에라스무스가 오리겐과 제롬의 영향을 받은 것으로 평가했다.

에라스무스의 알렉산드리아 학파적 경향은 바울이 율법 전체가 아닌 의식법 부분만을 거절한 것으로 보았다. 그 결과 의식법은 그리스도 안에서 폐기된 반면 도덕법은 그리스도에 의해 재확인되었다고 주장하였다. 이러한 영향은 루터에게서도 발견된다.

루터는 비텐베르크 대학에서 성경 주해 교수로 재직하면서 갈라디아서 주석을 출판했는데 제롬과 에라스무스의 영향이 짙게 나타나 있다. 하지만 1538년판에 와서 루터는 제롬과 에라스무스로부터 벗어나 안디옥 학파의 경향을 추구하였다.[64]

이때 루터는 이신칭의 교리를 강조하면서 복음과 율법을 동등시하는 스콜라적 신학과 교황주의자들과 맞섰다. 동시에 루터는 문자와 영 그리고 육체와 영혼을 분리하는 당시의 급진적 개혁자들도 반대했다. 이러한 루터의 견해는 교황주의자들이 유대주의자임을 경고하면서 바울의 칭의에 대한 가르침을 그들과 반대되게 받아들이게 하였다.

존 칼빈은 1548년에 갈라디아서 주석을 출판했는데 그는 유대주의자들이 예루살렘 사도들과 대립되는 주장을 했다고 주장했다. 칼빈은 유대주

---

[62] H. Ridderbos, *Paul and Jesus* (Philadelphia: The Presbyterian and Reformed Publ. Co., 1958), 63.

[63] Erasmus, *Collected Works of Erasmus*, Vol. 42: *Paraphrases on Romans and Galatians* (ed. R. D. Sider. Toronto: University of Toronto, 1984), 42:xviii.

[64] M. Luther, *Luther's Works*, Vol. 27(ed. J. Pelikan. St. Louis: Concordia, 1963-64), 27:151-410.

의자들이 바울의 사도직에 대한 권위를 대적했으며 유대교 의식들의 준수가 여전히 필요하다고 가르침으로써 바울뿐 아니라 복음의 진리에 도전했다고 지적했다.[65]

칼빈은 본문의 영적인 의미를 찾기 위해 풍유적으로 해석하는 일을 거부하고 문자적 의미, 즉 문맥상 파악되는 말씀의 명백하고 단순한 의미를 지지했다. 이런 점에서 칼빈은 역사적이며 주경적인 방법으로 본문을 다루었다.

특별히 종교 개혁시대의 바울 연구는 칭의 교리를 중심으로 전개되었다. 개혁자들은 바울의 중심사상이 믿음으로 말미암아 은혜로 의롭게 된다는 칭의 교리라고 생각했다. 따라서 바울 교훈의 첫째 목적은 개인이 어떻게 구원을 받느냐 하는 것이었다. 즉 죄인인 개인이 어떻게 의롭다함을 얻고 하나님 앞에서 평화를 누릴 수 있느냐 하는 것이다. 이런 점에서 종교개혁 시대에서는 구원의 서정(Ordo Salutis) 개념으로 바울을 이해하려 했었다.[66]

3. 현대의 비평적 시기

바울 신학에 대한 현대의 비평적 견해는 1831년 초대 기독교 역사 과정에 대한 헤겔적 이해를 처음으로 제안한 바우어(Ferdinand Christian Bauer)에 의해 시작되었다. 바우어는 갈라디아서를 예루살렘 사도들의 재가를 얻은 율법주의적 유대 그리스도인, 즉 베드로와 야고보를 포함한 예루살렘 교회의 절대적 권위에 반대하는 바울의 논쟁서로 보았다. 하지만 이러한 주장은 1865년에 라이트푸트(J. B. Lightfoot)의 갈라디아서에 의해 정면으로 반

---

65 John Calvin, *The Epistles of Paul the Apostle to the Galatians, Ephesians, Philippians, and Colossians* (Tr. T. H. L. Paker, Grand Rapids: Eerdmans, 1965), 3-7.

66 박형용, 『바울신학』 (수원: 합동신학대학원출판부, 1998), 30.

박되었다.

1890년대에 와서 윌리엄 람세이(William M. Ramsay)는 갈라디아서의 수신지와 관련에 전통적인 이의를 제기하고 남 갈라디아설을 제안했다. 한편 1919년에 빌헬름 뤼트게르트(Wilhelm Lutgert)와 1929년 제임스 하디 로웁스(James Hardy Ropes)는 바울의 갈라디아 대적자들의 단일적 성격에 반대하여 비록 그 서신의 상이한 부분에 등장하지만 유대화를 시도하는 율법주의자들과 성령론적 급진주의자들 양자를 수신자로 전제하는 '두 전선 이론'(Two Front Theory)을 주장했다.[67]

1948년 데이비스(W. D. Davies)는 갈라디아서에 나오는 유대적 주경 절차와 신학적 주제에 대한 바울의 용법 이해에 대한 연구와 더불어 바울의 바리새적 유대교 배경에 근거한 바울 해석의 새 장을 열었다. 종교사학파의 부셋(Wilhelm Bousset)은 종교 생활과 경험의 역사를 통해서 신적인 비밀과 그 형태를 제시하고 기독교 진리와 비교함으로써 기독교의 그리스도를 이해하려고 시도했다. 그는 바울은 이방 종교의 신(god)을 칭하는 '주'($K\upsilon\rho\iota o\varsigma$)의 개념을 사용하여 자신의 신학을 설립했다고 주장하며 바울을 신비주의적 개념으로 이해할 것을 제시했다.[68]

1950년 존 낙스(Jhon Knox)는 바울 서신과 사도행전의 바울 묘사를 분리하여 해석자들에게 갈라디아서를 사도행전과 다른 역사적 상황, 시기 그리고 가르침에 의거하여 이해할 것을 요구했다. 1956년 발터 슈미탈스(Walter Schmithals)는 갈라디아의 상황에 영지주의적 배경을 제안했다. 1971년 로버트 제웨트(Robert Jewett)는 열심당적 배경을 제안했다.

1960년대와 70년대에 와서는 서신의 서간문적 구조에 대한 다량의 연구가 이루어졌는데 그 중 많은 것이 갈라디아서의 구조와 직접적인 관계를 가진다. 1976년 한스 더터 베츠(Hans Dieter Betz)는 그리스도 로마 세계의

---

[67] Richard N. Longenecker, 『갈라디아서』 77.
[68] 박형용, 『바울신학』 45.

수사학적 양식, 특히 법정적 수사학의 변증적 서신 장르가 갈라디아서의 해석을 위한 열쇠를 제공한다고 강조했다. 나아가 갈라디아서는 라틴 아메리카 또는 남아메리카의 해방 신학, 흑인 해방신학 그리고 여성 해방신학과 같은 다양한 형태의 비평적 접근 자료가 되어 왔었다.[69]

무엇보다도 갈라디아서는 헨드릭슨이 지적한 것처럼 '종교적 자유의 대헌장' 또는 '기독교 독립선언'으로 인간은 스스로 자신을 구원할 길이 없다는 점에서 전통적 종교관으로부터 철저하게 구별되는 기독교 신앙을 제시하고 있음을 주시하지 않으면 안 될 것이다.[70]

모세의 율법에 대한 복종이라는 의식주의라든지, 육체에 대한 가학 혹은 적선의 행위를 동반하는 엄격한 금욕주의라든지, 도덕적 인간의 자기 의를 위한 행동이든지, 자연법칙에 대한 완전한 복종이든지, 과학에의 확신이든지, 자기 자신에 대한 주인으로서 자기 의존이든 그 어떤 것으로도 인간 스스로의 구원은 불가능하다.

이런 점에서 갈라디아서는 자신의 언어로써 하나님을 영접하기를 원하는 모든 사람들에게 참 자유의 길을 제시하고 있다(갈 5:1).[71] 그 순전한 자유는 율법주의나 방종주의가 아니다. 그것은 그리스도에의 귀속의 자유이다. 곧 그리스도의 옷자락 안에 포로가 되는 것이며 그리스도 예수 안에 구원을 계시하신 삼위일체 하나님께 자복하는 데 있다.

그것은 사람이 자기 자신을 구원하려는 낱낱의 모든 기도를 모조리 단념하게 만들며 오로지 십자가만을 자랑하고(갈 6:1) 그리스도 예수를 자신의 주와 구주로 모시려고 자원할 때 비로소 발견되는 것이다. 따라서 갈라디아서는 그리스도 안에서 그리고 그를 통한 자유의 복음이라 할 수 있으며 이것이 바로 '이신칭의'의 정신임을 다시 한번 확인해야 할 것이다.

---

69 Richard N. Longenecker, 『갈라디아서』 78.

70 William Hendriksen, 『갈라디아서』 11.

71 Herman N. Ridderbos, *The Epistle of Paul to the Churches of Galatia*, 186.

II. 갈라디아서의 역사적 배경과 중요성

II. 갈라디아서의 역사적 배경과 중요성

A. 갈라디아 교회와 서신의 집필동기

1. 바울의 예루살렘 방문

바울이 다메섹에서 그리스도의 위임을 받아 사도로 부르심을 받은 후 다메섹(행 9:20-22)과 아라비아에서(갈 1:17. AD 33-35년 경) 복음을 전하였다. 그 결과 다메섹에서 예기치 않은 일이 발생했다. "다메섹에서 아레다 왕의 방백이 나를 잡으려고 다메섹 성을 지킬 새 내가 광주리를 타고 들창문으로 성벽을 내려가 그 손에서 벗어났노라"(고후 11:32-33)고 바울이 자전적으로 이야기하고 있는 것처럼 바울의 복음 전파로 인해 그곳에서 소요가 발생했다. 가까스로 다메섹을 탈출한 바울은 기독교인으로서 AD 35/36년에 최초로 예루살렘을 방문하였다.

바울은 부활하신 주님을 만난 지 3년 후에야 예루살렘에서 베드로와 주님의 동생 야고보를 만났다(갈 1:18-19; 행 9:26-28). 바울은 15일 동안 예루살렘에 머물러 있었다. 바울이 예루살렘을 방문한 목적은 예수의 사역과 그 가르침의 '전승'에 대한 상세한 내용을 알기 위함이었다. 이때 바울은 부활하신 예수를 만난 사실과 자신이 사도로서 아라비아에 복음을 전한 내용을 사도들에게 설명했음이 확실하다. 그리고 사도들로부터 예수의 행적과 가르침을 비롯해 부활 이후의 나타나심, 즉 베드로와 야고보에게 나타나신 일에 대한 상세한 내용을 전해 받을 수 있었다.[72]

특히 야고보는 예수의 다른 가족들과 마찬가지로 예수의 죽음 이전에는 제자의 무리에 들지 않았었다. 예수의 가족들은 부활 이후에 교회에서 주목받는 위치에 서게 되었는데 그 중에서 야고보는 예루살렘 교회에서 영향력 있는 지위를 가지게 되었다. 그것은 예수께서 부활하신 후에 야고보에게 나타나셨기 때문이었다(고전 15:5, 7). 이것은 사도로서 바울의 위상을 확인하는 또 다른 증거가 된다.

이상의 과정에서 나타나는 것처럼 바울의 사도권은 회심 이전 유대교에서 받은 것도 아니며 회심 이후 예루살렘의 사도들이 부여하는 권위로부터 받은 것이 아니었다. 바울의 사도권은 그의 회심 체험 그 자체 속에서, 그 회심 체험을 통하여 받은 '예수 그리스도의 계시'에 근거하고 있었다 (갈 1:12; 행 9:20, 22).[73]

15일 동안 예루살렘을 방문하고 있던 중 바울은 성전에서 부활하신 예수를 다시 만났다. 바울은 이 내용에 대해 "후에 내가 예루살렘으로 돌아와서 성전에서 기도할 때에 비몽사몽간에 보매 주께서 내게 말씀하시되 속히 예루살렘에서 나가라 저희는 네가 내게 대하여 증거하는 말을 듣지 아니하리라 하시거늘 내가 말하기를 주여 내가 주 믿는 사람들을 가두고 또 각 회당에서 때리고 또 주의 증인 스데반의 피를 흘릴 적에 내가 곁에 서서 찬성하고 그 죽이는 사람들의 옷을 지킨 줄 저희도 아나이다 나더러 또 이르시되 떠나가라 내가 너를 멀리 이방인에게로 보내리라 하셨느니라"(행 22:17-21)고 기술하고 있다.

---

72 F. F. Bruce, 『바울』 박문제 역 (고양: 크리스챤다이제스트, 1992), 99.

73 S. Andrew Cooper, *Marius Victorinus' Commentary on Galatians*, 260.

이때 예전에 스데반과 기독교인들을 박해했던 일단의 무리들이 바울의 생명을 위협했다. 이들은 바울을 변절자로 보았다. 바울의 생명에 위협을 느낀 바울의 새로운 동료들은 바울을 가이샤라로 데리고 가서 다소로 가는 배에 태워보냈다(행 9:29-30). 누가는 침묵하고 있지만 바울이 수리아와 길리기아에서 복음을 전하고 있던 AD 36-45년 동안에(갈 1:22-23) 바울의 신변에는 상당한 변화가 발생했다. 이 기간에 바울은 예수의 추종자들에게 가담한 일로 많은 어려움을 당했던 것으로 보인다(빌 3:8). 또한 고린도후서 11장 23-27절에서 열거하고 있는 고난 가운데 일부를 이 기간에 당한 것으로 보인다.

바울의 신비스런 삼층천의 경험도 이 무렵에 있었다(고후 12:2-5). 고린도후서의 기록 연대를 AD 55년 말 혹은 56년 초임을 감안한다면 그로부터 14년 전인 AD 42년 전후로 산정되기 때문이다.[74] 바울의 대적자들이 바울의 사도권에 대하여 이의를 제기하며 바울의 사도권과 그 권위를 의문시하고 고린도의 교회를 거짓 가르침으로 오염시키려 할 때 자신의 사도권을 변호하는 과정에서 14년 동안 침묵으로 일관하고 있던 바울이 이 기간 동안에 경험했던 자신이 당한 고난들(고후 11장)과 삼층천 사건을 거론한 것(고후 12장)은 매우 의미심장하다.

이 본문에서 바울은 그리스도 안에서 본 삼층천의 환상보다는 자신의 육체에 있는 가시가 가져다주는 연약함을 오히려 자랑하고 있다. 이것은 바울의 대적자들이 주장하는 것처럼 바울의 사도직이 예루살렘 사도들의 인준을 필요로 하는 것도 아니며 황홀경이나 어떤 놀라운 이적을 행하는 것으로 증명되지 않는다는 사실을 분명히 보여주고 있다. 오히려 바울에게 있어서 사도권을 인증하는 증표로 바울은 자신이 세운 교회들을 내세

---

74 이 무렵 예루살렘에서는 요한의 형제 야고보가 죽임을 당했고 베드로가 옥에 갇혔다가 극적으로 구출되는 일이 있었다. 그리고 교회를 자인하게 박해하던 헤롯 아그립바 I세가 죽임을 당하는 사건이 발생했다(AD 44년, 행 12장). 이 시점에 대해 누가는 "하나님의 말씀은 흥왕하여 더하더라"(행 12:24)라고 보도하고 있다.

우고 있다. 이런 점에서 바울의 사도권은 교회를 건설하는 사역과 그 능력으로 이해된다.

수리아와 길리기아에서 복음을 전한 후(갈 1:22-23)75 바울은 AD 45년에 바나바의 초청으로 수리아의 안디옥 교회로 오게 되었다(행 11:26). 이때 바울은 예루살렘에서 온 몇몇 선지자들로부터 유대에 있는 교회들의 형편을 듣게 되었다. 그들 가운데 아가보(Agabus)는 로마 세계 전역에 걸쳐 큰 기근이 있을 것이라고 예언했다. 누가는 글라우디오(Claudius, AD 41-54년) 치세 때 가뭄과 흉작이 계속 발생했다고 기록하고 있다(행 11:28).

AD 46년에 안디옥 교회는 일전에 아가보의 예언을 듣고 꾸준히 모아왔던 연보를 바나바와 바울 편에 예루살렘 교회의 지도자들에게 보냈다. 이후에 예루살렘 교회를 돕고자 하는 일에 있어서 이방 교회들의 힘을 모으는 일은 바울에게 주요 관심사가 되었다. 이때는 바울이 회심 후 첫 번째 예루살렘 방문 이후 10년 만에 이루어진 두 번째 방문이었다. 이와 관련해 바울은 회심 후 14년 만에 방문하였다고 회고하고 있다(갈 2:1).76 이 두 번째 방문에서 바울은 주의 형제 야고보와 베드로 그리고 요한을 만났다.

당시 디도가 동행하였는데 디도는 할례받지 않은 이방인이었다(갈 2:1-3). 이로 인하여 유대인과 이방인의 교제에 대한 문제가 발생했다. 그렇지만 디도는 억지로 할례받도록 강요받지 않았다. 그리고 사도들은 바울을 무할례자들을 위한 사도로 여겼다(갈 2:7-8). 이때 바울과 바나바는 이방인을, 예루살렘 사도들은 유대인들을 각각 복음화하는 일에 힘쓰기로 합의했다. 소위 선교 협약이 이루어진 셈이다.77 그 자리에서 사도들은 바울에게 예루살렘 교회의 가난한 자들을 구제해 줄 것을 당부했다(갈 2:10).

안디옥으로 돌아오는 길에 바울과 바나바는 예루살렘 지도자들에게 유

---

75 이 사실은 바울이 이방인들에게 복음을 전파하였음을 증거하고 있다. S. Andrew Cooper, *Marius Victorinus' Commentary on Galatians*, 267.

76 S. Andrew Cooper, *Marius Victorinus' Commentary on Galatians*, 268.

77 F. F. Bruce, 『바울』 170.

대 기독교인들과 이방 기독교인들이 함께 교제할 것을 권했다. 이들의 권유를 받은 베드로는 안디옥 교회를 방문하여 유대 기독교인들뿐 아니라 이방 기독교인들과도 교제를 갖게 되었다. 이때까지만 해도 초창기 이방인 교회들 안에서는 아무런 문제가 발생하지 않았다.78

이즈음 예루살렘 교회가 파송한 사절단이 안디옥 교회에 도착했다. 그들 중 일부가 이방 기독교인들 사이에서 베드로가 교제하는 일에 대해 항의를 하는 일이 발생했다. 이 일로 베드로가 이방 기독교인들과의 교제를 멀리하게 되었고 이로 인하여 유대인 성도들도 이방인 성도들과의 관계를 주저하게 만들었다. 또한 바나바마저도 이방 기독교인들과의 교제를 점점 멀리하게 되었다.79 바울은 이 일로 말미암아 견딜 수 없어서 온 교회 앞에서 베드로에게 이의를 제기하고 책망하는 일이 발생했다(갈 2:11-13).

이 사건 직후에 바나바와 바울은 안디옥 교회의 파송을 받아 AD 46년 중반부터 48년까지 제1차 전도 여행을 떠나게 된다. 바울과 바나바는 구브로 섬을 지나 밤빌리아의 버가를 거쳐 비시디아의 안디옥과 갈라디아의 이고니온과 이고니온에까지 복음을 전하고 교회를 세웠다. 이때 바울은 남부 갈라디아 지방에 교회를 세웠다.

이방 선교와 관련해 특별히 누가는 바울을 사도라고 호칭하고 있다(행 14:4, 14). 이것은 사도의 중요한 사역과 관련된다. 즉 사도는 무엇보다도 교회를 세우는 일을 위해 주께서 세우셨다. 그런데 제1차 전도 여행을 통해 아직 복음이 전해지지 않은 이방 지역에서 바울은 교회들을 세우는 일을 수행했다. 이런 점에서 누가가 바울을 사도로 호칭하고 있는 것은 조금도 이상하게 보이지 않는다.

루스드라에서 바울은 비시디아 안디옥과 이고니온에서부터 온 유대인들에 의해 돌에 맞아 죽는 위험에 처하게 되었다. 유대인들은 바울이 돌에

---

78 Donald Guthrie, 『신약 서론』 435.
79 S. Andrew Cooper, *Marius Victorinus' Commentary on Galatians*, 279.

맞아 죽은 줄 알았고 자기들의 뜻이 관철되었다고 생각했다. 그러나 하나님의 기묘하신 보살핌 속에서 바울은 아무렇지도 않다는 듯 죽은 자리에서 다시 일어났다(행 14:19-20).

이 사건이 있고 난 후 바울은 더베로 가서 많은 사람들을 제자로 삼고 다시 오던 길을 따라 루스드라와 이고니온과 안디옥으로 가면서 성도들을 믿음으로 굳게 세우며 "우리가 하나님 나라에 들어가려면 많은 환란을 겪어야 할 것이라"(행 14:22)고 권면하였다. 그리고 각 교회에서 장로들을 택하여 교회를 보살피게 하고 그 믿은 바 주님께 위탁하였다. 바울은 밤빌리아의 버가에서 다시 복음을 전한 후 앗달리아로 내려가 배를 타고 수리아의 안디옥으로 귀환함으로써 제1차 복음 전도의 여행을 마감했다.

2. 갈라디아서의 역사적 배경

바울이 제1차 전도 여행(AD 46-48년)을 다녀올 무렵 예루살렘에서는 열심당 중심의 유대화 운동이 적극적으로 전개되고 있었다. 그에 앞서 헤롯 아그립바의 박해는 AD 44년에 그가 갑자기 죽음으로써 끝이 났지만 유대는 로마의 지방총독 관할로 다시 돌아갔다. 총독이 통치하기 시작한 후 8년 동안 열심당을 중심으로 하는 일련의 무장 투쟁들이 산발적으로 발생하였다.

이 반체제 운동의 지도자 중 하나인 갈릴리 사람 유다의 두 아들인 야고보와 시몬이 붙잡혀 디베료 율리우스 알렉산더(AD 46-48년) 총독에 의해 십자가에서 처형되었다.[80] 이 반체제 운동가들은 로마인들에 대해서만 격렬히 저항한 것이 아니었다. 그들은 로마인들에게 부역한다고 생각되는 유대인들에게도 적대감을 보였다. 특히 예루살렘 교회도 그들의 공격 대상

---

[80] F. F. Bruce, 『바울』 193.

이 되었는데 누구든 이방인 세계와 접촉하고 있다는 혐의가 잡히면 가차 없이 그들에게는 분노의 대상이 되었다. 이러한 일련의 움직임들은 예루살렘 교회와 그 지도자들에게 있어 이방인 선교와 관련해 하나의 문제로 작용했다.

이와 관련된 문제로 대두된 것은 예루살렘 교회의 몇몇 사람들이 기독교로 개종한 이방인들은 유대교로 개종한 이방인들과 동일한 요구 조건을 따라야 한다고 주장하고 나섬으로써 표면화되었다. 이방인 회심자들에게 모세의 율법을 준수하는 의무를 져야 하고 그들이 남자라면 할례를 받아야 할 것을 요구하는 움직임이 발생했던 것이다.

이러한 움직임에 대해 예루살렘 교회의 입장은 나름대로 신학적 해석을 필요로 하게 되었다. 이때 예루살렘 교회에서는 이 문제와 관련해 좀더 유연한 입장을 취하게 되었다. 그 신학적 근거는 언약 백성에 대한 이해에 있었다. 유대교에서 각 개인은 하나님의 선택이라는 은혜에 의해 언약 백성 안에 들어오는 것으로 이해하고 있었다. 그들은 언약 백성 안에 들어오기 위해서 율법 준수를 요구받는 것이 아니라 그 안에 머물기 위해 요구받는 것으로 이해했다. 즉 율법 준수는 은혜를 받기 위한 조건이 아니라 은혜에 대한 반응이었다. 이 입장에 근거하여 사람들이 준수를 요구받았던 '율법의 행위'는 하나님의 백성에 속했다는 표지였으며 그들을 두르는 경계였다고 주장하였다.[81]

예루살렘 교회에서도 일부이기는 하지만 이러한 신학적 이해를 바탕으로 이방인 신자들이 교회의 회원이 되기 위해서는 할례, 절기 및 정결한 음식과 같은 일종의 상징을 요구해야 한다는 주장을 펼쳤다. 이러한 주장을 펴는 일단의 유대주의자들[82]은 바울이 아무 조건 없이 이방인들로 하여금

---

81 I. Howard Marshall, 『신약성서신학』 261.
82 이들을 가리켜 유대주의자들이고 부르는 것은 이들이 이방인들을 율법을 준수하도록 하기 위한 운동을 벌였으며 기독교는 유대인들을 개방시켜 이방인들을 받아들이는 운동을 전개하였기 때문이다(갈 2:14). I. Howard Marshall, 『신약성서신학』 258.

교회의 회원이 되게 하는 것에 대해 의문을 제기하고 나섰다. 그리고 아브라함의 후손으로서 언약 백성이라는 상징으로 이방인 신자들에게 할례와 절기 및 정결한 음식에 대한 규례를 가르쳐야 한다는 운동으로 가시화되었다.

이 운동은 당시 유대 상황과 흐름을 같이 할 수 있었으며 반체제 운동가들로부터 교회를 보호할 수 있는 길을 연 것으로 여겨졌다. 그리고 이 운동은 급속도로 이방인 교회들을 향해 퍼져나가기 시작했다. 바울과 바나바가 제1차 전도 여행을 다녀 온 후에 예루살렘에서 온 일단의 무리들이 안디옥 교회에 와서 일으킨 문제도 바로 이러한 배경으로부터 시작되었다.

하지만 바울의 신학은 그들의 주장과 달랐다. 바울은 그 어떤 이유라 할지라도 복음에는 아무런 조건을 달 수 없음을 분명히 했다. 바울은 오로지 십자가와 부활의 그리스도를 믿는 믿음만으로 교회의 회원이 되어야 한다는 '이신칭의'를 주장했다.[83]

이러한 바울의 사상은 "사람이 의롭게 되는 것은 율법의 행위에서 난 것이 아니요 오직 예수 그리스도를 믿음으로 말미암는 줄 아는 고로 우리도 그리스도 예수를 믿나니 이는 우리가 율법의 행위에서 아니고 그리스도를 믿음으로서 의롭다 함을 얻으려 함이라 율법의 행위로서는 의롭다 함을 얻을 육체가 없느니라"(갈 2:16)에서 명확하게 나타나고 있다.

이러한 상황에서 "어떤 사람들이 유대로부터 내려와서 형제들을 가르치되 너희가 모세의 법대로 할례를 받지 아니하면 능히 구원을 얻지 못하리라"(행 15:1)고 누가가 보도한 것처럼 아브라함의 후손으로서 언약 백성이라는 상징으로 이방인들에게 할례와 절기 및 정결한 음식에 대한 규례를 가르쳐야 한다는 운동이 예루살렘으로부터 시작해 이방 세계 교회들에

---

83 S. Andrew Cooper, *Marius Victorinus' Commentary on Galatians*, 281.

게로 퍼지기 시작했다. 바울과 바나바는 이들의 가르침에 대해 적극적으로 대처하지 않을 수 없었다.

'바울과 바나바와 저희 사이에 적지 아니한 다툼과 변론이 일어난지라'(행 15:2)고 누가는 당시 급박했던 상황을 보도하고 있다. 이에 안디옥 교회는 사태의 심각성을 인식하고 '바울과 바나바와 및 그 중에 몇 사람을 예루살렘에 있는 사도와 장로들에게 보내기로 작정'(행 15:2)했다. 바울과 바나바는 안디옥 교회의 대표자로 예루살렘으로 가는 도중에 '베니게와 사마리아로 다녀가며 이방인들의 주께 돌아온 일'(행 15:3)을 교회들에게 보고하였고 이 소식을 들은 교회의 형제들은 크게 기뻐하며 하나님께 영광을 찬양했다.

한편 예루살렘 교회로부터 온 사람들 중 일부는 이미 바울이 제1차 전도 여행 중에 복음을 전한 교회들을 찾아가 자기들의 세력을 펼치고 있었다. 그들은 이방인 성도들이 예루살렘 교인들과 마찬가지의 길을 걸어가고 그들로부터 구원을 함께 상속받을 자, 즉 하나님의 동일한 백성으로 인정을 받으려면 할례를 받아야 한다고 주장했다. 그 결과 갈라디아 교인들은 할례와 아울러 절기를 지키는 것과 같은 유대적 관습들을 받아들여야 할 위기에 처하게 되었다.[84]

예루살렘 교회로 가는 도중에 이 소식을 전해듣게 된 바울은 혼란을 야기한 사람들이 불러일으킨 문제들에 대해 갈라디아 교회들이 바른 견해를 갖도록 해야만 했다. 바울은 예루살렘 공의회 직전[85] 혹은 공의회에 참석차 예루살렘으로 향하던 중(행 15:2에서 묘사하고 있는 그 기간)에 수리아 안디옥 인근에서 갈라디아서를 작성하였다.[86]

유대주의자들이 갈라디아 교회들에게 전한 가르침은 바울의 복음과 분

---

84 F. F. Bruce, 『바울』 197.
85 Richard N. Longenecker, 『갈라디아서』 124.
86 Robert L. Reymond, 『바울의 생애와 신학』 168.

명히 모순된 것이었다. 이에 바울은 오직 그리스도에 대한 참된 믿음만이 죄인으로 하여금 하나님과 올바른 관계를 맺게 한다는 '이신칭의' 의 사실을 설명하고(갈 2:16-21), 율법과 복음과의 관계를 논증함으로써 성령 안에서의 참된 자유에 대해 가르치고, 사람 속에서 활동하시는 성령의 역사로 말미암아 외형적인 율법 조항이나 종교적 제도로써는 도무지 알 수 없는 도덕적 역동성을 갖게 된다는 사실(갈 4:1)을 제시하였다.87

3. 갈라디아서의 주제와 개요

바울은 일단의 유대주의자들이 갈라디아 교회들을 미혹한 것에 대해 많은 우려를 하였다. 그들의 주장은 그리스도의 복음과 교회에 걸림돌이 될 것이 분명했다. 이에 바울은 자신이 전한 복음은 주님으로부터 직접 위임받은 사도적 권위를 지녔으며, 이 사도적 권위는 예루살렘 교회의 사도들로부터 인준받을 필요가 없음을 밝히고(갈 1:11-24), 오직 그리스도에 대한 참된 믿음만이 죄인으로 하여금 의로운 하나님과 올바른 관계를 맺게 한다는 사실을 주장한다(갈 2:16-21).

더불어 바울은 교회란 한 몸으로 연합되어 있으며 모든 믿는 자의 조상인 아브라함에게서 그 기원을 찾아야 하며(갈 3:6-18) 교회에서는 유대인이나 이방인이나, 남자나 여자나, 주인이나 종이나 모두 한 지체로서 인종과 성별과 신분의 장벽을 초월함을 강조한다(갈 3:27-29).88 이로써 그리스도께 속한 모든 신자들은 그들의 본성적인 차이들을 초월하는 연합의 원리를 그리스도 안에서 발견하게 된다는 사실을 밝히고 있다.

때문에 참된 교회의 회원은 유대주의자들의 주장처럼 율법에 얽매이는 것이 아니며 성도들은 성령의 역사로 말미암아 외형적인 율법 조항이나

---

87 Ralph Martin, 『신약의 초석』 II 239.
88 S. Andrew Cooper, *Marius Victorinus' Commentary on Galatians*, 299.

종교적 제도에 얽매이지 않아야 한다(갈 4:10).[89] 그렇지만 혹 이로 인하여 방종의 태도를 보일 수 있다는 점을 감안해 바울은 신자들이 반 율법적인 태도를 갖거나 모든 율법이 제재하는 내용들을 무시해서는 안 된다(갈 5:13)는 점을 부각시키고 있다.

바울은 그리스도 안에서 누리는 참된 자유란 모름지기 형제들을 돌보며 교회 공동체를 위해 봉사함으로써 자기 중심적인 생활로부터 참된 자유함으로 누리는 삶으로 나타나야 할 것을 제시한다(갈 5:22-6:10). 이것이 새로운 신분을 가진 신자들의 삶이기 때문이다.[90]

한편 갈라디아에 찾아 왔던 유대주의자들은 예루살렘 교회의 보수 진영과 연결된 유대 기독교인들이었다. 그들에게는 아브라함이 받은 구원의 약속들에 참여하기 위해서는 아브라함의 진정한 아들들이 되는 것이 결정적으로 중요하였다. 왜냐하면 그 약속들은 아브라함에게만 아니라 그의 후손들에게도 주어졌기 때문이다.

때문에 그들에게 있어서는 아브라함 - 사라 - 이삭 - 시내산 언약 - 예루살렘 교회의 선상에 속해 있는 사람들만이 참된 아브라함의 자손으로 간주되었다. 그러므로 이방인들이 하나님의 백성 안에 들어오기를 원한다면 유대인들처럼 할례를 받고 율법에 순종해야 한다고 주장했다. 이러한 강력한 주장을 동원하여 유대주의자들은 갈라디아인들로 하여금 할례와 율법을 받아들이는 문제를 심각하게 고려하도록 설득하는 데 성공하였다.

유대주의자들의 주장이 모두 그릇된 것은 아니었다. 그들은 예수가 메시아이며, 하나님의 아들이며, 부활하고 승천하신 주이시며, 성령을 주시는 분이시며, 그의 이름에 구원이 있는 분이심을 인정했다. 또한 그리스도께서 곧 영광 중에 재림하셔서 은혜와 심판으로 하나님의 일을 완성하실 것을 부인하지 않았다. 반면에 그들은 바울이 전한 복음에 무언가 미흡한

---

89 Ernest De Burton, *The Epistle to the Galatians*, 233.
90 S. Andrew Cooper, *Marius Victorinus' Commentary on Galatians*, 336.

점이 있다고 주장했다.91 그들은 바울이 시작한 일을 마치기 위해 왔다고 내세웠다(갈 3:3).

유대주의자들의 '율법과 복음' 에 대한 주장은 다음과 같이 요약된다 : 그리스도의 오심으로 사람이 율법에서 자유로워진 것이 아니다. 그리스도께서는 율법의 가르침을 확증하셨고 그것이 요구하는 바 순종을 깊게 만드셨다. 그러므로 그리스도께서 중보하여 이루신 구원에 율법의 행위를 이행하는 것이 필요하다. 할례와 율법 없이 오직 믿음에 근거한 기독교인의 상태는 초보적이며 미완성의 상태이다. 따라서 완전한 구원은 할례와 율법을 준수하는 것으로 이루어지며 이로써 아브라함의 참 아들이 되어 아브라함에게 약속된 복의 상속자가 되는 것이다.92

이들은 의심할 여지없이 자신들의 메시지가 신학적으로 뒷받침되는 것을 제시했으며 단지 이방인들이 선민인 이스라엘 백성 안에 완전히 통합됨으로써 아브라함 언약에 약속된 복을 온전히 누릴 수 있다고 주장했다. 또한 그들은 바울을 반대하는 것이 아니라 그의 메시지를 완전하게 하여 갈라디아 기독교인들을 온전하게 하려고 한다고 강조했다.93

또한 이들은 자신들의 주장을 관철시키기 위해 바울의 사도권에 문제가 있음을 부각시켰다. 그들의 주장은 다음과 같다: "바울은 충만한 구원의 필요를 모두 다 알려주지 않았으며 바울은 예루살렘 사도들에게서 사도직을 임명받았으므로 바울보다 예루살렘 교회의 권위에 복종해야 한다. 바울이 율법 준수에 대해 강조하지 않은 것은 그의 선교에 대한 열심의 결과였으며 하나님의 순전한 복음의 엄정함을 부드럽게 하여 회심자들을 얻고자 했기 때문이다. 이런 점에서 바울이 전한 복음에는 한계가 있으며 바울의 복음이 절대로 인도할 수 없는 기독교인의 완전함을 위해 할례를 받고

---

91 Richard N. Longenecker, 『갈라디아서』 132.
92 S. Andrew Cooper, *Marius Victorinus' Commentary on Galatians*, 287.
93 Richard N. Longenecker, 『갈라디아서』 135.

율법을 준수해야 한다."94 갈라디아서는 이런 위기 상황과 관련된 바울의 반론으로 진행된다.

한편 갈라디아인들은 바울의 복음을 받아들임으로써 종전의 이방신 숭배를 포기하고 교회의 회원이 되었다. 당시 시대에서는 우상들에 대한 희생 제사가 사람들이 살아가는 데 있어서 필수적인 부분이었다. 무엇보다도 사람들에게 있어서 우상과 관련된 제사는 종교적 행위보다 앞서 사회 생활의 한 부분이었다. 종교적 목적과 상관없이 삶의 터전으로 상호 공존해야 할 주민들에게 있어서는 함께 축제에 참여함으로써 공동체 의식을 가질 수 있었던 것이다.

하지만 그들이 교회의 회원이 되었다는 사실은 그들이 지금까지 살고 있던 삶의 터전과 그들이 속했던 사회로부터 상당한 변화를 가져오게 하였다. 그들에게는 가족과 친구, 동료 집단, 동업자, 시 당국자들과 같은 모든 사회적 관계에 변화가 발생했음을 의미한다. 이와 같은 삶의 정황이 갑작스럽게 바뀐다 할지라도 교회의 회원이 된 것에는 그들에게 확고한 복음의 내용이 있었기에 가능했다.

갈라디아 교회들이 바울로부터 받은 복음의 내용은 분명하다. 그 복음은 "예수 그리스도와 및 죽은 자 가운데서 그리스도를 살리신 하나님 아버지"(갈 1:1)에 대한 믿음과 "그리스도께서 하나님 곧 우리 아버지의 뜻을 따라 이 악한 세대에서 우리를 건지시려고 우리 죄를 위하여 자기 몸을 드리셨으니"(갈 1:4-5)에 대한 믿음과 "그리스도의 은혜로 너희를 부르신 이"(갈 1:6)에 대한 믿음을 가지게 하였음이 분명하다.

그러나 바울이 갈라디아를 떠나고 난 후 갈라디아 교회들은 사회적 불안정한 상태에 직면할 수밖에 없었다.95 그들은 더 이상 전통적인 이방인들의 종교 의식에 참여할 수 없었다. 그렇다고 유대인들처럼 당시 로마 세

---

94 Robert L. Reymond, 『바울의 생애와 신학』, 171.
95 S. Andrew Cooper, *Marius Victorinus' Commentary on Galatians*, 254.

계에서 묵인되던 유대인의 회당에 속하지도 않았다. 결과적으로 그들은 자신들의 사회와 결별된 상태와 다름이 없었다.

이처럼 불안정한 위치에 있던 갈라디아 교회들에게 들어온 유대주의자들의 주장은 갈라디아인들로 하여금 할례와 율법을 받아들임으로써 유대인-기독교인이 되는 것이 사회적으로 오히려 유익이 될 것이라는 기대감을 가지게 하였다. 때문에 갈라디아 교회 성도들이 그처럼 빨리(갈 1:6) 유대주의자들의 회유에 관심을 나타낸 것은 결코 우연한 일이 아니었다.

그렇지만 갈라디아 교회 성도들은 아직까지 할례 의식에 복종한 것은 아니었다. 때문에 바울은 그들에게 그리스도인의 자유에 굳게 서라고 간곡히 타이르기에 이르렀다(갈 5:1). 바울은 갈라디아 성도들이 바울의 호소를 받아들일 것을 조금도 의심하지 않을 정도로(갈 5:10) 갈라디아 성도들을 신임하고 있었다.96

바울은 유대주의자들의 거짓된 복음에 대한 반론으로 그리스도의 복음을 제시하고 있다. 이 대립은 이어지는 논쟁에서 구체적으로 발전된다. 유대주의자들에 대한 바울의 반론은 다양한 형태로 다음과 같이 나타나고 있다: 반대자들의 가르침과 바울이 전한 그리스도의 복음(갈 1:6-10). 율법의 행위로 의롭다함을 받는다는 주장에 대한 믿음으로 의롭다함을 받는다는 바울의 반론(갈 3:1-14). '율법 아래' 대 '그리스도 안'에 대한 바울의 반론(갈 3:23-4:7). 노예 대 아들됨에 대한 바울의 반론(갈 4:21-31). 할례 대 믿음에 대한 바울의 반론(갈 5:1-12). 육체 대 성령에 대한 바울의 반론(갈 5:13-6:10). 율법 대 그리스도의 십자가에 대한 바울의 반론(갈 6:12-16).

이상의 내용은 바울이 유대주의자들의 거짓 복음과 싸우고 있음을 보여주고 있다.

---

96 Richard N. Longenecker, 『갈라디아서』, 140.

B. 이신칭의 본문의 중요성

1. 갈라디아서의 내용적 구조

바울은 자신의 논제들을 체계적으로 전개시키기 위해 조직적으로 갈라디아서를 기록하고 있음을 갈라디아서의 내용적 구조를 통해 알 수 있다.[97] 갈라디아서의 내용적 구조는 다음과 정리할 수 있다.

Ⅰ. 인사말(1:1-5)
Ⅱ. 서론(1:6-10) : 그리스도의 복음 외에 다른 복음은 없다는 선언적 서언
Ⅲ. 본론(1:11-6:10)

A. 자신의 사도직에 대한 바울의 변론(1:11-2:21)
1. 바울 사도권의 신적 기원(1:11-24) : 바울의 사도직은 그리스도께로부터 직접 받은 것이며 그리스도 외의 어떠한 근원에서도 자신의 복음과 또한 그 복음을 선포할 권위를 부여받은 바 없음을 밝힘.
2. 바울 사도권의 독립성 : 바울의 복음과 사도권의 정당성에 대한 예루살렘 교회의 인정을 밝힘(2:1-10)
3. 바울이 전한 복음의 내용(2:11-21) : 율법의 행위가 아니라 그리스도를 믿음으로 의롭다함을 얻는다는 '이신칭의' 의 신학적 근거를 밝힘.

B. 복음에 대한 바울의 논증(3:1-4:31)
1. 율법의 부정적인 기능에 대한 바울의 논증(3:1-14) : ① 갈라디아인들은 율법에 순종함으로써가 아니라 바울이 선포한 복음을 믿음으로 성령을 받았으며(3:1-5) ② 아브라함은 할례를 통해서가 아니라 믿음으로 의롭다 하심을 받았으며(3:6-9), ③ 의를 얻기 위해 율법을 지킨다는 것은 불가능하기 때문에 사람은 율법의 저주 아래 있을 수밖에 없다(3:10-14).

---

97 갈라디아서의 내용적 구조에 대한 좀더 자세한 논의는 Frank J. Matera, *Galatians*, 12-19를 참조하라.

2. 율법을 초월하는 '약속'에 대한 바울의 논증(3:15-29) : ① 하나님의 약속은 율법보다 수백 년 전에 주어졌으며 율법이 아브라함에게 주신 하나님의 약속을 폐하지 않았으며(3:15-18) ② 율법을 주신 목적은 사람들에게 그리스도가 필요함을 보여주고 그리스도에게 인도하기 위함이며(3:19-24) ③ 그리스도를 믿는 믿음으로 말미암아 기독교인은 하나님의 자녀이며 아브라함의 자손이며 약속대로 유업을 이을 자가 된다(3:25-29).

3. 진리인 은혜의 복음에 대한 바울의 논증(4:1-31) : ① 율법은 하나님의 백성을 위한 미성숙의 단계이며(4:1-11) ② 하나님의 아들로서 충만한 권리를 갖는 일은 그리스도와 하나님의 양자의 영으로 말미암아 오게 되며(4:12-20) ③ 아브라함에게 약속된 복은 하갈의 아들 이스마엘이 아닌 약속된 사라의 아들 이삭의 자손에게 주어진 것처럼 유대주의자들의 주장은 그리스도께 충성하게 하는 것이 아니다(4:21-31).

C. 실제적인 복음의 자유에 대한 바울의 논증(5:1-6:10)

1. 복음 아래에서 주어진 자유(5:1-24) : 복음의 자유와 율법은 공존할 수 없으며 복음의 자유는 방종으로 이끌지 않고 사랑으로 다른 이들을 위해 봉사하게 하며 복음의 자유는 성령 안에 있는 삶으로 향하는 길이다.

2. 성령 아래에서 누리는 자유(5:25-6:6) : 자기 중심의 교만, 자긍심, 투기가 끝나며 실수하는 자들을 위하여 온유하고 겸손하게 섬기며 교회 내에서 가르치는 자들을 향하여 풍성한 사랑을 베푼다.

3. 은혜 아래에서 가지는 기독교인의 소망(6:7-10) : 종말과 관련하여 은혜 아래에서 갖는 기독교인의 소망만이 진정한 의미를 갖는다.

Ⅳ. 결론과 인사말(6:11-18) : 십자가의 고난을 피하기 위해 할례를 받는 것은 스스로 자신의 육체를 자랑하는 것뿐이다. 할례자나 무할례자나 그리스도 안에서 새로운 존재가 되었음을 기억하라.

이상의 내용적 구조를 통해 논증을 전개한 바울은 자신의 사도적 권위는 그리스도께서 직접 주셨으며, 칭의 혹은 하나님 앞에서 올바로 서는 것은 율법을 지키는 행위와는 완전히 별개로 예수 그리스도를 믿는 믿음을 통해서 주어지며, 믿음으로 말미암은 칭의는 성령 안에서 사는 자유의 삶, 즉 성화로 이어진다는 사실을 밝히고 있다. 이러한 바울의 신학적 논증은 유대주의적 기독교 혹은 율법에 따른 기독교는 신앙의 원리보다 열등하다는 점에 역점을 두고 있다.98

갈라디아 사람들은 율법에 의해 기독교인이 된 것이 아니라 성령에 의해 기독교인이 되었다. 그럼에도 불구하고 율법으로 되돌아가려는 것은 마음이 미혹되었다는 증거이다(갈 3:1-5). 그것은 곧 율법의 멍에를 지는 것이었다.99 아브라함이 받았던 복은 율법으로 말미암은 것이 아니라 믿음으로 말미암은 것이다(갈 3:6-9). 율법은 실제로 저주를 가져다 줄 뿐이며 그리스도는 우리를 위하여 저주를 받으심으로 우리가 받을 저주를 제거해 주셨다(갈 3:10-14).

따라서 누구든지 아브라함에게 주신 약속에 대한 바울의 가르침이 율법에 앞서 있어 불합리하다는 이유로 이를 반대한다면 하나님의 약속의 언약은 신적 유효성을 가지고 있기 때문에 결코 율법에 의해 무효화 될 수 없다(갈 3:15-18). 이것은 율법이 아무 기능도 하지 못한다는 의미가 아니라 율법은 그리스도를 위하여 길을 예비해 주는 기능만을 한다는 것을 의미한다(갈 3:19-29).

이것은 무한히 높은 책임을 가지고 있는 아들의 명분을 소유하기까지는 율법이라고 하는 후견인 아래 있어야 함을 의미한다. 율법은 종을 만드는 데 반해서 믿음은 아들과 유업을 이을 자들이 되게 한다(갈 4:1-7). 따라서 성도들이 율법의 규례에 따른 의식주의에 빠질 이유가 없다(갈 4:8-20). 오히

---

98 Donald Guthrie, 『신약 서론』, 442-43.
99 서철원, 『갈라디아서』, 133.

려 성도들은 사라와 하갈처럼 복음의 자유와 율법의 속박에 대해 명백하게 인식해야 한다(갈 4:21-31).

이러한 신학적 논증을 통해 이신칭의를 주장한 바울은 복음 안에서 누리는 자유의 특성, 즉 성화의 삶을 살아가는 성도들의 삶에 대해 다음과 같이 제시한다 : 이 자유는 할례를 배제하며 유대주의를 허용하지 않는다(갈 5:1-6). 따라서 성도들 앞에 장애물을 놓아서 그들을 타락시키는 자들이 있다면 책망을 받아야 한다(갈 5:7-12).

그렇지만 자유와 방종을 혼동해서는 안 된다. 방종은 사랑의 통치 아래 있을 때 제어할 수 있다(갈 5:13-15). 그러므로 진정한 자유는 성령의 열매가 가져다주는 결과를 통해 확인된다(갈 5:16-26). 뿐만 아니라 지금 우리가 심는 것은 때가 되면 거두게 될 사실에 비추어 진정한 자유는 짐을 진 신자들에게 동정과 봉사를 통해 나타나야 한다(갈 6:6-10).

2. '이신칭의' 신학 위에 서 있는 교회들

바울의 편지를 받은 갈라디아 교회는 유대주의자들과 관계를 청산한 것으로 보인다. 후에 바울은 갈라디아 교회들을 다시 방문했는데 그때 갈라디아 교회들은 바울을 그리스도의 사도로 영접했음이 이를 증거한다. 또한 이후로 바울이 갈라디아 사람들에게 또다시 책망하는 모습을 어디에서도 찾을 수 없다는 사실도 이를 증거한다. 바울이 고린도 교회에 보낸 서신에서도 이 사실을 확인할 수 있다. 바울은 고린도 교회를 향해 "성도를 위하는 연보에 대하여는 내가 갈라디아 교회들에게 명한 것같이 너희도 그렇게 하라"(고전 16:1)고 한 것으로 보아 갈라디아 교회들이 바울에게 매우 협조적이었음을 알 수 있다.

하지만 율법과 상관없는 바울의 복음에 대해 반기를 든 유대주의자들은 이방인 교회의 성장이 유대인 교회의 몰락을 가져올 것이라고 오해하고 있었다. 이들은 유대인 교회를 존속시키기 위해 그리스도를 믿는 믿음에 다 율법을 지키는 일을 모든 교회들에게 필수적인 조건으로 만들어야 한 다고 주장했다. 이렇게 함으로써 이방인 교회들을 율법 아래 놓고자 했다.

이에 대해 바울은 율법을 지키는 것이 칭의를 얻는 길이라면 그리스도 의 시대는 아직 도래한 것이 아니며 예수도 메시아일 수 없다고 지적하고, 이방인들을 율법 아래 속박 받게 한다는 것은 유대인을 포함한 모든 교회 들이 은혜로 구원받는다는 '이신칭의' 사상을 거부하는 것이며, 이들을 용납한다는 것은 이신칭의 신학 위에 서 있어야 할 교회를 유대화된 교회, 즉 할례와 율법을 준수하는 교회로 변질시킨다는 사실을 직시했다.[100]

따라서 바울은 하나님의 교회는 오로지 은혜로 말미암는 구원과 믿음으 로 말미암는 칭의 위에 서 있어야 한다는 사실을 갈라디아서에서 분명하 게 밝히고 있다. 오히려 바울은 유대주의자들이 자신들의 주장을 포기하 고 모든 교회들이 하나의 교회로 연합하기 위해 '이신칭의'에 근거해야 할 것을 주장한다. 뿐만 아니라 바울 복음의 핵심은 그의 종말론적 '사면' 의 교리, 즉 칭의론에 근거해 있으며 마지막 심판이 오기 전 지금 여기에서 오직 은혜로 말미암아 예수 그리스도를 믿는 믿음으로만 칭의를 받는다는 점을 분명히 하고 있다.

이런 점에서 "우리나 혹 하늘로부터 온 천사라도 우리가 너희에게 전한 복음 외에 다른 복음을 전하면 저주를 받을지어다"(갈 1:8)는 바울의 선언은 율법과 복음이 피할 수도 없고 타협할 수도 없는 양자 택일의 사안임을 강 조하고 있다. 그만큼 '오직 은혜, 오직 믿음'이라고 하는 바울의 선언은 역 사의 이정표를 가르는 분수령과 같다.

여기에서 논증한 구원의 원리, 즉 '이신칭의' 사상은 기독교가 모든 사 람의 필요를 채워주는 세계의 종교가 되기까지 전진을 계속해 갈 것을 보

---

100 Chrales B. Cousar, 『갈라디아서』 24.

장해 주었다. 바울이 이 원리를 천명하고 그것을 위해 싸우지 않았다면 기독교의 교회들은 결국 유대교의 한 분파로 전락하고 말았을 것이다.[101] 따라서 하나님 앞에 올바로 서는 일은 율법의 행위와는 상관없이 오직 믿음으로 말미암는다는 바울의 선포는 '기독교인의 자유를 위한 대헌장'이며 '이신칭의' 신학 위에 서 있는 교회들의 헌장이라 해도 과언이 아니다.

3. 갈라디아서 이후 예루살렘 공의회와 바울

바울과 바나바가 수리아의 안디옥 교회의 파송을 받아 46년 중반부터 48년 중반에 거쳐 구브로 - 밤빌리아의 버가 - 비시디아의 안디옥 - 이고니온 - 루스드라 - 더베 지방에 복음을 전하게 된 제1차 전도여행(행 13:2-14:28)을 통하여 바울은 유대인들이 스스로 복음을 배척하여 떠나고 오히려 이방인 가운데 하나님의 택함을 입은 많은 성도들이 주 앞에 돌아옴으로써 이방인 전도의 장을 열게 되었음을 확인하게 되었다(행 14:27).

혈통으로나 지역적인 영향을 받지 않고 누구든지 하나님께서 구원하고자 하는 사람들은 모두 복음을 받아 하나님의 백성이 된다는 대원칙(행 13:48)을 교회 앞에서 확인한 바울 일행은 안디옥 교회에 머물면서 교회를 굳건히 세워 나가고 있었다. 그럴 때 유대로부터 온 몇 사람들이 "모세의 법대로 할례를 받지 아니하면 능히 구원을 얻지 못하리라"(행 15:1)고 교인들을 가르치기 시작했다.

이미 성령의 역사하심 가운데 율법이 아닌 복음으로 하나님의 나라를 유업으로 받는다는 대원칙을 세운 안디옥 교회 앞에서 이러한 가르침은 정면 대결을 요하는 심각한 도전이었다. 한 시대의 교회가 나아가는데 있어서 복음의 원칙이 확고하게 세워졌음에도 불구하고 이러한 도전이 온다는 것은 교회의 생명력을 약화시키며 점차 교회를 근원적으로 무너뜨리려

---

101 Robert L. Reymond, 『바울의 생애와 신학』 175-76.

는 사단적인 독소였다.[102]

나아가 '유대에서 온 사람들' 이라고 한다면 수리아보다는 먼저 복음을 받았다는 기득권이 있어서 충분히 안디옥 교회를 미혹할 만한 요소도 가지고 있었다. 물론 이들은 예루살렘 교회가 공식적으로 파송한 사람들은 아니었기 때문에 공적인 권위를 가지고 있지는 않았다. 하지만 기득권을 주장하며 모세의 할례를 강조함으로써 교회를 잠시 혼란에 빠지게 하였다.

유대에서 온 몇 사람들이 모세의 율법에 따라 할례를 받아야만 구원을 얻을 수 있다고 주장하자 바울과 바나바는 즉각 그들의 오류에 대항하여 변론을 하였다. 그러나 이미 어둠에 둘러싸인 그들은 끝까지 말다툼을 벌이면서 결코 자기들의 주장을 거두려 하지 않았다. 그들이 이처럼 사력을 다해 바울과 바나바를 대적하기 때문에 안디옥 교회는 난감하지 않을 수 없었다. 만일 이 문제가 교회 밖으로부터 온 것이라면 그리 큰 문제는 아니다. 그런데 오히려 먼저 복음을 받은 사람들이 이처럼 주장하고 있기 때문에 섣불리 해결할 수는 없었다.

안디옥 교회는 이 문제를 교회가 해결해야 하는 중대한 문제임을 인식하였다. 이방인에게 복음을 전하는 것을 그 시대의 시대적 사명으로 여기고 있는 안디옥 교회로서는 이 문제를 확실하게 처리하고 싶었다. 이미 세운 원칙을 고수하면 될 것이지만 이것은 단순히 한 교회의 문제만이 아니었다. 장차 하나님의 나라가 세워지는데 있어서 그 시대의 모든 교회가 원칙을 세워야 할 중요한 문제였다. 때문에 예루살렘 교회로 대표들을 파송하기로 결정하였다(행 15:2).

이 문제를 단순히 안디옥 교회 자체적으로 처리할 수도 있었다. 하지만 "모세의 율법대로 할례를 받아야만 구원을 얻는다"는 주장은 장차 교회가 세워져 나감에 있어 중요한 이슈가 되기 때문에 이 문제는 모든 교회가 함께 참여해서 해결하는 것이 좋다고 여겼다. 이것은 안디옥 교회가 이 문제

---

102 J. Calvin, 『갈라디아서』 525.

를 신학적으로 매우 중요하게 여겼음을 보여주고 있다. 안디옥 교회가 이 문제에 대해 중요하게 여긴 이유는 다음과 같다.

첫째, 구원은 오직 그리스도의 은혜에 근거해 있기 때문이다. 만일 그들의 주장대로 율법을 지켜야 한다면 구원받는 것이 사람의 행위에 따라 결정된다는 이야기가 되고 만다. 그렇게 된다면 그리스도께서 이루신 구원의 영광은 사라져 버리고 오히려 사람들이 애써 이룩한 열심이 구원의 공로가 되고 만다. 그러나 구원은 어떤 이유에서라도 사람의 공로에 따라 결정되지 않는다. 그러므로 그들의 주장을 철저하게 대적해야만 한다.103

둘째, 그리스도는 이미 율법을 완성하신 분이시기 때문에 성도들은 그리스도 안에서 이미 율법으로부터 해방을 받았다(갈 3:23-25). 교회가 율법을 소중히 여기는 것은 그리스도께서 완성하신 율법의 도리를 귀하게 여기기 때문이다. 율법은 성도들을 속박하기 위해서 주신 것이 아니라 성도들로 하여금 죄로부터 자유하기 위해 주신 하나님의 은혜이다. 그러나 율법 앞에서는 아무도 자신을 의롭다 할 수 없으므로 감히 하나님으로부터 구원을 받을 수 없는 것도 사실이다. 그래서 바울은 율법으로 말미암아 우리가 더욱 죄인인 것을 깨닫게 된다고 말하였다(롬 7:1-9). 이제 그리스도께서 율법 아래 죽으셨다가 다시 사심으로써 율법 아래 얽매이지 아니하셨고 마침내 그 안에서 성도들도 자유를 누리게 되었다(롬 8:1-2). 그런데 그들의 주장처럼 다시 율법 아래로 들어간다면 그리스도께서 세우신 율법으로부터의 자유는 모두 무너지고 마는 것이다. 그러므로 이 문제는 기독교의 사활이 담긴 중요한 문제였다.104

---

103 J. Calvin, 『사도행전』 II 50.

104 이방인 신자라도 구원을 얻으려면 할례를 받아야 한다는 그릇된 주장은 단지 안디옥 교회만의 문제가 아니었다. 이즈음 갈라디아 교회도 이 문제로 인해 고통을 당하고 있었다. 심지어 성도들 중에서도 잘못된 주장에 동요되어 유대적인 할례와 율법을 받아들이고 있었다. 이 소식을 들은 바울은 황급히 갈라디아 교인들에게 편지를 써서 그들이 다른 교훈에 속아넘어가지 않도록 하였다. F. F. Bruce, 『사도행전 주석』(하) 70.

셋째, 더욱 주의해야 할 것은 만일 유대주의자들의 논리대로 할례를 받아야만 구원을 받는다면 이제까지 바울의 일행이 이방인들에게 전한 복음이 전면적으로 부정되는 것과 같다. 뿐만 아니라 성령께서 이루신 구원의 도리가 스스로 모순에 빠져 버리게 되는 엄청난 오류를 가져다 주게 된다. 바울은 분명하게 이방인들에게 하나님의 복음이 아무런 제약 없이 받아들여졌으며 누구나 그 복음 안에서 구원에 참여되었음을 확인하였다. 이러한 구원의 역사는 순전히 성령께서 세워주신 은혜의 결과였다. 그런데 이제 와서 할례를 받아야만 한다면 지금까지 진행된 성령의 사역에 심각한 모순을 가져다 주는 결과가 되고 만다.[105] 그렇다면 하나님 나라의 원리가 더 이상 서지 못하고 무너지게 된다. 그래서 안디옥 교회와 사도들은 이 문제를 중요시 여겼다.

넷째, 이 문제를 통하여 안디옥 교회의 관심은 지금까지 유대인 신자들의 마음 속에 남아있는 율법주의적 관념이 이번 기회를 통하여 철저하게 깨뜨려지기를 소원하였다. 잘못된 율법적 관념을 가지고 신앙 생활을 한다는 것은 복음을 협소하게 만들어버리고 진리를 훼손하는 독소이다.

그때까지만 해도 예루살렘 교회는 따로 건물을 가지고 있지 않았다. 성도들과 사도들은 주로 성전을 중심으로 하여 복음을 전하고 믿음의 생활을 지켜오고 있었다. 그리고 여전히 그들의 주변에서는 율법에 얽매인 상태로 유대인들이 살고 있었다. 뿐만 아니라 성도들 역시 여전히 유대적인 관습 아래 살고 있었다. 때문에 유대인 신자들이 율법으로부터 철저하게 자유를 누리기란 결코 쉬운 일이 아니었다.

따라서 이 문제를 예루살렘 교회에서 다루게 된다면 복음 안에서 어떻게 살아야 하는가를 확실하게 정립할 수 있는 좋은 계기가 될 수 있었다.

---

105 바울은 외적인 육체의 할례를 위하여 싸운 것이 아니라 은혜에 의한 인간의 구원을 위하여 싸웠다. 그리고 율법의 저주와 영원한 죽음에 대한 죄의식으로부터 해방된 경건한 양심을 얻게 하려고 싸웠다. J. Calvin, 『사도행전』 Ⅱ 51.

그래야 유대인 교회나 이방인 교회가 한결같이 하나의 복음적 진리에 따라 바로 서 나가게 되기 때문이다. 이 문제는 하나님의 나라를 이땅에서 구현시킬 교회가 짚고 넘어가야 할 당면한 문제였다. 이러한 이유 때문에 안디옥 교회는 예루살렘 교회까지 이 문제를 확대시키게 되었다.

안디옥 교회의 파송을 받은 바울과 바나바 및 몇몇 형제들은 베니게와 사마리아에 있는 성도들을 방문하여 이방인들이 주께 돌아온 일을 고함으로써 위로를 해 주었다(행 15:3). 그들은 주로 유대인 성도들이었지만 복음이 그처럼 능력 있게 이방 여러 곳에 전파되었다는 것은 힘이 되는 기쁜 소식이었다.

예루살렘에 도착한 바울 일행은 사도들과 장로들의 영접을 받고 그동안 하나님께서 자기들을 통해 이루신 일을 자세하게 보고하였다. 그리고 안디옥 교회에서 발생한 일을 보고하고 이방인의 할례 문제를 교회 앞에 제출하였다. 그러자 바리새파 중에 믿는 어떤 사람들이 "이방인에게 할례를 주고 모세의 율법을 지키라 명하는 것이 마땅하다"(행 15:5)고 주장하였다. 그리하여 이 문제를 해결하기 위해 예루살렘 교회 회의가 개최되었다. 이 회의를 가리켜 '예루살렘 공의회' 라고 한다.106

안디옥 교회의 요청으로 교회 지도자들이 모여 이방인의 할례를 받는 문제에 대한 변론을 하게 되었다. 이방인 성도들의 할례 문제는 전체 교회의 사활이 달린 중대한 문제이며 나아가 장차 세워질 교회의 기본적인 초석이 되는 대원칙에 해당하는 문제였다. 이방인 성도들의 할례에 대한 충분한 변론이 있은 후 베드로 사도가 교회를 대표하여 다음과 같은 결론을 내렸다.

첫째, 하나님께서는 오직 성령으로 복음을 믿게 하시어 유대인이든 이방인이든 구원에 이르도록 하셨으므로 구별지어서는 안 된다(행 15:8-9). 둘

---

106 예루살렘 공의회는 일종의 총회의 성격을 가지고 있었다. 박윤선, 『사도행전』(서울: 영음사, 1999), 320.

째, 오직 주 예수 그리스도의 이름으로 유대인이나 이방인이나 구원을 받았으므로 더 이상 율법적 제도를 지키도록 강요하는 것은 그들에게 멍에를 지우는 일이기 때문에 이방인들에게 할례를 행하는 것은 부당하다(행 15:10-11).

이렇게 함으로써 베드로는 교회가 한 성령에 의하여 세워진 것과 오직 그리스도의 은혜로 구원을 이룬다는 진리를 분명하게 선포하였다. 여기에서 "무엇이 참된 교회인가?"를 발견할 수 있다. 교회를 세우시는 분은 성령이시다. 성령께서 교회를 세상에서 선택하여 구별하시고(교회의 거룩성), 유대인이든 아니든 간에 어느 민족 어느 시대 어느 곳이든 그의 교회를 세우시며(교회의 보편성), 오직 그리스도의 십자가 공로에 따라 구원을 얻는다는 복음에 근거하여 교회를 세우신다(교회의 통일성).

이러한 베드로의 사상적 기반은 그동안 예루살렘 교회를 인도하신 성령의 사역과 특히 사마리아 교회 위에 임한 성령 세례(행 8:4-40) 그리고 가이사랴에서 백부장인 고넬료의 집에 임하신 성령 세례(행 10장)의 의미를 파악함으로써 다져진 것이다. 그러므로 유대인 성도들이 이방인 성도들에게 할례를 받아야 한다고 강요하는 것은 교회의 보편성과 통일성을 깨뜨리는 심각한 오류를 주장하는 것과 같다.

이방인 교회나 유대인 교회나 그리스도의 복음을 기초로 하여 세워진다는 원칙이 확인되자 야고보 사도가 이방인과 유대인 사이에 일치점을 이루기 위해 새로운 제안을 하게 되었다. 야고보는 아모스와 이사야 그리고 예레미야 선지자의 예언을 인용하여 이방인들이 다윗의 장막 안으로 들어올 것을 증거하고(행 15:16-18), 이방인들이 가지고 있는 습관 중에서 유대인들이 가장 혐오하는 몇 가지 사항만을 금할 것을 제안했다. 그것은 "우상의 더러운 것과 음행과 목매어 죽인 것과 피를 멀리 하라"(행 15:20)는 제안이었다.

그런데 이러한 행위는 하나님을 섬기는 성도들로서 당연히 금해야 할 것들이다. 특히 당시에는 우상숭배가 매우 심한 때여서 어느 곳에 가든지 그 도시의 수호신을 섬기며 축제의 날을 정해 온갖 더러운 음행이 자행되고 있었다. 따라서 야고보가 제안한 내용을 지킨다는 것은 당시 사회와의 단절을 의미하는 것이며 나아가 하나님을 섬기는 성도들로서 자기를 살펴 거룩하게 하는 가장 기본적인 원리였다.

또한 유대인들은 벌써 오래 전부터 그러한 행위를 가장 가증스러운 것으로 여겨왔기 때문에 이방인 성도들이 자연스럽게 그와 같은 악행을 멀리한다면 유대인 성도들과도 일치감을 갖게 될 것이다. 예루살렘 공의회는 이 제안을 기쁘게 받아들이게 되었다.107

예루살렘 공의회는 안디옥 교회에 회답을 하기 위해 바울과 바나바와 함께 예루살렘 교회의 대표로서 바사바와 실라를 파견하게 되었다. 특히 바사바는 예루살렘 교회가 세워지는 초기에 12사도를 세울 때 물망에 올랐던 신실한 지도자였다(행 1:23).

예루살렘 교회가 이러한 인물을 파견한 것은 공의회의 결정이 그만큼 비중 있는 일이며 나아가 안디옥 교회가 아직도 거짓을 가르치는 몇몇 유대인들에게 더 이상 미혹되지 않도록 하기 위한 배려였다. 그리고 안디옥 교회를 미혹한 몇몇 유대인들은 예루살렘 교회가 공식적으로 파송한 사람들이 아니며, 바울과 바나바는 교회 공의회가 인정하는 진실한 사도로서 교회의 권위를 가지고 있으며, 동행자로서 바사바와 실라를 파송함으로써 확고한 증인으로 삼는다는 내용을 안디옥 교회에 알렸다. 또한 "성령과 우리는 이 요긴한 것들 외에 아무 짐도 너희에게 지우지 않는 것이 가한 줄 알았노니 우상의 제물과 피와 목매어 죽인 것과 음행을 멀리 할지니라"(행 15:28-29)고 결의한 공의회 내용을 전하였다.

---

107 야고보는 "그날에 내가 다윗의 무너진 천막을 일으키고 그 틈을 막으며 그 퇴락한 것을 일으키고 옛적과 같이 세우고 저희로 에돔의 남은 자와 내 이름으로 일컫는 만국을 기업으로 얻게 하리라 이는 이를 행하시는 여호와의 말씀이니라"(암 9:11-12)를 인용하여 이 문제를 지혜롭게 해결하였다. William H. Willimon, 『사도행전』 196.

이로써 예루살렘 공의회는 이방인 신자들과 유대인 신자들의 일치점을 확인하게 되었다. 아울러 지금까지 유대인들만이 하나님 나라의 백성으로 인정되었던 과거의 관습을 깨뜨리고 누구나 그리스도의 이름 아래 하나님 나라의 백성이 된다는 사실을 재확인했다.

여기에서 이방인들이 회복된 다윗의 장막 안으로 들어와 유대인들과 함께 주를 찾게 되리라는 선지서의 예언에 따라 예루살렘 교회가 자기들의 상황에 적용한 일에 대하여 살펴 볼 필요가 있다. 특히 예루살렘 교회가 이방인들도 한 성령 안에서 그리스도의 은혜로 구원을 받게 되었다는 베드로의 변론은 아모스 선지자의 예언에 그 근거를 두고 있기 때문이다.

아모스 선지자는 주전 760-750년대에 활동을 하였다. 이때는 웃시아왕이 남 유다 왕국을 다스리고 있었다. 당시 북 이스라엘은 여로보암 2세가 치리하던 시기였다. 당시 상황은 다윗의 강력한 나라가 분열로 쇠퇴하여 영향력을 잃어버리게 되자 속국으로 있던 주변의 이방 나라들이 각각 독립하고 오히려 유다와 이스라엘을 향하여 악행을 서슴지 않고 있었다.

그러다가 웃시아와 여로보암이 강력한 왕권을 회복하여 국방을 튼튼히 하고 부국강병책을 폄으로써 잠시 사회적인 안정을 찾게 되었다. 그러나 이미 북 이스라엘 왕국은 심각한 우상숭배에 빠져 있었고 하나님의 공의를 잃어버린 상태였으며 남 유다 왕국 역시 부패를 향하여 치닫고 있던 격변의 시기였다(왕하 14:23-15:7).

비록 정치적, 사회적, 경제적으로 안정을 찾은 듯하고 부가 축적되어 여유가 있어 보이는 것 같았지만 이러한 외형적인 번영은 오히려 부정과 사치와 향락을 가져다주었다. 때문에 종교적으로나 도덕적으로 심각하게 부패하는 결과를 초래하고 말았다.

그러자 하나님께서는 아모스 선지자를 택하시어 먼저 이스라엘이 머지 않아 심판을 받아 멸망할 것을 경고하게 하신다. 뿐만 아니라 주위에 있는 이방 나라들, 즉 다메섹, 블레셋, 두로, 에돔, 암몬, 모압 등의 이방인 나라들 역시 하나님의 심판을 받아 멸망하게 될 것이라고 선언하셨다.

결국 이스라엘과 이방이 모두 하나님의 심판을 받을 것이라고 경고한 아모스 선지자는 이 심판을 통해 하나님께서 새롭게 계획하신 구원의 메시지를 만방에 선포하였다. "그날에 내가 다윗의 무너진 천막을 일으키고 그 틈을 막으며 그 타락한 것을 일으켜서 옛적과 같이 세우고 저희로 에돔의 남은 자와 내 이름으로 일컫는 만국을 기업으로 얻게 하리라 이를 행하시는 여호와의 말씀이니라"(암 9:11-12)는 회복의 메시지가 그것이다.

여기에서 다윗의 장막이 다시 세워진다는 것은 새로운 이스라엘이 세워짐을 의미한다. 그러므로 비록 이스라엘과 이방이 모두 심판을 받지만 새로운 이스라엘 나라가 세워질 때 이스라엘이나 이방이나 구별되지 않고 그 나라에 들어오게 될 것이다. 이 메시지는 이미 그리스도에 의해 새롭게 세워진 하나님의 나라를 지시하고 있다.

이 새 나라에 만국의 이방인들이 참여하게 된 사실은 이미 오순절 성령 세례 사건(행 2:1-4)과 사마리아 교회 위에 임한 성령의 세례 사건(행 8:16-17) 및 가이사랴의 고넬료의 가족 위에 임한 성령의 세례 사건(행 10:44-46)을 통하여 확인된 바 있다. 이 사실에 근거하여 야고보는 하나님 나라에 이방인들이 들어와야 한다는 사실을 증거하였다.

이처럼 예루살렘 공의회는 계시의 밝은 빛을 따라 역사를 밝혀줄 이정표를 교회 앞에 세우게 되었다. 이 결정에 따라 더 이상 이방인들이 율법에 얽매이지 않고 누구나 자유롭게 하나님의 나라에 참여할 수 있도록 길을 열어놓게 되었다. 그리고 유대인 교회이든 이방인 교회이든 성령 앞에서 하나이며 오직 그리스도의 복음에 입각하여 존재한다는 교회의 통일성을 확고하게 세우는 중대한 결정을 내리게 되었다. 이 결정에 따라 이방인 교회도 유대인 교회와 동등한 위치를 누리게 되었다. 이 결정으로 말미암아 더 이상 유대인과 이방인이 구별되지 않는다는 하나님 나라의 원리가 새롭게 정립되었다.

이처럼 바울은 세 번째로 예루살렘 교회를 방문했다. 이 방문은 안디옥 교회에 들어 온 유대주의자들에 대한 문제를 예루살렘 교회와 협의하기 위함이었다. 기독교 역사상 최초로 모인 이 예루살렘 공의회에서 바울은 '이신칭의'에 근거한 복음의 내용을 충분히 역설한 것으로 보인다.

결국 예루살렘 공의회는 안디옥과 수리아와 길리기아에 있는 이방인 형제들에게 공의회 결정을 알리는 교령(Decree)을 작성하여 예루살렘 교회의 대표로 바사바라고 하는 유다와 실라를 파송했다. 이 교령은 진리와 오류 사이를 마치 '칼날 위를 걷는 것'처럼 명확하게 규명해 주는 하나의 모범이었다.108

이 교령을 통해서 공의회는 이방인을 위한 기독교 공동체의 참여 기준을 세웠고 진리와 형제 사랑에 대한 하나님의 요구를 명확하게 제시했다. 곧 유대주의자들에게는 율법과 관계없는 하나님의 복음을 받아들일 것을 요구했고 이방인들은 아직도 유대인의 음식과 의식법 문제에 거리낌이 있는 유대인 기독교인들에게 거침이 되지 않도록 사랑 안에서 삼가야 할 것을 요구했다.

누가는 이 교령을 명시한 원인으로 "예로부터 각 성에서 모세를 전하는 자가 있어 안식일마다 회당에서 그 글을 읽음이니라"(행 15:21)고 밝히고 있다. 이것은 유대인과 이방인들 사이의 연합과 교제를 단절시키고 있었다. 때문에 이 교령은 이방인 기독교인들 편에서 유대인들에게 거리낌이 되는 문제들에 대해 성령께서 주신 지침이었다(행 15:28).

이로써 바울은 공의회가 채택한 교령에 의해 후원을 받게 되었다. 아울러 역사적인 예루살렘 공의회의 결정에 따라 이방인들이라 할지라도 할례를 받지 않고 누구나 교회의 회원이 될 수 있는 길이 열리게 되었다(행 15:6-11). 이 결정은 이방인 교회와 유대인 교회가 그리스도의 복음 안에서 하나

---

108 Robert L. Reymond, 『바울의 생애와 신학』 188.

를 이루며 오직 그리스도의 은혜로 구원에 이른다는 가장 기본적인 법칙만을 따라 교회가 세워짐을 확인케 하는 중대한 결정이었다.

예루살렘 공의회 결정을 이방 세계 곳곳에 세워져 있는 이방인 교회에 전하여 교회들이 든든히 서 가도록 하기 위하여 바울은 제2차 전도 여행을 떠나게 되었다. 예루살렘 공의회의 결정이 성령의 크신 은혜의 결실로 나타나게 되는 것은 당연한 결과였다. 그 규례대로 이방인 교회에 바울이 전하자 "이에 여러 교회가 믿음이 굳어지고 수가 날마다 더하니라"(행 16:5)라는 누가의 기록은 공의회의 결정이 하나님의 나라를 확장시키는데 있어서 지대한 역할을 하고 있음을 단적으로 보여주고 있다.

C. 바울의 복음과 '하나님의 의'

1. 계시에 대한 유대주의와 신약 교회의 관점

구약 시대의 관점에서 볼 때 예수 그리스도의 탄생과 부활 그리고 재림 사건은 각각 별개의 사건이 아닌 하나의 사건으로 보이게 된다. 따라서 예수 그리스도의 부활의 의미를 깨닫고 예수가 그리스도인 것을 이해할 수 있는 것은 순전히 예수 그리스도의 계시를 접촉할 때만이 가능하다. 예수의 탄생에서 오순절까지의 사건은 그 뒤에 올 재림 사건과 비교해 볼 때 구약에서는 그리 크게 보이지 않는다. 오히려 온 세상이 멸망당하고 거대한 변화가 일어나며 새로운 웅장한 나라가 건설될 재림 사건에 더 큰 관심과 기대를 가지게 한다.

구약의 선지자들은 이스라엘을 향하여 하나님의 크고 두려운 날이 임하기 전에 회개할 것을 촉구하면서 그 날의 웅장함을 예언했다. 그렇다고 고난받으시는 예수에 대해서 전혀 몰랐던 것은 아니다. 이사야서뿐만 아니라 시편(2, 22편 등) 등에서도 얼마든지 예수의 고난을 읽을 수 있다.

그러나 구약 계시에 익숙해 있던 유대주의자들은 거대하고 웅장한 재림 사건에 더 관심을 갖고 그 날에 세워질 영광의 하나님의 나라가 우주적이며 영원한 나라인데도 불구하고 이스라엘의 회복 정도로만 이해하고 있었다. 유대인들은 메시아로 오신 예수께서 건설하신 영광의 나라를 볼 수 없었다. 이미 오셔서 이땅에 하나님의 나라를 선포하셨고(마 5-7장) 부활을 통해 완성하신 하나님의 나라를 인정할 수 없었다.

반면에 신약의 교회 시대에 속한 성도들에게 있어서는 예수의 탄생은 구약 예언의 성취이며 십자가 사건과 부활 사건을 통해서만 인류가 구원받을 수 있다는 복음에 근거하여 구약을 올바르게 이해하게 되었다. 오순절 성령 강림 사건은 각 사람들의 심령에 '하나님의 신'이 임하신 것으로 비로소 하나님 나라에 대한 하나님의 경륜을 바르게 이해할 수 있게 하였다(욜 2:28-32; 행 2:17-21).

신약의 교회는 예수 그리스도의 부활이 없다면 영원한 사망의 법에 아직도 얽매여 있을 수밖에 없음을 인식하고 고백한다. 곧 창세기 3장 15절의 예언처럼 '여자의 후손'이 뱀의 머리를 상하게 한 사건을 예수의 부활 사건으로 이해한다. 이로써 예수의 십자가 사건은 구약의 완성이며 이제 새로운 시대가 열렸음을 알려준 증표가 된다는 진리를 깨닫게 되었다.

새로운 시대에서 성도들은 살아 계신 하나님의 성전이며, 하나님은 이들 가운데 거하시고 활동하시며 이들의 하나님이 되신다. 그리고 하나님은 이들을 나의 백성이라고 선언하신다(롬 9:25-26; 고후 6:16). 이러한 개념들은 옛 언약과 달리하는 새 언약의 개념 아래에서 자연스럽게 형성되었다.

부활 사건 이후에 존재하는 성도들은 그리스도의 십자가를 통해 자신이 영원한 삶으로 인도되었으며 바로 지금 그리스도께서 세우신 하나님의 나라 안에 살고 있음을 인식하게 된다. 또한 이제부터는 의문에 쌓인 법(율법)이 아닌 새로운 하나님 나라의 법 곧 '복음' 안에 살고 있음을 인식하고 있다(골 2:12-15). 나아가 재림 사건이 있을 때 비로소 영원한 나라가 이루어질 것을 소망한다. 이 날의 영광은 오직 하나님의 것이며 하나님만이 온 인류의 심판주로서 모든 존귀를 받으시게 될 것이다. 이것이 곧 바울 복음의 사상이다.

바울이 복음을 알게 된 것은 온전히 그리스도의 계시를 깨달았기 때문이다. 그리스도 예수께서 이땅에 오셔야만 했고, 십자가에서 죽으셔야만 했으며, 그 예수를 다시 살리신 하나님의 권능을 바로 알고 있었기 때문에 바울은 확고한 복음을 증거할 수 있었다. 곧 구약이 예언한 예수 그리스도께서 오셔서 친히 선포하신 하나님 나라에 대하여 분명하고 확실하게 알고 있었기 때문에 바울의 복음이 성립할 수 있었다.

바울 복음의 근거는 구약과 예수 그리스도의 부활 사건이었다. 반면에 유대인들은 여전히 구약적 관점에서 메시아를 바라보고 있었다. 때문에 예수 그리스도의 부활 사건의 의미를 이해하지 못했다. 예수는 구약의 예언대로 메시아이시며 고난을 받을 것과 부활할 것을 수차례에 걸쳐 밝혀 주셨다. 그럼에도 불구하고 유대인들은 자기들의 전통과 열심에 빠져 메시아이신 예수 그리스도의 계시에 대하여 소홀히 했을 뿐 아니라 적극적으로 반대하였다.

유대인들이 예수 그리스도의 분명하고 확실한 하나님 나라에 대한 가르침을 받아 들였다면 오히려 이방인들보다 먼저 복음을 받아들이고 복된 삶의 길로 접어들었어야 했다. 그러나 그들은 조상들의 유전과 전통에 빠져 이미 밝히 드러내 준 계시를 핍박하고 자기들이 갖고 있는 체제가 깨어질 것에 대한 두려움과 자기들의 위신이나 처지가 실추될 것이라는 위기감 때문에 예수 그리스도의 가르침을 거부하고 핍박했다. 바울은 조상들의 유전과 전통에 사로잡혀 있었으나 예수 그리스도의 부활에 대한 분명한 인식을 근거로 하나님 나라의 새 질서 안으로 속히 귀환할 수 있었다. 그리고 바울은 이제 새 나라의 새 질서 가운데서 하나님 나라의 백성으로 살아야 할 복음을 선포하고 있다.

바울 사도가 부름을 받은 것은 오직 '하나님의 복음'을 위함이었다. 그러나 이 한마디는 바울 복음이 어디로부터 기원하고 있는가를 밝혀주고 있다. '바울의 복음'은 바울로부터 기인한 것이 아니었다. 사도 바울은 이 점을 분명히 밝히고 있다. "예수 그리스도의 종 바울은 사도로 부르심을 받아 하나님의 복음을 위하여 택정함을 입었으니"(롬 1:1)라는 선언이 그것이다. 여기에는 두 가지의 의미를 담고 있다.

첫째, 복음의 근원은 하나님이라는 사실을 밝혀주고 있다. 하나님께로부터 발생하지 아니한 어떤 것도 복음일 수 없다. 복음은 신적인 권위를 가진다. 곧 하나님께서 친히 말씀하고 계시하신 것이 복음이다. 복음은 능력을 가지고 있다. 복음은 그 자체가 신적인 권위를 가지고 있다. 때문에 복음을 전하는 자의 권위로부터 능력이 나오는 것이 아니다. 그 능력은 전적으로 하나님으로부터 나오기 때문이다.

복음은 신적 권위와 능력이 함께 선포된다. 마치 에스골 골짜기의 마른 뼈들에게 "주 여호와의 말씀에 생기야 사방에서부터 와서 이 사망을 당한 자에게 불어서 살게 하라"(겔 37:9)고 선언하자 그것들에게 생명력이 생긴 것과 같다. 이처럼 복음은 생명의 원동력이다. 비록 사람이 생리적으로는 활동을 하고 있을지라도 '여호와의 생기'가 없다면 죽은 것과 다를 바 없다.

인간은 다른 생물들과는 전혀 다른 모습으로 창조되었다. 곧 인간은 '하나님의 형상'으로 창조되었으며 특별히 하나님께서 생기(The breath of life)를 불어넣어 줌으로써 '생령'(a living soul)이 되었다. 창세기 2장 17절에서 "네가 정녕 죽으리라"고 하신 하나님의 말씀은 생령의 죽음을 의미하며 아담과 하와의 범죄로 말미암아 인류는 사망의 지배 아래 있게 되었다. 때문에 하나님은 사람으로서의 가치 회복을 위한 구원을 베푸시기로 하셨다.

이것은 어디까지나 하나님의 자의적인 결정이며 사람들의 요구에 따른 것이 아니다. 이미 사람은 죄로 말미암아 죽었고 사람으로서 존재 가치를 잃어버렸기 때문에 하나님과 동행하거나 교제할 수 없다. 그러나 하나님은 사람의 영혼을 일깨워 살리시게 하셨는데 이것을 가리켜 '복음' 이라고 한다. 복음이란 하나님께로부터 나온 것이며 죽은 영혼을 일깨워 본래의 '생령' 으로 만드는 생명력을 가지고 있다.

둘째, 바울 사도의 이 말 속에는 자기가 복음을 전하는데 있어서 하나님의 권위를 지니고 있음을 포함한다. 복음이란 죽은 영혼을 살리는 하나님의 능력이기 때문에 전하는 자는 하나님의 권위에 힘입어 복음을 전하게 된다. 바울 복음이 하나님의 권위를 가지고 있다는 것은 바울의 사도성을 입증해 주고 있다.

바울은 생전의 예수께서 친히 세웠던 12사도는 아니지만 부활하신 후 주께서 특별한 권능으로 부르셨고 사도로 세우셨다. 예수께서는 "이 사람은 내 이름을 위하여 택한 나의 그릇이라"(행 9:15)고 하심으로써 12사도 외에 특별히 세운 사도라고 밝히셨다. 그런데도 당시 유대 기독교인들은 바울의 사도성을 의심하고 있었다. 바울은 자신의 사도성이 하나님의 권위에 근거하고 있음을 밝히고 있다.

사도는 두 가지의 요건을 갖추어야 한다. 하나는 주 예수 그리스도께서 친히 택하시어 세워야 한다는 것이고 다른 하나는 예수 그리스도와 삶을 같이 나눈 증거자여야 한다. 곧 예수 그리스도로부터 직접 계시를 받으며 예수님의 부활을 목격한 사람이어야 한다. 그러나 바울은 비록 특별한 권능으로 예수 그리스도께서 세우셨다 할지라도 함께 생활하지 않았으므로 사도성에 대한 도전을 받을 수밖에 없었다.

바울은 복음이 주님께로부터 나왔음을 변증함으로써 자신의 사도성을 주장해 왔다. 주님은 바울과 같이 삶을 나누시진 않았지만 오히려 바울에게 친히 계시를 주셨다. "그가 내 이름을 위하여 해를 얼마나 받아야 할 것을 내가 그에게 보이리라"(행 9:16)고 하신 말씀 속에서 특별한 방법으로 바울에게 모든 것을 말씀해 주셨음을 알 수 있다.

나아가 바울은 친히 "낙원으로 이끌려 가서 말할 수 없는 말을 들었으니 사람이 가히 이르지 못할 말이로다"(고후 12:4)고 함으로써 자기가 직접 주님으로부터 계시를 받았음을 변증하고 있다(갈 1:12, 2:2, 엡 3:3 참고). 이처럼 바울의 사도성은 명백한 외적인 증거를 가지고 있었다.

2. 창조 질서의 회복과 복음의 능력

바울은 복음이란 "하나님이 선지자들로 말미암아 그의 아들에 관하여 성경에 미리 약속하신 것"(롬 1:2)이라고 정의한다. 복음의 내용은 '예수 그리스도'이다. 예수는 다윗의 혈통에서 나셨고 성결의 영으로는 부활하신 분이다(롬 1:3). 이 말씀의 의미는 예수가 사람을 살리는 원동력이라는 의미로서 복음의 핵심이 무엇인지를 알려주고 있다. "이 아들로 말하면 육신으로는 다윗의 혈통에서 나셨고"(롬 1:3)라는 말씀은 예수께서 이스라엘의 진정한 왕이심을 의미하고 있다.

하나님께서 다윗을 이스라엘의 왕으로 삼으셨다는 것은 하나님의 왕권(kingship)을 다윗에게 위임하셨음을 의미한다(삼하 7장). 다윗의 통치를 받는다는 것은 곧 하나님의 통치를 받는 것과 같은 의미를 가진다. 다윗을 거역하는 것은 하나님을 거역함과 같다.

하나님의 백성이라면 의당히 다윗의 왕권에 순종하여야 한다. 그것은 다윗의 권위 때문이 아니라 하나님의 권위를 위임받은 사실에 근거하고 있다. 그러나 다윗은 완전한 통치자는 아니었다. 다윗이 건설한 이스라엘 국가는 온전한 하나님의 나라가 될 수 없었다. 때문에 다윗에 왕권을 계승한 진정한 메시아가 오셔야 했다. 그리고 하나님은 다윗을 통하여 진정한 메시아가 올 것을 예표하시기 위해 다윗을 들어 사용하셨던 것이다.

다윗의 왕권을 봄으로써, 그리고 당시 통일 왕국으로서 다윗 왕국의 웅장함과 평화로운 모습을 봄으로써 진정으로 의로우신 왕으로 메시아가 오실 때의 나라가 어떤 성격을 띠고 있는가를 미루어 알 수 있게 된다. 이런 의미에서 구약이 계시로서 가치를 지니고 있다고 말한다.

다윗의 혈통에서 메시아이신 예수가 나셨다 함은 예수 그리스도야말로 진정으로 하나님의 왕권을 가지신 통치자요 왕이라는 의미를 담고 있다. 다윗은 비록 국가라는 체제를 갖고 그 백성을 다스렸지만 왕으로 오신 예수는 전혀 다른 방법으로 그의 백성을 모으시고 다스리신다. 곧 마태복음 5-7장의 산상수훈은 왕으로 오신 예수 그리스도의 통치 이념을 보여주고 있다. "성결의 영으로는 죽은 자 가운데서 부활하여 능력으로 하나님의 아들로 인정되셨으니"(롬 1:4)라는 말씀은 그리스도의 부활을 통한 '재창조'(recreation) 사역을 의미하고 있다.

하나님은 우주 만물을 창조하신 후 인간을 창조하시고 하나님의 나라를 다스리도록 왕권을 주셨다. 그러나 인간이 하나님을 거역함으로써 '생명'(the living soul)을 잃게 됨으로써 왕권도 잃어버리게 되었다. 그 결과 우주까지도 부패하기 시작했다. 그러나 예수 그리스도의 십자가 구속 사역을 통하여 생명을 회복해 주심으로써 왕권을 다시 찾도록 해주신 것이 곧 부활 사건이다.

부활이란 예수 그리스도께서 진정으로 '생명의 주' 라는 증표일 뿐만 아니라 전 인류의 영성을 회복케 하는 획기적인 분기점으로서 새 창조 사역이라고 할 수 있다. 이 사실을 깨닫고 신약 시대의 성도들이 진정한 왕이며 생명의 주이신 그리스도를 믿음으로써 영적 각성을 통하여 생령(the living soul)으로 복권되어 우주 만물을 다스림으로써 파괴된 창조 질서를 회복(재창조)하도록 하나님께서 새로운 은혜를 베풀어주신 것을 바울은 '복음' 이라고 이해하였다.

복음을 받아들임으로써 사람은 비로소 그 가치를 발휘하게 된다. 복음은 인간성의 회복을 통한 전 우주적인 재창조를 이루시고자 하는 하나님의 은혜이다. 그 안에서 구속받은 성도들로서 어떻게 살아갈 것인가를 인식하고 확고한 삶의 방향을 찾아가게 된다. 복음 안에서 성도들은 왕권을 복권받은 제사장들로서 자신의 사명과 역할(벧전 2:9)을 재확인하고 새로워진 영(the newly living soul)으로 새 삶을 살아가야 한다. 이렇게 함으로써 진정한 하나님의 나라가 건설된다. 그리고 이러한 역사를 일으키게 하는 원동력이 곧 복음의 능력이다.

"복음은 모든 믿는 자에게 구원을 주시는 하나님의 능력"(롬 1:16)이다. 그렇다고 해서 복음이 누구에게나 구원을 가져다주는 것은 아니다. 복음이 복음으로서의 능력을 나타낼 수 있도록 하여야만 복음이 구원을 이루어 가기 때문이다. 복음은 하나님으로부터 나오기 때문에 신적 권위를 가지고 있다. 때문에 복음은 그 스스로 구원의 능력을 행사할 권위와 능력을 가지고 있다. 따라서 복음을 위해서 시중드는 사람들이 가장 주의해야 할 것은 어떤 이유라도 복음의 능력을 축소시키거나 복음의 권위를 감추어서는 안 된다.

바울 사도가 "내가 복음을 부끄러워하지 아니하노니"(롬 1:16)라고 말하는 것은 바로 이러한 사실을 확실히 알고 있기 때문이다. 단순히 복음을 전파하는 사역자로서 느끼는 자부심 때문이 아니다. 복음은 분명히 하나님께로서 났으며 하나님의 구원을 이루는 능력을 가지고 있다. 실제로 바울 자신은 그 복음에 의해 새로운 생령으로 거듭났음을 체험한 신앙고백을 가지고 있다.

바울은 자기의 복음을 "하나님의 복음"(롬 1:1)으로 인식하고 있다. 바울은 오직 하나님께로부터 받은 것만을 전달할 뿐이다. 자기가 이해하고 해석하여 사람들을 감화시키고 설득하려 들지 않았다. 어느 곳에서든지 바울은 자기의 것이 아닌 하나님의 복음을 말하고 있다. 바울은 단지 그 복음을 전달하기 위해 불리움 받은 종에 지나지 않는다. 이것은 그가 전하는

복음이 어디로부터 기원하고 있는가를 바로 알기 때문이다(갈 1:12).109

복음은 하나님의 의를 드러낸다. 사람이 자기 이해에 근거하여 구원을 받게 된다면 결국 구원은 자의적 성취에 불과하게 되고 만다. 그러나 구원은 그와 같은 방편으로 이루어지거나 포기되지 않는다. 오히려 복음 그 자체가 사람을 감동시켜 구원에 이르게 한다. 사람이 원하든 원하지 않든 그것은 복음이 결정할 뿐이다. 그래서 구원은 타의적이다.

사람이 애써 구원을 얻을 수도 없고 반면에 거역할 수 없는 것이 복음의 능력이다. 복음이 사람을 감동시킨다고 해서 무작위로 추출하여 아무나 반응시키는 것은 아니다. 하나님께서 택하신 사람에게만 복음의 능력이 작용할 뿐이다. 바로 이것이 '하나님의 의' 이다. 하나님은 창조주이시고 인간은 피조물이다. 하나님께서 원하시는 자들을 부르시고 복음으로 그의 영혼을 소생시키는 것은 순전히 하나님의 '주권적 의지' 에 속한다.110

바울은 "복음에는 하나님의 의가 나타나서 믿음으로 믿음에 이르게 하나니 기록된 바 오직 의인은 믿음으로 말미암아 살리라 함과 같으니라"(롬 1:17)고 주장하고 있다. 곧 복음이 사람에게 작용하여 그의 영혼을 변화시키고 구원의 능력을 힘입게 하는 것은 순전히 하나님의 의에 따른 것이다. 의인은 오직 그 사실을 믿을 뿐이다. 이 사실을 믿지 못한다면 결코 칭의 교리를 이해할 수 없다.111

의인은 하나님께서 인정해 주는 것이며 사람이 스스로 그 자격을 성취

---

109 바울 사도는 갈라디아서 1장 12절에서 "이는 내가 사람에게서 받은 것도 아니요 배운 것도 아니요 오직 예수 그리스도의 계시로 말미암은 것이라"고 고백하고 있다. 바울 사도는 그가 전하는 복음이 전적으로 그리스도로부터 주어진 것에 대한 확고한 신뢰를 가지고 있었다.

110 Reymond는 하나님의 주권적 행위가 다음과 같은 사실에서 더 분명하게 나타난다고 논증하고 있다. ①구원은 궁극적으로 성부 하나님의 계획과 사역임, ②성부 하나님의 부르심, ③성부 하나님의 살리심과 믿음을 주심, ④성부 하나님의 의롭다 하시는 행위, ⑤성부 하나님의 양자 삼으시는 행위, ⑥성부 하나님의 영화롭게 하시는 행위 등이다. Robert L. Reymond, 『바울의 생애와 신학』 420-28.

111 김영재, 『기독교 교리사 강의』 136.

하거나 인정을 받는 것으로 되는 것이 아니다. 의인은 오직 하나님의 의에 따라 결정된다. 하나님의 의를 따라 결정되는 것이 의인이다. 사람들이 만들어 놓은 제도나 이념을 따른다고 해서 의인이 되는 것이 아니다. 인간은 이미 인간성을 상실한 죽은 존재들이다. 따라서 자생적으로, 자의적으로 생명을 소유할 수 없다. 오직 외부로부터 생명력이 주어져야만 생명을 가지게 된다.

복음만이 그 생명력을 가지고 있다. 그리고 하나님만이 그 복음을 사람에게 주시고 그 복음에 반응하도록 하신다. 이 과정을 이루어 가는데 있어 오직 하나님의 '주권' 으로 결정하시고 '능력' 으로 이루어 가신다. 이것이 곧 하나님의 의이다. 아무도 이 계획을 방해하거나 변경시키거나 취소시킬 수 없다.

하나님의 백성은 이 사실에 근거하여 '믿음' 을 가진다. 신실하신 하나님께서 그와 같이 계획하고 운영해 나가시기 때문에 믿는다. 그리고 이 사실을 믿음으로써 하나님만이 우주의 통치자이심을 고백하며 주이심을 신앙하는 것이다. 나아가 하나님은 이러한 믿음을 보시고 의롭다고 인정해 주신다.

3. 하나님의 의를 드러내는 율법과 복음

하나님을 믿음은 순전히 복음의 능력에 붙잡힐 때 자신의 불의함을 깨닫고 하나님의 의를 근거로 할 때만이 가능하다. 따라서 하나님을 믿지 않는다는 것은 아직도 하나님의 의를 알지 못하거나 아니면 전혀 그것에 대하여 순복하려 하지 않으려는 인간의 악함에서 나온 결과이다. 성경은 인간이 하나님의 의를 깨닫지 못하는 법이 없다고 단언하다. 그런데도 인간이 하나님의 의를 모른다는 것은 하나님에 대한 지식을 거부하고 스스로 그 마음이 허망하여지고 불의함을 기뻐하며 만족해 하는 것으로써 하나님께 대한 믿음을 거부하기 때문이다(롬 1:18-23).

바울은 어떠한 이유라도 하나님께서 의를 드러내는 일에 있어서 불공정하지 한다고 변증한다. "하나님의 진노가 불의로 진리를 막는 사람들의 모든 경건치 않음과 불의에 대하여 하늘로 좇아 나타나나니 이는 하나님을 알 만한 것이 저희 속에 보임이라 하나님께서 이를 저희에게 보이셨느니라"(롬 1:18-19). 그런데도 불구하고 사람들이 하나님을 알면서도 도무지 인정하려들지 아니하고 스스로 지혜롭다 하면서 우상숭배에 빠지고 마는 것이다. 그 결과 하나님의 진리를 거짓 것으로 바꾸어 피조물을 조물주보다 더 숭배하고 섬기며 자기들의 자의적 숭배와 욕심에 빠져버리고 만다.

본질적으로 부패한 사람은 그 마음에 하나님 두기를 싫어하기 때문에 (롬 1:28) 자기들의 이념과 논리에 스스로 빠지게 되고 만다. 반면에 복음이 임하여 그에 반응하고 하나님의 의를 근거로 하여 순전한 마음으로 하나님을 그의 주로 고백하고 믿는 성도들에게 하나님께서 '의인' 이라고 인정하시는 것은 인간의 본질적인 부패의 모습을 비추어 볼 때 얼마나 큰 은혜인지 알 수 없다.

그들을 하나님께서 의인이라고 인정하는 것은 참으로 합당한 일이다. "다만 네 고집과 회개치 아니한 마음을 따라 진노의 날 곧 하나님의 의로우신 판단이 나타나는 그 날에 임할 진노를 네게 쌓는도다"(롬 2:5)는 말씀과 같이 인간은 스스로 불의를 선택하고 있다. 그들이 결국 하나님의 심판을 받는다 하더라도 불평할 것이 없다. 왜냐하면 심판은 그들 스스로가 자청한 것이기 때문이다.

하나님의 심판과 구원의 방법은 율법을 가지고 있는 유대인이든 이방인이든 차별되지 않는다. 율법을 가지고 있거나 없거나 인간은 하나님 앞에서 죄인이다.112 그러므로 율법을 가진 자는 율법으로 인해, 율법이 없으

---

112 바울에게 있어서 '율법' ($\nu o\mu o\varsigma$)의 개념에 대한 이해는 James D. G. Dunn의 『바울신학』 209-251의 '율법' 을 참고하라.

면 스스로의 양심에 의해 심판을 받게 된다(롬 2:12).

이에 대해 바울은 "의인은 없나니 하나도 없으며 깨닫는 자도 없고 하나님을 찾는 자도 없고 다 치우쳐 한가지로 무익하게 되고 선을 행하는 자는 없나니 하나도 없도다 저희 목구멍은 열린 무덤이요 그 혀는 속임을 베풀며 그 입술에는 독사의 독이 있고 그 입에는 저주와 악독이 가득하고 그 발은 피흘리는 데 빠른지라 파멸과 고생이 그 길에 있어 평강의 길을 알지 못하였고 저희 눈앞에 하나님을 두려워함이 없느니라"(롬 3:10-18)고 주장하고 있다.

율법을 가졌다 하더라도 하나님 앞에 의롭다함을 얻을 사람은 없다(롬 3:20). 따라서 율법 안에서나 밖에서나 오직 심판에 다다를 수밖에 없는 것이 인간 본연의 모습이다. 그런데 하나님께서 그처럼 불의한 인류에게 한 '의'를 보여주셨다(롬 3:21). 곧 하나님께서 준비한 '하나님의 의'이다.

'하나님의 의'는 이미 율법과 선지자들을 통해 보여졌다. "곧 예수 그리스도를 믿음으로 말미암아 모든 믿는 자에게 미치는"(롬 3:22) 것으로서 누구에게나 차별이 없다. 그리스도 예수의 구속의 공로에 근거해서 값없이 의롭다 인정을 받게 되는데 이것은 '그리스도의 의'가 우리에게 덧입혀짐으로 얻어지는 의이다. 하나님의 의는 바로 그리스도이며 예수 그리스도를 믿을 때만 주어지는 특별한 은혜이다.

예수 그리스도를 믿어 그리스도의 의를 옷 입음으로써 하나님으로부터 의롭다고 인정받는 것을 가리켜 칭의(justification)라고 한다. 따라서 하나님의 백성이라고 한다면 하나님으로부터 의롭다함을 받은 확신이 있어야 한다. 칭의의 확신이 곧 구원에 이르게 되는 증표이기 때문이다.

그렇다고 해서 구원을 완전히 이룬 것은 아니다. 이미 칭의를 받았다 할지라도 여전히 신자로서 온전한 삶을 살기에는 너무나 미흡하고 부족한 점이 많기 때문이다. 이제부턴 장성하여 하나님의 백성으로서 성숙해 나가야 한다. 이러한 성화(sanctification)의 과정은 순전히 복음에 붙잡힌 성도들이 성령님의 충만한 다스림에 순종함으로써 하나님의 백성다운 품성을 이루어 가는 것을 말한다.

때문에 칭의는 성화의 씨앗이라고 말할 수 있다. 칭의를 받았다는 것은 하나님의 백성이 되었다는 의미이며 성령님의 인도를 따라 하나님의 백성답게 복음으로 자신을 장성시켜 나감으로써 성화를 완성하게 되기 때문이다.

성화가 완성 될 때 비로소 구원이 완성되었다고 말한다. 칭의를 받음으로써 구원은 받았으되 성숙한 성도들로서 온전한 성화를 이루기까지는 여전히 구원의 완성을 향하여 달려가는 상태 아래 있다. 그리고 성도는 죽는 날까지 성화를 완성해 나가기 위한 성도들로서의 삶을 유지해 나아가야 한다.

이렇게 함으로써 완성된 구원인 영화(glorification)에 이르게 된다. 이 자리에 설 때 하나님과 주 예수와 더불어 성령님의 교통하심을 통해 영원한 삶을 통하여 하나님의 영광에 직접 참여하게 된다. 이러한 자리에 나아가기까지 붙잡고 인도하는 권능이 곧 하나님의 의이다. 결코 언제까지나 변함없는 확고하고 신실한 하나님의 의에 근거하여 영화의 모습을 바라보는 것이 믿음이다.113

하나님의 의에 근거하여 온전한 구원을 이루게 되는데 이것이 곧 복음의 능력이다. 복음이 하나님의 의 위에 든든히 서게 해 주는 것이다. 그럼에도 불구하고 유대인들은 율법으로 말미암아 의로움을 얻을 수 있다고 믿고 있었다. 그들은 율법을 소유한 백성이라는 증표로서 할례를 자랑하였다.

---

113 Donald Guthrie, 『신약신학』 정원태 · 김근수 공역 (서울: 기독교문서선교회, 1988), 759. 여기에서 Guthrie는 성화를 현재보다는 미래에 강조를 두어야 하며, 그 이유는 로마서 6장 22절에서 성화가 보상의 의미로 사용되고 있고 그 마지막인 영생과 연결되고 있기 때문이라고 주장하고 있다.

하나님께서 이스라엘 백성들에게 율법을 주신 것은 그들이 하나님의 백성이라는 사실에 근거하여 이제는 세상의 법도를 떠나 하나님 나라의 법도대로 살라고 주셨다. 그러나 그들은 자기들의 신분이 누구인가에 대한 인식을 중요하게 여기지 아니하였고 왜 율법을 따라 살아야 하는가에 대하여 바르게 인식하지 못하였다. 그들은 이미 아브라함의 자손이기에 할례를 받음으로써 하나님의 백성이 되었고 하나님의 백성이기에 하나님의 법도대로 살기 위한 율법을 가지고 있다.

따라서 할례를 받은 자는 하나님의 의도를 충분히 읽고 자기가 하나님의 백성이라는 확고한 신앙과 그 신앙에 근거한 삶의 모습을 가져야 한다.114 마찬가지로 이미 하나님의 백성으로 불리움을 받았기에 율법대로 살아야 할 가치와 의미를 가지고 있다. 율법을 지킴으로써 자신의 공로를 삼으려 하는 것은 근본 의도를 전혀 모르는 허망한 열심에 불과하다.

유대주의자들은 자기들이 하나님의 백성이라는 본분을 잊어버리고 오히려 율법을 지키는 열심만을 내세우고 말았다. 그렇다고 그들이 율법의 근본 의미를 충분히 이해하려고 한 것도 아니다. 그들은 근본 하나님의 백성이기에 의당히 율법을 지켜야 함에도 불구하고 오히려 자기들이 만들어 놓은 율례와 법도만을 고집하며 하나님의 백성된 삶을 버리고 말았다. 그래서 바울은 오직 믿음으로만 의롭다 함을 받는다고 말한다(롬 3:28).115

이스라엘이 분명하게 하나님의 백성이라는 자의식을 가지고 있었다면

---

114 김홍전, 『성례란 무엇인가』 (서울: 성약출판사, 1998), 14. 할례를 비롯한 세례 및 성찬 등의 성례란 하나님께서 그의 백성에게 특별한 증표로 내리신 것으로 모든 인류에게 보편적으로 주신 것이 아니다. 즉 성례란 하나님이 이미 구원하신 백성에게 내리시는 독특한 증표인 것이다. 따라서 성례가 어떤 한 사람이 구원을 받는 데 절대로 없어서는 안 된다는 증표로 받아들일 수 없다.

115 "그러므로 사람이 의롭다 하심을 얻는 것은 율법의 행위에 있지 않고 믿음으로 되는 줄 우리가 인정하노라" (롬 3:28)는 바울 사도의 단호한 선언은 ① 율법의 행위가 아니라 믿음으로 의롭다 함을 받는다는 것이며 ② 유대인이나 이방인이나, 할례자나, 무할례자나 누구든지 믿음으로 의롭다함을 얻는다는 사실을 강조한다. 강병도 편, 호크마 종합주석, 『로마서』 (서울: 기독지혜사, 1991), 123.

율법의 행위보다는 하나님이 바라시는 삶의 모습으로서 율법에 근거한 삶을 살아야 했다. 율법의 행위로는 하나님 앞에서 의롭다 함을 받지 못하고 오히려 율법을 통하여 자기들의 불의함을 깨달아야 했다(롬 3:20). 그리고 인류의 죄를 구속하고 부활하신 예수 그리스도의 의를 통해서만 하나님으로부터 의롭다함을 받을 것을 믿고 받아들여야 했다.

하나님의 의는 지고하여서 결코 하나님의 요구를 합당하게 치러 낼 사람이 없다는 것은 이미 율법을 통해 익히 알려진 사실이다. 하나님은 하나님의 의를 이루는 방법을 준비하셨는데 그것이 곧 예수 그리스도의 의이다(롬 3:21). 따라서 하나님은 사람들이 예수 그리스도의 의를 통해 의롭다고 인정하시길 원하셨다. 그러므로 오직 예수 그리스도의 의를 옷 입음으로써 하나님으로부터 의롭다 인정함을 받게 된다.116

이것이 곧 복음의 내용이다. 그러므로 예수 그리스도의 의를 덧입어 하나님의 백성으로 인정을 받았다면 확실하게 그 나라의 백성답게 살아가야 한다. 그리고 이러한 백성으로서 삶을 살아갈 때 그 삶의 모습과 방향이 옳고 그른가를 판단해 주는 정경(canon)이 곧 율법의 기능이다.

어느 시대나 하나님의 통치 이념은 절대로 다르지 않다. 모세 시대에 주어진 율법이라고 해서 결코 다르지 않다. 오히려 율법의 조명을 받아야 한다. 왜냐하면 율법은 하나님 나라의 성격을 대변해 주는 그 나라의 헌법이기 때문이다. 그래서 바울은 "우리가 믿음으로 말미암아 율법을 폐하느뇨 그럴 수 없느니라 도리어 굳게 세우느니라"(롬 3:31)고 확고하게 선언하고 있다. 이런 점에서 율법은 여전히 유익하다. 그리고 복음은 율법에 근거하

---

116 Chester K. Lehman, 『성경신학 신약』 김인환 역 (서울: 크리스챤다이제스트, 1999), 390-94. 여기에서 Lehman은 로마서의 주제 중 하나인 '하나님의 의'에 대한 설명하면서 "하나님의 편에서 이러한 의롭다 하심이라는 행위는 그리스도를 통한 구속을 기반으로 하여 관측하여 볼 때에 그의 공의를 침해하는 것이 아니다"고 강조하고 "하나님이 죄를 알지도 못하신 자로 우리를 대신하여 죄를 삼으신 것은 우리로 하여금 저의 안에서 하나님의 의가 되게 하려 하심이니라"(고후 5:21)는 말씀 속에서 이 사실을 확인하고 있다 (p. 393).

고 있으며 결코 율법을 거스르지 않기 때문에 반동하거나 폐하지 아니한다. 오히려 복음은 율법이 있음으로써 완전해지며 율법은 복음을 통해서 완성되며 빛을 발하게 된다.117

하나님의 나라는 의로운 나라이기 때문에 결코 죄인으로서는 들어갈 수 없다. 그러면 "죄인 된 인간은 어떻게 하나님의 지존하신 의의 요구를 이룰 수 있는가?" 하는 문제는 매우 중요한 문제이다. 이에 대하여 바울은 할례자나 무할례자나 의롭다고 인정을 받은 사람은 하나님 앞에 아무도 없다고 전제하고 단지 하나님께서 특별한 방법을 제정해 주심으로 사람들이 의에 이를 수 있도록 하셨다고 한다. 곧 "그리스도 예수 안에 있는 구속으로 말미암아 하나님의 은혜로 값없이 의롭다 하심을 얻은 자 되었느니라"(롬 3:24)는 방법만이 그 효력을 나타내는 것이다.

바울은 아브라함이 어떻게 하나님으로부터 의롭다 인정함을 받았는가를 설명함으로써 그 해답을 밝혀주고 있다. 곧 아브라함에게 어떤 의가 있어서 하나님의 요구를 충족시켰던 것이 아니라 아브라함이 하나님을 믿음으로(롬 4:3) 의롭다 인정을 받았다는 사실에 초점을 맞추고 있다.

아브라함은 하나님의 의롭다 하시는 은혜(롬 4:5)를 믿었기 때문에 의롭다는 인정을 받았으며(롬 4:9) 그 증표로 할례를 받게 되었다(롬 4:11). 아브라함은 할례를 받기 전에 의를 입었으며 이것을 믿은 아브라함의 믿음을 근거로 해서 하나님은 아브라함과 언약을 맺으셨다(롬 4:13). 이러한 모범을 통해 그 후손들 역시 "아브라함의 무할례시에 가졌던 믿음"(롬 4:12)의 자취를 따라 언약에 참예함으로써 역시 의롭다 함을 받게 된다는 것이 아브라

---

117 James D. G. Dunn, 『바울신학』 831-35. 여기에서 Dunn은 율법, 모세의 법, 토라를 가리켜 "하나님의 택하신 은혜에 이스라엘이 어떻게 응답할지를 지시해 놓은 내용들이었다"고 전제하고 이것들은 믿음의 법(롬 3:27), 성령의 법(롬 8:2), 그리스도의 법(갈 6:2)과 같이 그리스도의 희생 제사로 말미암아 세워진 새 계약 이전에 주어진 것으로 율법/복음을 서로 대치되는 것으로 이해해서는 안 된다고 지적하고 있다.

함과 맺은 '언약' 내용이다.

이런 점에서 할례를 받는 것과 '의' 와는 특별한 관계가 있다. 왜냐하면 할례는 의롭다 함을 받은 사람의 증표이기 때문이다. 이 원리에 따르면 할례라는 의식은 의롭다 함을 받은 사람이 그 의미를 잊지 인식하고 하나님의 의를 따라 살아가도록 각성시키는 일종의 표지이다.

따라서 할례를 받은 사람은 할례라는 증표를 통해 의로워진 것이 아니라 이미 하나님께서 의롭다고 인정해 주셨기 때문에 하나님의 의도를 따라 삶으로써 의를 이루어 나아가야 한다. 마찬가지로 율법을 받은 사람들 역시 율법을 행함으로 구원을 받는 것이 아니라 이제 하나님의 백성으로 인정을 받았으므로 그 백성의 신분답게 살아가기 위해 주어진 하나의 법칙임을 깨닫고 율법을 주신 하나님의 뜻이 무엇인가를 좇아 살아가야 한다. 그러한 삶을 통해 하나님이 왕이시며 그의 백성이라는 인식과 확인을 하게 된다.

이것이 율법이 주어진 의미이다. 이러한 하나님의 의도를 순전하게 삶 가운데 이루신 분이 곧 예수 그리스도이시다(롬 4:25). 아브라함의 후손들이 믿음으로 말미암아 의에 이르렀고 그 증표를 받은 것처럼(롬 4:16) 이제 이 모든 의를 자신의 삶속에서 완성하신 그리스도를 믿고 의롭다 함을 받게 된다(롬 5:1). 그 증표로 신약 교회 시대에서는 세례를 받는다. 이런 점에서 세례는 할례의 연속성을 가진다.

인간에게 있어서 가장 근본적인 문제는 죄의 해결이다. 그러나 인간으로서는 도무지 죄책과 죄의 오염에서 벗어날 수 없다. 그래서 하나님은 예수 그리스도를 통해 인간의 죄를 해결하시도록 하셨다. 이것은 성부 하나님과 성자 예수 사이에 영원 전부터 약속된 구속의 방법이었다. 그리고 이 일을 성령 하나님께서 이루어 나가시기로 작정하셨다.

하나님은 의로운 분이기 때문에 하나님의 의에 따라 인간을 판단하셔야 한다. 만일 의로우신 하나님이 불의한 인간을 용납한다면 절대적인 의에 치명상을 가져올 것이다. 그러나 아무도 하나님 앞에서 의롭다 인정을 받을 수 없다. 율법의 요구를 통해 그 기준이 주어졌지만 율법의 요구를 충족시킴으로써 율법 앞에서 누구도 의롭다 함을 받을 사람이 없기 때문이다.[118]

그러나 예수께서 이 율법의 요구를 완전하게 이루심으로 더 이상 율법이 예수를 제어하지 못하게 되었다. 율법으로부터 완전한 자유를 누리신 예수 그리스도를 하나님은 의롭다고 인정하셨다. 따라서 인류는 예수 그리스도를 의지함으로써 하나님의 공의로운 심판에서 구원을 받게 되었다. 이 일을 위해 예수 그리스도는 십자가에서 죽으셔야만 했고 다시 살아나셨다(롬 4:24-25).

"이러므로 한 사람으로 말미암아 죄가 세상에 들어오고 죄로 말미암아 사망이 왔나니 이와 같이 모든 사람이 죄를 지었으므로 사망이 모든 사람에게 임하였느니라. 그런즉 한 범죄로 많은 사람이 정죄에 이른 것 같이 이의 한 행동으로 말미암아 많은 사람이 의롭다 하심을 받아 생명에 이르렀느니라"(롬 5:12,18).

이처럼 새 아담으로 오신 예수께서 하나님으로부터 인정받은 의를 우리가 덧입게 됨으로써 우리는 하나님으로부터 의롭다 함을 인정받게 되었다(고후 5:17). 그리고 그리스도 예수로 말미암아 우리는 영생에 이르게 되었다(롬 5:21).

그리스도의 속죄 공로를 입음에 있어서 그리스도와 주의 백성은 특별한 관계가 되었다고 바울은 말한다. 곧 영적인 연합이 그것이다. 그리스도와의 연합을 상징하는 표징이 곧 세례이다. 바울은 세례의 의미를 피력함으

---

118 Chester K. Lehman, 『성경신학 신약』 412-15. Lehman이 지적했듯이 "죄인을 의롭다고 인정하기에 필요한 거룩함의 완전성을 소유하고 있는 존재는 오직 하나님 외에는 없다. 이와 상응하여 하나님께서는 인간을 의롭다고 취급하실 때에 자기의 의를 나타내시는 것이다"(p. 412)는 지적은 죄인을 의롭다 하시는 하나님의 칭의의 성격과 더불어 그리스도의 구속을 통한 칭의의 성격을 잘 보여주고 있다.

로써 영적인 연합의 의미를 밝히고 있다.

그리스도와 연합하여 십자가에서 죽었고 그 결과 인간의 자아(my self) 역시 십자가에서 죽었으므로 더 이상 인간은 아무런 기능을 행사할 수 없게 되었다. 하지만 하나님은 그 자아를 대신할 '새 생명'을 주셨다고 바울은 말한다. "그러므로 우리가 그의 죽으심에 합하여 세례를 받음으로 그와 함께 장사되었나니 이는 아버지의 영광으로 말미암아 그리스도를 죽은 자 가운데서 살리심과 같이 우리로 또한 새 생명 가운데서 행하게 하려 함이니라"(롬 6:4).

새 생명(newness life)이란 그리스도께서 부활하여 승천하신 후 그리스도의 영으로 오신 성령을 가리킨다. 때문에 인류는 자신의 자아로서가 아닌 성령님으로 말미암아 영적인 기능을 행사하게 되었다. 성령님은 삼위 하나님의 한 위로서 인격을 가지신 분이시다. 그 하나님께서 이제 친히 그의 백성된 성도들에게 오시어 유기적인 연합(organic unity)을 이루어 한 몸이 되어주셨다. 그 결과 성령님과 우리는 별개의 인격체이지만 온전한 한 몸을 이루게 된 것이다.

이처럼 성령님으로 말미암아 영적인 기능을 행할 수 있는 상태를 가리켜 바울은 '새로운 자아'(the new self)라고 부르며 이때 비로소 우리는 하나님과 교제를 나눌 수 있게 된다. 우리의 본래 모습으로서는 하나님의 절대적인 의 앞에 설 수 없었으나 이제 성령께서 우리의 자아가 되어 주심으로 하나님과 동등 되이 관계를 유지하며 그 앞에서 충만한 즐거움과 영광을 누리게 되는 것이다. 이렇게 함으로써 우리는 본래 아담이 누렸던 영광이 회복되었다.

이 영광은 아담이 누렸던 것과 비교할 수 없을 정도로 월등한 영광이 아닐 수 없다. 왜냐하면 아담은 하나님의 형상으로서 자아를 가지고 하나님과 교제를 하였지만 우리는 참으로 하나님 자신이신 성령께서 우리의 자아가 되어주심으로써 하나님과 교제를 나누고 있기 때문이다.

이것이 바울이 말하는 새 창조에 담겨 있는 의미이다. 그리스도에 의해 이루어진 새 창조는 그림자로서가 아니라 하나님과 동질의 영원한 상태로 우리를 새롭게 하는 창조이다. 아담과 같이 완전하지만 불완전한 형상이 아닌 실체로서 우리는 하나님의 영적인 동반자로 다시 태어나게 되었다. 이것이 부활의 참 모습이다.

그리스도 예수께서 부활하신 후 이전의 몸이 아닌 전혀 새로운 영체가 되셨던 것처럼 우리들도 부활하면 그러한 신령한 몸으로 변화되며 비로소 그 때 하나님 안에 감추어 있던 새로운 자아(the new myself, 골 3:3-4)를 입어 하나님과 동등한 인격적인 교제를 나누게 될 것이다.

그 때는 누구의 도움이나 지시에 따르지 않고 스스로 나의 자아로서 하나님을 예배하고 즐거워하며 영원한 영광에 참여하게 된다. 이러한 신령한 삶을 우리에게 주시기 위하여 예수 그리스도께서 십자가에서 죽으셨고 우리에게 의를 입혀 주셨으며 나아가 새 생명으로 오시어 영적인 연합을 이루심으로써 신령한 사람으로 우리를 변화시켜 주셨다.

그리스도인의 의는 완전한 의이다. 하나님의 절대적인 의에 비하여 볼 때 조금도 손색이 없는 의이다. 왜냐하면 우리가 갖게 된 의는 형상으로서의 의가 아닌 하나님 자신이 소유하고 계셨던 참되고 완전한 의를 입고(put on) 있기 때문이다. 단지 우리가 아직 이 세상에서 살고 있기 때문에 여전히 육의 몸을 입고 있어서 아담의 부패한 죄의 오염에서 완전하게 벗어나지 못한 것은 사실이다.

때문에 우리는 완전한 영적 실체로서가 아닌 불완전한 영적 실체로서 곤고한 사람의 삶을 버릴 수는 없다(롬 7:21-24). 그러나 이미 그리스도께서 이루신 의는 완전한 의이기 때문에 더 이상 사망이 우리를 향하여 왕노릇을 하지 못하게 되었다(롬 6:9). 우리는 장차 받을 부활의 영광 곧 신령한 실체가 될 것을 바라보며 이 세상에서 성령의 인도를 온전히 따르는 삶을 유지해야 한다. 이러한 사람을 가리켜 바울은 신령한 사람이라고 말한다(고

전 2:12-15). 119

성령의 인도를 온전히 받는 삶의 모습이야말로 그리스도인의 의로운 삶이라고 할 수 있다. 그러기 위해서는 우리를 죄 아래에서 종노릇하도록 방임하지 않고 온전히 하나님께 드려야 한다(롬 6:12-14).

'하나님께 드린다' 는 말은 "면전 앞에 내어놓다", "곁에 두다", "누구의 손에 갖다 주다" 의 뜻으로 "언제든지 하나님께서 사용하실 수 있도록 우리 자신을 내어놓는다(display)" 는 의미이다. 바울은 "너희 지체를 의의 병기로 하나님께 드리라" (롬 6:13)고 함으로써 온전히 하나님께서 우리의 모든 삶을 주관하시며 하나님께서 쓰실 수 있는 도구가 되어야 한다고 말한다.

신령한 사람, 즉 성령의 인도를 받는 사람에게 가장 먼저 요구되는 것은 그 자신을 먼저 하나님께 온전히 드린다는 것이다. 그럴 때 누구보다도 우리 자신을 잘 알고 계신 하나님께서 필요 적절한 곳에 우리를 사용하시어 하나님의 의로운 나라를 이루어 나가시게 된다. 이러한 삶을 가지는 사람에게 의로운 삶을 갖는다고 말한다.

바울은 "전에 너희가 너희 지체를 부정과 불법에 드려 불법에 이른 것 같이 이제는 너희 지체를 의에게 종으로 드려 거룩함에 이르라" (롬 6:19)고 권고하고 있다. 곧 그리스도의 의를 입은 사람으로서 새 생명으로 살아가는 성도들이라고 한다면 그의 모든 삶을 온전히 의 앞에 드려야 한다.

왜냐하면 "이제는 너희가 죄에서 해방되고 하나님께 종이 되어 거룩함에 이르는 열매를 얻었으니 이 마지막은 영생이라" (롬 6:22)는 말과 같이 하나님께 온전히 드려진 사람만이 의로운 삶을 가질 수 있으며 영생에 이를 수 있기 때문이다.

---

119 '신령한 사람' 이란 신자가 먼저 예수 그리스도로서의 지체임을 인식하고 그 지체답게 살아가는 존재임을 전제로 한다. "그리스도인은 그리스도라는 큰 신령한 본체의 부분으로 존재하는 까닭에 전체의 부분으로 존재하는 사실에 대한 바른 인식이 있어야 자기 부분의 가치를 알기 시작하는 것" 이다. 김홍전, 『그리스도의 지체로 사는 삶』 (서울: 성약 출판사, 2004), 75.

Ⅲ. 갈라디아서 2장 11절-21절 분석적 이해

III. 갈라디아서 2장 11절-21절 분석적 이해

A. 본문의 문맥

1. 갈라디아서 전체 문맥 속에서 읽기

바울이 전한 그리스도의 복음[120]을 변질시키려고 시도하는 일단의 무리들로 말미암아 갈라디아 교회에서 발생한 논쟁의 성격에 대해서는 오로지 바울이 기록한 갈라디아서에서만 그 해답을 찾을 수 있다. 이와 관련해 바울은 직접적으로든 또는 간접적으로든 언급하고 있지 않기 때문에 그들과 관련된 바울의 논증을 통해서 그 논쟁의 성격을 유추할 수 있을 뿐이다.

특별히 바울은 그들이 무엇을 주장하고자 하는가를 갈라디아서에 그 단서들을 남겨두었다. 그 단서들에 근거한 주장들을 집약하면 그들은 다음과 같이 주장하고 있었다. 즉 구원은 아브라함의 후손에게만 주어지며(갈 3:7, 9, 14, 21-31), 이방인 신자들은 할례를 받음으로써 아브라함의 후손이 될 수 있으며(갈 5:2-6, 11; 6:12-13), 아브라함의 후손으로서 갈라디아 교인들은

---

[120] Donald K. Campbell, 『갈라디아서』 10. 바울은 자신의 사도권과 메시지가 부활하신 그리스도의 계시로 말미암았으며 그리스도의 계시만이 참된 '복음' 이라고 변증하였다.

유대인의 절기 및 율법을 지켜야 한다(갈 4:10, 5:3)는 것이 그들의 주장이었다.121

확실히 갈라디아 교회에 들어온 유대주의자들은 성경의 율법주의적 명령들이 구원과 관련된 것이라고 가르쳤으며 언약의 조항들이 십자가보다 더 중요한 것처럼 강조하였다.122 이처럼 갈라디아 교회에서 발생한 논쟁의 핵심은 이방인들이 율법 안에서 의롭다 함을 받기 위해서는 할례를 받고 아브라함의 후예가 되어 예수 그리스도를 믿음과 동시에 모든 율법도 지켜야 구원을 받는다는 주장(갈 5:1-4)에 대한 것임을 알 수 있다. 즉 구원의 조건으로 이방인 출신의 신자들에게 제시된 구약의 할례와 율법 준수를 그리스도의 복음에 결합할 수 있는가에 대한 논쟁으로 압축된다(갈 3:1-2; 5:2).123

바울 역시 유대주의자들이 갈라디아 지방에서 거짓 교훈을 유포하고 있었다는 것과 그곳의 많은 신자들이 영향을 받았다는 사실을 알고 있었음이 분명하다.124 사실 이러한 교리적인 논쟁들이 갈라디아에 있는 교회들을 분열시키고 있었으며(갈 5:20; 6:1, 3) 더불어 자신들의 권위를 높이기 위해 바울의 권위를 축소하고 비방하는 일조차도 꺼리지 않았다.

이에 대해 바울은 그들의 거짓된 가르침을 비판하고 사도로서 자신의 위치를 명백하게 밝히며(갈 1:1, 11-24) 자신의 사역이 예루살렘의 사도들과 맺어진 협정에 따른 것임을 천명했다(갈 2:1-10).125 거짓 교훈에 대한 바울의 비판은 대략 다음과 같이 갈라디아서에 나타나고 있다.

첫째, 바울은 거짓 교사들이 전한 것을 가리켜 '다른 복음'이라고 지적하고 있다(갈 1:6-9). 거짓 교사들이 전한 것은 구원에 이르는 방도로써 믿음

121　Chrales B. Cousar, 『갈라디아서』 28-29.
122　Bruce B. Barton, 『갈라디아서』 18.
123　Herman N. Ridderbos, *The Epistle of Paul to the Churches of Galatia*, 187.
124　Bruce B. Barton, 『갈라디아서』 18.
125　Chrales B. Cousar, 『갈라디아서』 66.

에 율법의 행위, 즉 바울의 복음에 할례와 기타 율법을 첨가함으로써 복음의 본질을 변질시키려 했다는 점이다.126 이런 이유에서 바울은 그들이 전한 교훈은 전적으로 바울이 전한 복음과 다른 복음이라고 규정짓고 있다.

바울은 예수 그리스도를 믿으면서 동시에 율법을 준수해야 구원받는다는 그들의 주장을 반박하면서(갈 1:7) 오히려 참된 복음을 왜곡시키려는 그 어떤 시도나 바울이 전한 복음 외에 다른 복음을 가르치는 자들은 그 누구라 할지라도 저주와 심판을 받을 것이라고 강조하고 있다(갈 1:8; 5:4, 10).

둘째, 바울은 이 다른 복음을 전하는 자들을 가리켜 거짓 형제(갈 2:4)라고 지적하고 있다. 거짓 형제라는 용어는 신약에서는 이곳 외에서는 단지 한 번만 쓰이고 있으며(고후 11:26) 바울은 이 용어를 그리스도인인체하고 있으나 실은 그렇지 않은 사람들에 대하여 사용하고 있다.

한 교회 안에 함께 있어서 형체처럼 여겨지나 사실은 거짓 형제이며 그들은 사탄의 일꾼일 뿐이다. 그들은 성도들을 율법의 종으로 끌어내려 구원에서 떨어지게 하는 자들이며(갈 5:4) 교회 공동체를 요동케 하는 자들이며(갈 5:10) 갈라디아 사람들을 어지럽게 하는 자들이다(갈 5:12). 그들은 사탄이 그랬던 것처럼 가만히 들어온 자들로(갈 2:4) 진리에 속한 신자들을 미혹하고(갈 3:1) 율법의 의로 구원을 받는 것처럼 거짓을 전하는 자들이다.127

셋째, 바울은 거짓 교사들이 특별한 절기를 지킬 것을 주장하며 그것을 약하고 천한 초등학문으로 돌아가는 것(갈 4:9, 10)이라고 지적하고 있다. 그들은 그리스도를 믿는 믿음이 필요하다는 사실을 부인하지는 않지만 동시에 할례와 몇 가지 율법의 부가적인 요구도 따라야 한다고 주장했다. 여기에서 바울이 언급하고 있는 '초등학문'은 당시 그리스 - 로마 세계에서 널리 성행하고 있던 종교적인 각종 경건과 같이 그들이 주장하는 할례 및 유대교 절기를 준수하는 것과 같은 행위들을 지시하고 있다.128

---

126 Bruce B. Barton, 『갈라디아서』 20.
127 J. Calvin, 『갈라디아서』 525.
128 이상근, 「갈라디아, 히브리서」(서울: 대한예수교장로회 총회교육부, 1977), 101.

그들은 이처럼 율법의 의식들을 지킴으로써 자신들의 구원을 이룰 수 있을 것처럼 여겼으며 이러한 초등학문과 같은 종교성은 결국 복음의 순수성과 교회의 신앙고백을 위협하는 불순한 행위가 아닐 수 없다. 구원은 오직 하나님이 주시는 선물로서 인간은 십자가상의 그리스도의 죽음을 통해서만 이 선물을 받을 수 있다.[129]

이런 점에서 바울은 자신이 전한 복음과 그 개종자들을 위해서 율법과 관련해 발생했던 문제들이나 분열의 장벽을 제거하기 위해 부득이 갈라디아서를 작성하지 않을 수 없었다.

먼저 바울은 인간을 하나님께로 데려가지 못하는 율법의 무능을 하나님의 뜻에 의해서 생겨난 것으로 묘사하고 있다(갈 3:19). 인간은 율법을 통하여 하나님의 경륜에 따라 믿음이 오기까지 감시를 받아야 했으며 간혀 있어야 했다(갈 3:23-24). 동시에 율법은 그의 금령들을 통하여 범죄를 증가시켜야 했다. 따라서 하나님의 뜻에 따라 율법의 궁극적인 목적은 인간이 율법의 행위에 의해서가 아니라 믿음에 의해서만 하나님 앞에서 의롭다함을 얻을 수 있다는 사실을 인간에게 가르쳐 주는 것이었다(갈 3:24-25).[130]

율법은 행할 일과 행하지 말아야 할 일들을 말해 줌으로써 자기 백성을 위한 하나님의 뜻을 밝혀주며 또 경고한다. 그리고 불복종은 그 율법의 정당한 판결, 즉 정죄 아래 떨어지게 한다. 바울은 모든 사람이 '죄 아래'(갈 3:22) 갇혔으며 동시에 '율법 아래'(갈 3:23) 매인 바 되었으며, '저주 아래'(갈 3:10) 있고, 더 나아가서 율법의 저주 아래(갈 3:13) 있다고 지적한다. 따라서 그 어떠한 것도 율법의 압제에서 풀어놓을 수 없다. 마치 간수처럼 율법은 감옥에 가두어 놓는다. 그러나 이 억압은 영원히 지속되지 않는다.

하나님은 은혜 가운데서 경륜을 따라 율법을 주시고 그 율법을 통해 약속이 더욱 절실히 요구되도록 하셨다.[131] 바울은 "믿음이 오기 전에 우리

---

129 Bruce B. Barton, 『갈라디아서』 21.
130 W. G. 퀴멜, 「신약성서신학」 박창건 역 (서울: 성광문화사, 1991), 214-15.
131 J. Calvin, 『갈라디아서』 566.

가 율법 아래 매인 바 되고, 계시될 믿음의 때까지 갇혔느니라"(갈 3:23)고 말하고 이어서 "이같이 율법이 우리를 그리스도에게로 인도하는 몽학 선생이 되어 우리로 하여금 믿음으로 말미암아 의롭다 함을 얻게 하려함이니라"(갈 3:24)고 강조하고 있다.

이처럼 율법의 억압하는 역사는 일시적이며 궁극적으로는 율법이 뜻하는 바는 저주가 아니라 복주려는 것이다. 율법은 단지 그리스도가 풀어줄 때까지 감옥 속에 가두어 놓는 것에 불과하며 또한 그리스도가 자녀로 삼을 때까지 몽학 선생 아래 두는 것에 불과하다.[132]

오직 그리스도만이 율법의 저주로 말미암은 갇힘 속에서 건져낼 수 있는데 이는 그리스도가 대신하여 율법의 저주를 받았기 때문이다. 오직 그리스도만이 율법의 엄격한 계율 속에서 건져낼 수 있는데 이는 더 이상 훈계하는 개인 교사, 즉 몽학 선생이 필요한 자녀가 아니라 사랑으로 우러나서 아버지 앞에 복종하는 아들들로 만들었기 때문이다.

갈라디아서에서 바울이 전개하고 있는 공격의 핵심은 유대인의 삶의 양식을 유지하는 '율법의 행위' 였다. 바울의 결론은 율법에 기초한 것이 아니라 그리스도에 의해 형성되고, '믿음' 가운데 행해지는 삶의 새로운 방식의 윤곽을 그렸다. 그리스도에게 속하는 것만이 이방인 개종자들을 아브라함과 하나님의 약속에 연결시키는 것이다. 즉 '그리스도 안에서' 그리스도인들은 율법이 아니라 "믿음으로 말미암아 의롭다함" 을 얻었음을 의식하면서 살 수 있다.

바울은 먼저 모든 믿는 자들의 상태에 관하여 그들이 그리스도 안에 있기 때문에 하나님의 자녀가 되었음을 언급하고(갈 3:26), 다음에 그리스도 안에 현존하고 있는 새로운 관계성을 강조하고 있다(갈 3:27-28). 즉 그리스도 안에서는 이방인이나 헬라인이나 종이나 자유자나 어느 민족 누구든지

---

[132] William Handriksen, 『갈라디아서』, 207-08.

상관하지 않는다는 점이다.133

한편 바울은 이방인 회심자들에게 토라를 준수할 것을 요구하는 자들에 대한 바울의 최종적인 대답으로 '그리스도 안에서 하나님이 새로운 일을 행하셨다' 는 사실을 강조하고 있다. 여기에서 바울은 모든 사람들이 두 개의 범주, 즉 '율법 아래' 와 '그리스도 안에' 있는 상황을 대조하여 말하고 있다.

만일 '율법 아래' 있다면 죄 사함에 대한 지식이 없기 때문에 여전히 문자 그대로 감옥 안의 죄수들로서 또는 몽학 선생 아래 있는 아이들로서 얽매어 있으며 장성하여 자유하게 되기까지 율법아래 갇혀 있다는 것이다. 그러나 '그리스도 안에' 있다면 율법으로부터 자유롭다는 것이다. "믿음이 온 후로는 우리가 몽학 선생 아래 있지 아니 하도다"(갈 3:25)는 바울의 주장은 '그러나 지금' 이라고 하는 현 상태가 과거의 상태와 본질적으로 다른 것임을 강조해 주고 있다.

지금은 '율법 아래' 있지 않다. 그것은 율법으로 말미암아 정죄 받은 상태나 감금된 상태에 있지 않기 때문이다. 지금 '그리스도 안에' (갈 3:26) 있는 믿음으로 말미암아 그와 연합되어 있으며 인간의 범법함에도 불구하고 그리스도로 인하여 하나님 앞에 용납되었기 때문이다.134

바울은 이 점을 종과 자유자(갈 4:21-32)라는 개념으로 논증을 전개하고 있다. 아브라함에게 두 아들이 있는데 그 중 하나는 노비(종)의 소생 이스마엘이고, 다른 하나는 자유하는 연인이 낳은 이삭이 있었음을 주지시키고 있다. 비유의 부분(갈 4:24-27)에서 바울은 이 두 아들들이 그 어머니들과 함께 두 종교, 즉 그 하나는 얽매임의 종교 곧 유대교이고 다른 하나는 자유함의 종교 곧 기독교를 대변한다고 논증하고 있다.

또한 바울은 그 비유를 갈라디아인들에게 적용하고 있다(갈 4:24-27). 만

---

133 J. Calvin, 『갈라디아서』 587.
134 Jhon R. W. Stott, 『갈라디아서 강해』 정옥배 역 (서울 : IVP, 2007), 119.

일 그들이 그리스도인이면 이스마엘과 같은 노예가 아니라 이삭과 같은 자유인이며 상속자여야 한다.135 그리고 바울은 갈라디아인들이 이삭을 좇을 경우에 무엇을 기대해야 하는가를 말해 주고 있다.

갈라디아의 이방 기독교인들은 아브라함에게 주신 하나님의 약속이 그리스도 안에서 성취됨으로써 이사야가 예언한 종말론적인 미래의 실재에 이미 참여하고 있다. 그들은 자유하는 여인의 후손이며 위에 있는 천상적인 예루살렘의 백성이 되었다. 새 예루살렘은 옛 예루살렘보다 더 많은 자녀를 가지게 될 것이다. 기독교는 유대교보다 더 번성할 것이며 유대교는 기껏해야 종노릇하는 자녀들을 낳겠지만 기독교는 자유하는 더 많은 영적 자손들을 낳게 될 것이다.

바울이 내린 결론은 '율법 아래 있고자 원하는' 갈라디아의 이방 기독교인들에게만 해당되는 진리가 아니라 자신을 포함하여 유대인이든 이방인이든 복음을 믿는 모든 사람들에게도 해당되는 진리이다. 바울이 전하는 복음은 구속사적으로 계집종인 하갈과 그의 아들 이스마엘, 그리고 시내산과 현재의 예루살렘을 거쳐 전수된 것이 아니라136 자유하는 여인인 사라와 그의 아들 이삭 그리고 시온산과 위에 있는 예루살렘을 거쳐 전수된 것이다. 후자의 노선에 서 있는 사람들은 '율법의 행위'에 의존하지 않고 '예수 그리스도를 신뢰하는 믿음'에 의존함으로써 하나님 앞에서 의롭다 함을 얻는 자들이다.137

이처럼 자유하는 자들, 즉 하나님 앞에서 의롭다 함을 얻은 자녀들에게는 필연적으로 육의 열매가 아닌 성령의 열매로써 그 증표를 삼게 된다(갈 5:16-25). 바울에게 있어서 육은 인간에게 적대적인 인간적인 힘과 같이 언급된다. 비록 육에 거함이 단지 지상적인 실존을 표현할 수 없지만(갈 2:20)

135　William Handriksen, 『갈라디아서』 256.
136　Bruce B. Barton, 『갈라디아서』 21.
137　Jhon R. W. Stott, 『갈라디아서 강해』 125.

죄에 붙잡혀 있다는 것을 또한 의미하기도 한다(롬 7:5). 이런 점에서 육에 따라 사는 것은 죄 안에서 사는 것과 일치한다(롬 8:13; 고후 10:2).

바울은 육의 태도(롬 8:6)와 육의 욕망(갈 5:17)에 대해서도 언급하고 있는 것처럼 육에 대한 인간의 의무를 논박하고 있다는 점(롬 8:12)에서 바울이 육을 악한 세력으로, 즉 인간을 지배하려고 하는 마귀로 보고 있다는 가정은 분명하다. 그러나 이러한 가정은 바울이 육과 몸을 철저히 번갈아 사용할 수 있다는 확신으로 인하여 부정된다(고후 4:10, 11). 몸의 부재는 육의 부재와 일치한다(고전 5:3; 골 2:5). 그래서 몸과 영도 육과 이성과 같이 인간을 전체로 표현할 수 있다(고전 7:32; 롬 7:25). 그러므로 육은 지상적 구체성으로 살고 있는 인간의 특징이라 할 수 있다.

육신을 통한 죄와 율법의 지배가 속박과 죽음을 가져오는 데 반하여 성령을 통한 그리스도 안에서의 존재는 생명과 자유를 의미한다(갈 5:1).138 이 자유는 그리스도가 자신의 피로 그 값을 지불하고 산 소중한 것으로(고전 6:20; 7:23; 갈 3:12; 4:5) 무절제와 방종을 의미하지 않으며(갈 5:13) 새로운 순종으로 부르는 바울의 자유는 방종과 무절제가 아니라 사랑으로 역사하는 믿음(갈 5:6)임을 깨닫게 한다. 이 사랑은 자기를 위하여 자유를 남용하지 않고 타자를 위하여 자신의 자유를 섬김으로 승화하는 자기 부정적 순종을 의미한다.139

따라서 '성령 안에서의 삶'은 죄와 육의 유혹으로부터의 완전한 자유를 거저 주지는 않는다. 죄의 권세에서 해방된 인간은 영과 육의 갈등 속에서 결단하며 살아가는 존재이기 때문이다. 바울은 이러한 신자들의 갈등 상황을 다음과 같이 설명하고 있다. "내가 이르노니 너희 성령을 좇아 행하라 그리하면 육체의 욕심을 이루지 아니하리라 육체의 소욕은 성령을 거스리고 성령의 소욕은 육체를 거스리나니 이 둘이 서로 대적함으로 너희

---

138 William Hendriksen, 『갈라디아서』, 264.
139 Bruce B. Barton, 『갈라디아서』, 22.

의 원하는 것을 하지 못하게 하려 함이니라"(갈 5:16-18).

영과 육의 갈등 속에서 성령의 길을 택해 가는 신자들은 성령의 열매를 맺게 되는데 '육의 일'(갈 5:19)과 구분되어지는 성령의 열매는 사랑, 기쁨, 평화, 오래 참음, 온유, 자비, 신실함, 절제 등이다(갈 5:22-23). 바울에게 있어서 성령은 그리스도의 영이다(갈 4:6). 그러므로 그리스도인이 그리스도 안에 있는 것 곧 그리스도의 것이 됨과 그에게 속하게 됨은 그에게 성령이 임하였음을 의미한다. 성령은 바로 예수께로 말미암아 보내어졌기 때문이다.[140]

누구든지 그리스도의 성령이 없으면 그는 그리스도와 아무런 상관이 없으며 그에게 속하지도 않는다(롬 8:9). 그런 순서에 따르면 그리스도 안에 참여하는 것은 성령 안에서 살아가는 것 혹은 성령의 인도함에 따라 사는 삶 그리고 성령의 열매(갈 5:22)를 맺는 삶이다.[141]

율법은 우리의 죄된 존재 안에서 죄된 정욕들을 중개해 줌으로써 죄를 드러내 준다. 우리로 하여금 하나님의 명령인 율법을 남용케 하는 것은 바로 우리 자신의 이기적인 마음이다. 이 이기적인 마음은 무질서한 충성을 일으킬 뿐만이 아니라(롬 6:19) 갈라디아 교인들이 지녔던 것과 같은 율법주의적인 충동을 일으키기도 한다. 따라서 자유는 죄로부터 자유뿐만이 아니라 율법으로부터의 자유도 의미하는 것이다.

이것이 바로 성령의 인도하시는 바에 따라 살아가는 신자의 삶이다.[142] 이 자유는 율법을 어김으로써가 아니라 율법을 우리 자신의 욕구에 따라 해석하여 이렇게 자의적으로 해석된 율법을 수행함으로써, 그리고 순수한 마음으로 하나님의 뜻을 따르고자 하는 것으로 보이지만 실제로는 우리 자신의 뜻을 행함으로써 자율성을 획득하고자 하는 모든 것들로부터의 자

---

140 William Handriksen, 『갈라디아서』 309.
141 Bruce B. Barton, 『갈라디아서』 23.
142 Jhon R. W. Stott, 『갈라디아서 강해』 183.

유이다.

바울은 그리스도인의 자유에 대한 개념을 강조하였는데 갈라디아인들의 기본적인 자기 이해를 가장 잘 요약하여 말해 주는 개념은 '자유'의 개념이다. 그들에게 기독교 신앙은 인간의 자유에 대한 오랜 꿈이 실현되었다는 것을 뜻하였다. 그들에게 있어서 자유는 신학적 개념이었을 뿐만 아니라 또한 그들은 자신들을 사회, 종교, 문화의 억압적인 법과 관습들을 가진 이 악한 세계로부터 해방된 자들로 여겼다. 그들은 헬라인들과 비 유대인들 사이의 종교적 차이들, 사회적 노예제도 및 여성들의 종속 등을 무시해 버렸다. 그들은 하나님에 대한 무지와 야만적인 미신을 극복했었다.[143]

그리스도의 자유는 그리스도의 구속의 사건에 기초하며 갈라디아 교인들은 그리스도를 믿음으로 이 자유를 쟁취하였다. 이 자유는 구체적으로 세상의 원시 종교들과 그것들의 악한 지배로부터의 해방이며 율법과 죄의 노예 상태로부터, 하나님에 대한 무지로부터, 미신으로부터, 사회적 압제와 종교와 문화적 차별로부터의 해방을 의미한다.

또한 갈라디아서는 바울의 서신들 중 하나로 갈라디아서에서의 바울의 사역과 교회의 자유에 관한 마그나카르타(Church's Magnacharta of Freedom)[144]를 침해하려고 애쓰는 유대주의자들에 대한 하나의 강력한 논쟁 서신이다. 문학 작품으로서도 예술적으로나 미학적으로 별반 특출한 것이 못되며, 역사적 언급도 극히 모호하며, 그 논증들 또한 현대의 문제들과는 별로 관련이 있는 것처럼 보이지 않는다. 그럼에도 갈라디아서보다 인류 역사에 더 심대한 영향을 미쳐온 책은 그리 많지 않다.

만일 갈라디아서가 쓰여지지 않았더라면 기독교가 그저 또 하나의 유대교 종파에 불과했을는지, 그리고 서방 세계의 사상 또한 이교도적인 채로 있었을는지 모른다. 갈라디아서는 기독교를 유대주의로부터 분리시켰고

---

143 H. D. Betz, 『갈라디아서』 한국신학연구소 역 (서울: 한국신학연구소, 1987), 105.
144 Donald K. Campbell, 『갈라디아서』 정민영 역 (서울: 두란노, 1983), 7.

또한 기독교를 선교적 대장정의 길에 오르게 했던 기독교인의 자유에 대한 선언서라고 불리는 책이다.[145]

2. 앞 뒤 문맥과 연결하여 읽기

갈라디아서에서 결정적으로 명백해지는 신학 사상이 바로 종교개혁의 중심 주제인 '믿음으로 말미암는 의, 즉 이신칭의' 교리이다. 유대인들에게 있어 의롭게 되는 것은 혈통적으로 유대인이거나, 아니면 이방인으로서 할례를 받고 유대인의 그룹에 들어와 율법을 실천하는 길 외에는 있을 수가 없었다. 이러한 상황 속에서 사도 바울은 의롭게 되는 길이 오직 믿음을 통해서만 됨을 매우 급진적인 성경 해석을 통해 논증하고 있다. 그런데 이 이신칭의 교리가 바로 갈라디아 교회의 유대주의와의 싸움 속에서 나왔다는 사실을 잊으면 안 된다.

사도 바울은 유대주의자들에 의해 이방 기독교인들이 하나님의 백성의 울타리에 들어오려면 반드시 할례를 받고 율법의 법 조항을 지켜야 구원을 얻는다는 주장을 극복해야 할 필요를 느꼈고, 이러한 유대주의자들의 논리를 파괴하기 위해 구약을 매우 급진적으로 해석한다. 그 과정에서 유대인의 구원이 단순히 혈통에 의지해서 자연스럽게 되어진 것이 아니라 유대인 역시 그들의 믿음을 보시고 의롭다 칭해주셨음을 논증하게 되는 것이다.[146]

할례나 무할례나 아무것도 아니다. 참된 할례는 몸의 외부에 실시하는 외적 할례가 아니라 성령으로 마음에 거듭남을 주시는 하나님의 능력으로 말미암는 내적인 할례, 마음의 할례이다. 이러한 참된 할례만이 참으로 그리스도를 주로 고백하는 믿음에 이르게 하고, 이 믿음만이 의를 이루게 한

---

145 메릴 C. 테니, 「갈라디아서해석」 김근수 역 (서울: 기독교문서선교회, 1991), 11.
146 William Hendriksen, 『갈라디아서』 38.

다. 결코 율법으로는 구원에 이를 수 없다.[147]

율법은 사람들을 정죄하고 죄를 깨닫게 할 뿐이다. 그 죄 때문에 하나님의 자비와 은혜가 필요함을 깨닫고, 그리스도를 갈망하게 하는 것이 바로 율법의 기능이다. 때문에 그 할례나 율법으로는 의에 이를 수 없을 뿐 아니라 오히려 율법의 행위 아래 있고자 하는 사람들을 율법의 모든 조항들을 실천하고 행하지 않을 때 선포된 율법의 저주 아래 있게 만든다. 그러므로 할례와 율법으로는 결코 의에 이르지 못하고 저주아래 있게 만드는 것이다.[148]

아브라함의 경우에서처럼 의롭게 되는 길은 오직 믿음에 있다. 창세기 15장 6절에서 하나님께 보인 아브라함의 유일한 반응은 오직 믿음뿐이었다. 아브라함은 할례가 아니라 오직 믿음으로 의롭다함을 받았던 것이다. 때문에 참으로 아브라함의 후손이 되고 가족이 되고자 한다면 할례가 아닌 믿음으로 의롭다함을 하나님께 받아야만 한다. 그럴 때에만 아브라함과 함께 복을 받게 되는 것이다.

여기에서 아브라함에게 주어진 약속과 그의 믿음은 유대인과 이방인을 포괄하는 범세계적인 믿음의 공동체를 지향한다는 점에서 보편주의적 성격을 띠지만, 할례와 율법준수와 같은 율법의 행위들은 유대인들의 민족적 독특성을 나타내주는 협소한 '특수주의적' 성격을 띠게 되는 것이다. 이처럼 구원에 있어서는 유대인과 이방인이 다르지 않다. 단지 다른 것은 유대인은 구원의 복음을 소유했고, 그 복음을 세상 열방 가운데 전파해 주어야 한다는 사실이었다.[149]

바울은 신학적 변증 부분에서 할례와 율법이 아니라 오직 '믿음과 성령'만이 아브라함 가족의 본질을 규정하는 결정적 요소들인 것을 논증한

147　Bruce B. Barton, 『갈라디아서』 20.
148　William Handriksen, 『갈라디아서』 40.
149　Bruce B. Barton, 『갈라디아서』 18.

후에 윤리적 권면 부분에서 아브라함의 가족이면 믿음과 성령을 따라 행하라고 교훈하고 있는데, 이것은 신학적 논증부분과 윤리적 권면 부분이 내면적으로 통합된 부분들이라는 것을 시사해준다.

바울이 부재중인 상황에서 갈라디아 교인들에게 구체적인 삶의 지침들을 제공해 주겠다는 유대주의자들의 선동 때문에 교회의 내부적 갈등의 문제가 발생하게 된 것으로 보인다. 이로 말미암아 갈라디아 교인들 사이에 혼란이 가중되었고, 이러한 혼란 속에서 갈라디아 교인들이 '성령을 좇아 행하라' 는 바울의 가르침을 잘못 적용함으로써 결국 갈라디아 교인들이 죄와 방종에 빠질지 모르는 상황이 전개되고 있었다. 이처럼 유대주의자들은 율법이 지시하는 것처럼 방종주의에 대한 교정의 수단으로 유대인들의 생활 양식을 유일한 방법이라고 주장했던 것으로 보인다.[150]

이런 상황에서 바울은 성령을 좇아 행할 때 나타나는 사랑, 양선, 온유, 충성, 절제 같은 윤리적 성품들이 율법의 정신과 배타되고 모순된 것이 아니라 그 요구를 충분히 실현한 것이라고 강조했는데, 갈라디아서에서 그것들은 추상적인 윤리적 성품들을 구체적인 윤리적 교훈에다 뿌리를 박는 역할을 한다.

그리스도인은 믿음과 성령으로 인해 율법의 속박에서 벗어나 성령 안에서 자유로운 자들이 되었다. 그러나 그리스도인의 자유는 방종이 아니다. 오히려 성령의 통제 안에서 죄와 신율주의적 삶에 대한 해방의 선언이 바로 그리스도인의 자유인 것이다.

그러나 이러한 그리스도인의 자유를 유대주의자들은 오해했고, 성령을 좇아 행하라는 바울의 윤리적 강령을 극심한 개인주의와 신비주의, 그리고 윤리적 방종을 부추기는 것이라고 갈라디아 교인들을 선동했던 것이다. 그리고 율법주의적 유대주의자들의 선동에 의해 갈라디아 교인들은

---

150 Richard N. Longenecker, 『갈라디아서』 139.

성령을 좇아 행하라는 바울의 복음에 물음표를 제기하고 있었던 것이다.

이에 대해 바울은 성령을 좇아 행하는 삶이 구체적으로 성도들의 삶에서 실천적인 윤리를 가져올 수밖에 없음을 논증함으로써 갈라디아 교회들의 염려들과 그들에게 가중되던 신율주의적 율법주의의 삶의 압박에서 다시 복음의 자유함으로 인도하고 있는 것이다.151 때문에 갈라디아서에서는 성령의 열매들이 보다 구체적인 윤리적 성품으로 나타나고 있는데, 그것들은 추상적인 윤리적 성품들을 구체적인 윤리적 교훈에 뿌리를 박는 역할을 한다.

나아가 바울은 유대교의 신율주의적 행습들을 받아들일 것을 요구했던 유대주의자들의 이방 기독교인들의 신분과 관계 있는 도전에 접하여 다메섹 계시 사건에 비추어 그의 반대자들이 의지했던 아브라함 전승과 전통적인 성경 주석을 급진적으로 재해석함으로써 극복한다.152

그리스도의 십자가 사건에 나타난 하나님의 은혜는 바울 복음이 지향하는 궁극적인 목표이며 그것을 특징화하는 지표이다. 십자가 사건은 할례와 율법이 지배하던 옛 세상 질서를 폐지시키고 하나님 앞에서 새로운 존재 양식과 삶의 유형을 확립해 놓은 신적 사건이었다.

십자가의 복음은 한편으로는 아브라함에게 주어진 약속을 계승한 것이며 그와 같이 믿음의 발자취를 따라가는 자들에게 은혜로 약속된 복들을 제공하게 해준 구속사적 사건이면서도 다른 한편으로는 할례와 율법, 그리고 세상의 초등학문이 지배하는 옛 세상의 질서를 폐지시키고 그것과 완전히 다른 새 창조 질서를 도래시킨 묵시적인 사건이기도 했다.

이러한 그리스도의 십자가 사건은 이제 유대인과 이방 기독교인의 차별을 완전히 폐지시키는 사건이 된다. 옛 세상의 질서를 십자가 위에서 사랑으로 폐지시키셨기에 이제는 새로운 질서, 즉 성령과 믿음으로 특징지어

---

151 Jhon R. W. Stott, 『갈라디아서 강해』 179.
152 Richard N. Longenecker, 『갈라디아서』 140.

지는 새 세상의 질서가 존재한다. 이 새 세상의 질서를 받아들이는 자, 그가 바로 아브라함의 참 가족이며 그의 복과 유업을 이을 자이다.

바울이 결론적으로 갈라디아서를 통해 논의하려는 주된 관심은 '누가 아브라함의 가족이며 그의 유업을 이을 자인가?' 하는 문제였다. 유대교 신학에서는 아브라함의 약속을 율법과 행위로 연관시키고 있는데 바울의 적대자들은 이러한 관점에서 갈라디아 교인들에게 아브라함의 자손이 되기 위해서는 율법과 할례를 지켜야 한다고 주장한다.153

이에 대해 바울은 아브라함의 약속을 믿음과 연관시키면서 하나님께서는 이 믿음을 통해서 모든 이방인들이 아브라함의 자손이 된다는 것을 말하는 것이다. 즉 아브라함의 합법적인 자손은 율법과 할례에 매어 있는 유대인이 아니라 오히려 믿음으로 말미암은 이방 기독교인을 포함한 범세계적인 믿음의 공동체가 아브라함의 합법적인 자녀들이라는 것이다.

여기에서 바울은 그의 적대자들이 갈라디아 교인들로 하여금 할례와 율법을 지키게 하기 위해서 사용한 아브라함의 자손 문제와 사라와 하갈의 비유를 그가 받은 복음에 따라서 새롭게 해석함으로써 아브라함의 진정한 약속의 자녀는 그리스도를 믿음으로 성령을 받고 이제, 그 성령과 믿음으로 하나님의 자녀가 된 모든 기독교인임을 논증한다. 이처럼 아브라함 참 가족을 특징짓는 요소는 할례나 율법과 같은 유대 민족적 정체성을 나타내주는 인간적 표지들이 아니고 오직 '믿음' 과 '성령' 과 같은 초월적이고 초문화적인 표지들이었던 것이다.

하나님의 목적은 아브라함의 후손들에게 가나안 땅을 주시는 것만이 아니라 그리스도 안에 있는 신자들에게 구원을 주시는 것이었다.154 하나님은 이러한 표지들을 통해 범세계적인 믿음의 공동체를 세우고자 하셨다. 만일 믿음과 성령만이 아브라함 가족의 '신분' 을 특징화하는 요소들이라

---

153 Richard N. Longenecker, 『갈라디아서』 138.
154 Jhon R. W. Stott, 『갈라디아서 강해』 109.

면 그것들은 아브라함 가족의 '행위'를 특징짓는 요소들이어야 한다.

이런 점에서 갈라디아서의 중심 주제를 '그리스도인의 자유'라고 할 수 있는데 특히 구원을 행위에 의해 받고자 하는 노력의 자연적 결과인 율법주의에의 예속으로부터 믿는 이가 자유케 되는 일과 관련지어져서 그렇다.

만일 사람이 율법의 의식법에 대한 자원적 성취에 의해 하나님의 호의를 얻을 수 있는 것이라면 구원은 그의 순종의 완전함에 의존하게 된다. 율법으로부터의 그 어떤 이탈도 즉시 그를 형벌의 대상이 되게 할 것이고, 그의 구원 또한 위태롭게 될 것이다. 그러므로 그의 사소한 삶의 의지 작용은 그것이 하나님의 율법에 부합되는지 어떤지, 또는 그것이 명표된 무슨 신적 명령을 벌해 그의 운명이 위태롭게 될 것인지 어떤지를 확인키 위해 세심하고 소심하게 따질 수밖에 없게 된다. 그 같은 율법주의적 태도는 당사자가 율법의 문자에만 지나치게 골몰하는 나머지 정작 그 율법의 정신은 간과케 되므로, 결국 영적 예속을 초래하게 된다.

갈라디아서는 신자들이 계시된 율법의 계율들을 지키는 일에 있어서 그 자신의 근면에 의해서라기보다는 오히려 그리스도께서 우리를 대신해 이루어 놓으신 바를 믿음에 의해 구원되도록 되어있다는 점을 입증코자 애쓴다. 즉 그리스도의 십자가가 하나님의 은혜를 보완하려는 어떤 인간적 혹은 종교적인 노력조차도 허락하지 않는다(갈 6:11-18).[155]

갈라디아서는 구원이 그의 복음을 통한 인격적 계시를 바탕으로 세워지는 믿음에 대한 반응으로, 하나님에 의해 값없이 베풀어지는 것으로 단언한다. 그리스도의 자유는 하나님의 계시에 기원을 두며, 그 계시는 인간의 연약성을 명확히 밝혀 하나님의 구원 능력을 사용 가능케 해준다.

이 진리 안에서 사람은 진정한 자유를 발견하게 된다. 왜냐하면 자유란

---

155 Chrales B. Cousar, 『갈라디아서』 28.

형벌 없이 하나님께 불순종할 수 있는 데 있는 것이 아니요 아무런 거리낌 없이 자발적으로 그에게 순종할 수 있는 데 있기 때문이다. 그것이 바로 자기 중심적인 옛 성품을 그 모든 죄악된 정욕 및 탐심과 함께 십자가에 못 박은 삶이다.156

갈라디아 교회들 안에 혼란과 분열의 위협을 가져온 바울의 적대자들은 그리스도에 대한 믿음 외에 할례와 절기들을 비롯한 유대교의 전체 율법을 지켜야 한다고 주장하는 자들이었다. 이러한 적대자들의 견해에 대해서 바울은 갈라디아서 전체에 걸쳐 자신의 반대 논증을 펴고 있는데 그의 양보할 수 없는 복음과 이방인의 사도로서 그의 직무, 그의 사역 그리고 그의 목적으로 여겨왔던 모든 것들에 기초한다. 다시 말해서 바울의 복음과 이방인의 사도직에 관한 바울의 확신은 갈라디아서에 나타나고 있는 다양한 논증들의 중심을 결정짓고 있는데 자신이 복음의 진리(갈 2:5-14)라고 부르는 오직 하나의 기초인 그리스도 안에서의 자유를 그의 논거로 삼고 있다.157

바울이 말하고 있는 인간의 자유는 그 주체가 항상 하나님이시다. 인간이 진정한 자유를 누릴 수 있는 것은 그리스도와의 관계성 속에서 가능하게 되는 것이다. 그리스도께서 우리를 자유롭게 하려고 자유를 주셨으며(갈 5:1), 그리스도께서 우리를 부르신 것은 자유를 위한 부르심이다(갈 5:13).

바울은 갈라디아인들이 다시 율법으로 빠져들어 가는 것은 불가능한 일이라고 선언한다. 그렇게 함으로써 그들은 은혜의 절대성을 파괴하기 때문이다(갈 2:21). 갈라디아인들은 모든 자유를 가지고 있지만 스스로 이 자유를 포기할 수는 없다. 이것은 그들이 전에 상태로 되돌아가서는 안 된다는 말이다(갈 4:3). 그들은 속박상태로 되돌아 갈 수 없다. 만일 되돌아간다면 그리스도로로부터 주어진 자유는 사라지게 될 것이기 때문이다. 다시 말

---

156 Jhon R. W. Stott, 『갈라디아서 강해』 190.
157 Herman N. Ridderbos, *The Epistle of Paul to the Churches of Galatia*, 186.

해서 자유자가 되었으면, 이제는 더 이상 종으로 처신할 수 없다는 것이다 (갈 4:3-7). 바울에 의하면 갈라디아인들이 자유를 얻었다고 해서 하나님의 명령을 거절할 수는 없다.158 우리가 자유를 가졌기 때문에 이제야말로 하나님의 명령에 응해야 하는 것이다.

바울은 갈라디아 교인들에게 하나님에 대한 그들의 책임과 서로에 대한 그들의 책임성들을 환기시키고자 노력하고 있다. 그는 특히 그들을 총체적으로 파괴하고자 위협하는 갈라디아 교회 안에 있는 자랑과 분열, 불일치의 문제들에 관심을 가지고 있다. 그리고 그는 갈라디아 교인들에게 오직 성령의 열매만이 그들 가운데 실제하고 있는 이러한 문제들에 대처할 수 있고 또 극복할 수 있음을 보여주면서, 성령으로 씨를 뿌리라고 호소한다. 그러므로 그는 "기회 있을 때마다 모든 사람들에게 착한 일을 행하되 특히 믿음의 자녀들에게 할지니라"(갈 6:10)고 권면한다.

바울에게 있어서 그리스도 안에 있는 믿는 자들은 그리스도인의 공동체적 일치의 은유이다. 그래서 갈라디아서에서 바울은 무엇보다도 다른 사람의 믿음을 존중할 것을 강조하고 있다. 그리고 그는 이방인 그리스도인들에게 할례나 혹은 유대교의 율법에 따른 음식법을 지키기를 요구하는 자들의 어떠한 타협에 대해서도 격렬하게 반대했다.159 "너희를 요동케 하는 자는 누구든지 심판을 받으리라"(갈 5:10). 그러나 또한 그는 이 서신 어디에서도 그가 이러한 것들을 유대인 그리스도인들에게도 적용해야 한다고 기록하지 않고 있다.

바울의 견해를 받아들인다면 유대인 그리스도인은 자기들로만 이루어진 공동체에 있는 동안에만 유대인으로서 엄격하게 살 수 있다. 그들은 자기 하나님을 포기하거나 적어도 이론적으로는 율법준수를 포기할 필요가 없다. 그래서 그 자신이 한 사람의 유대인으로서 동시에 이방인들에

158　Herman N. Ridderbos, *The Epistle of Paul to the Churches of Galatia*, 156.

159　Frank J. Matera, *Galatians* 190.

대한 특별한 사명을 가진 자로서 바울은 결코 유대인 그리스도인들도 그와 똑같은 삶을 살아야 한다고 주장하지 않는다. 더구나 이방인의 사도로서 그의 역할을 수행할 때에도, 분명히 그 자신은 여전히 유대인으로 남아 있었다.

그에 따르면 이방인은 하나님의 백성에 속하기 위하여 모세의 율법을 받아들일 필요가 없다. 그리고 이방인이 있을 때에 그리스도인인 유대인은 사회적 장벽으로 버티고 있는 율법의 측면들을 버려야 한다. 그리스도 안에서 유대인과 이방인은 한 몸의 지체여야 한다. 그래서 바울은 안디옥에서 베드로의 행동이 두 개의 구분되는 기독교 공동체, 즉 유대인 교회와 이방인 교회를 나란히 세우는 것이 될 것이라는 점에서 반대했던 것이다. 초창기 교회에서 이 같은 바울의 견해가 실현되었다고 주장할 수는 없을지라도 그러나 초대 교회는 실제적 차원에서도 이러한 장벽을 폐지할 때 기대할 수 있었던 것 이상으로 성공을 거두었던 것 같다. 이러한 의미에서 기독교는 이스라엘 역사를 취하면서도 그것을 뛰어 넘어섰다.

이처럼 바울은 당시 기독교내에 존재하고 있었던 여러 가지 다양성을 적극적으로 인정하고 포용하였으며 자신의 이방인 선교의 기반을 구축하였다. 그리고 그의 서신들(고전 10:23-11:1; 갈 5:1-12; 롬 5:1-8:39)에서 일관되게 찾을 수 있는 것처럼 한 사람의 유대인으로서 하나님의 부르심을 받은 바울은 '그리스도 예수 안에서의 자유'라고 하는 날카로운 통찰을 통해서 예수 그리스도 안에서 하나님의 자녀가 되고자 하는 모든 이방인들의 권리를 정당화시켜 주고 있다.160

하나님의 종말론적 구원 사건을 믿는 모든 인간은 그 믿음을 통해서 하나님의 새 창조 역사에 참여하는 자들이다. 믿음으로 하나님의 구원 역사에 참여하는 인간은 과거와의 단절을 체험하는 인간이요 율법으로부터의

---

160 Herman N. Ridderbos, *The Epistle of Paul to the Churches of Galatia*, 187.

자유를 체험하는 인간이다. 바울의 선포 속의 인간은 중립적으로 위치할 수 없는 자들이다. 그래서 율법의 지배 아래 있든지 하나님의 지배 아래 있을 수밖에 없다.

바울은 그리스도 사건 이전의 사람들을 죄와 죽음과 율법의 지배하에 있던 존재로 보았다. 그러나 이제 하나님의 선택 속에 이루어진 십자가의 구원 사건에 믿음으로 참여하는 이방인을 포함한 모든 사람들은 모든 속박으로부터 자유함을 체험하는 존재이다. 이제 이방인을 포함한 모든 그리스도인은 더 이상 종이 아니요, 하나님을 아바 아버지라고 부르는 하나님 아들이 되었다는 진술 속에서(갈 4:6-7) 바울의 실현된 종말사상이 비쳐지고 있다.

3. 바울 서신들과 연결하여 읽기

'하나님 자신을 계시하시는 하나님의 의' 라는 표제 아래 바울은 자신의 설교와 신학과 생애를 포함하는 성경으로 말미암아 거듭 침체와 부패로 기울어져 가는 기독교 역사에 빛을 던져주고 교회에 개혁과 갱신의 힘을 공급해주고 있다. 이러한 바울의 복음은 로마서 1장 16-17절을 중심으로 해서 바울 서신 전체에 전개되어 있다.

특별히 바울이 제시하고 있는 하나님의 의에 대한 개념에는 두 가지가 나타나고 있다. 한 가지는 구원의 선물로 주어진 '의' 이다. 구원은 생명을 받는 데 필요한 조건이다. 의와 구원 사이의 연관성이 확고하고 필연적이기 때문에 '의' 자체에 구원 선물의 성격이 들어 있다(롬 10:10). 그 다음으로는 법적, 종말론적 개념으로서의 '의' 이다. 법적 개념이란 개인이 가진 의는 스스로 가진 것이 아니라 의를 선언하는 다른 사람의 판결에 의해서 가지는 '의' 를 말한다.

반면에 유대교 내에서 의의 법적 개념은 종말론적인 것이 되었다. 종말

심판 때에 신의 선고가 정당하다, 의롭다는 판결이 내려지기를 고대하였던 것이다. 유대교는 신의 판결 기준인 율법을 실천함으로써 의를 얻으려고 하였다.161 이것을 가리켜 율법에서 난 '의' 라고 표시한다.

구약에 나타난 하나님의 의의 개념은 강력한 법적 및 언약적 요소를 지니고 있다. 하나님은 창조자요 역사의 주관자로서 세상의 심판자이며 특히 언약의 백성 이스라엘에 대해서는 '언약의 율법' 을 이행하기를 요구하시는 심판자요 구원자로서의 하나님이다.

문서화된 언약의 법은 준수되어져야 할 법적인 성격을 띠게 되고 법적 의무를 진 인간은 심판자 하나님의 법정 앞에서 그 이행 여부에 따라서 의인으로 혹은 죄인으로 법정 판결을 선고받아야 될 존재로 등장한다. 따라서 하나님과의 언약 관계 안에 있는 모든 인간의 죄는 법정적인 성격을 띠게 되고 하나님의 의는 심판 아래 떨어진 죄인을 속죄를 통하여 의롭다고 칭하시는 하나님의 '구원의 의' 로 나타난다.162

이런 점에서 구약에서의 하나님의 법은 의롭다. 왜냐하면 하나님께서 의롭기 때문이다. 그러므로 하나님의 법은 바뀌어지거나 도전받을 수 없고 삶의 질서로 인간에게 생명과 안전을 주는 원동력이 된다(롬 1:16).163 또한 하나님은 그의 의를 추구하는 자들을 의롭다고 인정하신다. 그러므로 의로운 자들은 하나님의 명령을 성실히 따르는 자들이다.

바울이 사용한 개념을 제외한 신약의 다른 부분에서 나타나는 하나님의 의에 대한 의미는 세 가지로 볼 수 있다.

① 먼저 의로운 심판과 통치로서의 하나님의 의이다. 이 의미는 때로 그리스도께서 재림과 관련된 하나님의 의로운 심판을 지칭할 수 있다. ② 그리고 예수의 선포 속에 도래한 하나님의 왕적 통치는 곧 하나님의 의의 통

161　Chrales B. Cousar, 『갈라디아서』 113.

162　성종현, 『신약총론』 (서울: 장신대출판부, 1992), 645.

163　S. Andrew Cooper, *Marius Victorinus' Commentary on Galatians*, 253.

치로 나타난다. ③ 나아가 예수와 함께 가까이 다가오신 하나님은 모든 세상적, 인간적 의를 물리치고 자신의 종말론적 구원의 의를 지상에서 구현하시는 하나님이다. 이런 점에서 예수 운동은 종말론적 윤리를 보편적이며 원숙한 사랑의 윤리로 전개되기도 한다.[164]

구원의 의지와 힘으로 다가오는 이 하나님의 의는 죄인들과의 만남 속에서 일차적으로 '용서의 의'로 나타난다. 죄인과 세리들에게 용서와 구원이 선포되고, 수많은 병자들이 예수와의 만남을 통해서 치유를 체험하며, 가난한 자들에게 하나님 나라의 복음이 전파된다.[165]

반면에 바울에게 하나님의 의는 크게 목적격 속격과 주격적 속격으로 해석할 수 있다. 목적격 속격으로 이해될 때 하나님의 의는 하나님 앞에서의 의, 즉 하나님의 눈에 비추어진 인간의 의를 의미한다. 여기서 강조하는 것은 하나님의 의는 하나님께서 인간에게 요구하시고 인정해 주시는 의이다.

주격적 속격으로서 하나님의 의는 의를 하나의 자산으로 보고, 하나님께서 그것을 소유하고 그것을 행사하신다는 것을 의미한다. 즉 하나님 자신의 구원하시는 능력이나 행위 또는 하나님의 의로우신 상태를 나타내는 것이다. 이러한 해석들은 통해서 볼 때 하나님의 의는 자신을 스스로 의롭게 하지 못하는 인간에 대한 하나님 구원행위이며, 의를 스스로 얻을 수 없는 인간에 대한 선물을 의미한다고 볼 수 있다.[166]

이러한 하나님의 의에 관한 바울의 특수성은 로마서 1장 17절에서 하나님의 의와 믿는 자의 의를 한 문장으로 말하되 이 둘을 둘로 보지 않고 하나로, 즉 하나님의 의로 보았다는 사실에서 분명히 알 수 있다. 또한 로마서 4장은 하나님의 의가 그리스도 안에서 믿는자들에게 결정적으로 수여

---

164 서용원, 『마가복음과 생존의 수사학』 (서울: 대한기독교서회, 2003), 264.
165 성종현, 『신약총론』 (서울: 장신대출판부, 1992), 647.
166 F. F. Bruce, 『바울』 352.

되었다는 주제를 확증하기 위해 바울이 제시하고 있는 성경적 증거이다. 그러므로 바울은 하나님의 의를 '믿음으로 말미암은 의' 라고 말할 수 있었다.

바울은 자신의 서신들 속에서 이 용례를 다른 단어와 연결시켜 사용하면서 독자적인 신학적 의미를 부여하고 있다. 이 과정에서 가장 무게 있는 결합은 '하나님의 의' 이다. 바울에게 있어서 '하나님의 의' 는 바울의 '케리그마의 단축형' 이며 그의 십자가 선포를 종합하는 핵심적인 개념이다.

예수는 '하나님 나라' 의 도래를 선포했지만 바울은 십자가에서 '하나님의 의' 가 계시되었음을 선포했다. 바울에게 있어서 하나님의 의는 바울 신학의 핵심개념으로 헬라적 정의개념으로 사용하는 것이 아니라 구약과 유대교적 맥락에서 약자를 돕는 하나님의 구원의 의의 의미로 사용된다.[167]

바울의 의는 율법으로부터 오는 '율법의 의' 가 아니라 예수 그리스도를 믿는 믿음으로부터 믿음을 통해서 오는 '믿음의 의' 이며 하나님의 자비에 의해 얻어지는 것으로 본다.[168] 하나님과 교제를 나누는 의로운 사람이 되려면 그 뿌리를 하나님의 심판에 관한 구약의 가르침, 인류의 죄악적 예속 상태, 유대교적 경건의 붕괴, 그리고 그리스도를 통한 하나님의 은혜로운 개입에 대한 의존에서 찾아야 한다고 본다. 이러한 관점에서 바울이 이해한 '하나님의 의' 를 다음과 같이 정리할 수 있다.

① '하나님의 의' 는 개인적으로 체험하는 것일 뿐만 아니라 전 인류가 그들을 대신하는 그리스도를 통해서 공동으로 체험하는 것이다.

② '하나님의 의' 는 구원행위가 일어나는 중심점은 그리스도의 십자가이다. 그러므로 그리스도께서 우리의 '의' 라고 불릴 수 있는 것이다.

③ 하나님은 의이신 동시에 의를 행동으로 실증하신다. 하나님은 의로

---

167 성종현, 『신약총론』, 643.
168 Herman N. Ridderbos, *The Epistle of Paul to the Churches of Galatia*, 106.

우시다. 그러나 그분의 의는 대속 행위라는 구체적 형태로 그의 공의를 보여주는 은혜의 표현이다.

④ '하나님의 의'는 칭의를 의미한다. 그러므로 '하나님의 의'는 법적 변증론적으로 신앙인들에게 들려진다. 하나님의 심판은 사면에 의해 이것을 성취한다.

⑤ 소망의 대상으로서 '하나님의 의'는 시간을 초월하여 현재의 구원으로 미래의 구원을 암시한다. 그것은 최후 심판의 절대적 기준이 십자가를 믿음으로 말미암는 의이므로 지금 여기서 칭의는 미래의 소망이며 희망이 되는 것이다.[169]

이런 점에서 바울의 이신칭의론은 그것이 발현된 구체적인 역사적 상황을 가지고 있는데, 그것은 바울이 유대인과 이방인의 관계문제를 이신칭의론이라는 올바른 사상적 관점을 근거로 해결했다는 것이다. 특히, 유대 그리스도인들에 의하여 자기 권리를 침해당하는 이방인 그리스도인들의 편에 하나님이 자리하고 있다는 사실이다.

이때 '하나님의 의'라는 용어는 단지 하나님의 속성만을 나타내는 추상명사가 아니다. 그것은 역사 내적이며 현실 변혁적인 행위명사이며 동작명사이기도 하다. 의는 대상을 분명히 가지고 있다. 그 대상은 세계이다. 하나님의 의는 의롭지 못한 세상을 향해 하나님께서 의롭게 하는 사건이며, 심판의 사건이다.

바울은 의롭게 됨의 근거를 '하나님의 의'에서 찾는데 여기서 '의'라는 명사는 하나님의 속성이나 존재의 신비를 나타내는 정적인 의미가 아니라, 하나님의 활동을 나타내는 동적인 의미를 가진다. 바울은 하나님의 의를 '법정적'인 의미로 사용한다. 구약성서를 통해 나타나는 하나님의 의는 왜곡된 인간관계를 정상적인 인간관계로 회복시킨다.

---

169 G. KIttel, 『신약성서신학사전』 (서울: 요단출판사, 1994), 1932.

이른바 바울의 이신칭의론, 즉 믿음으로 의롭다함을 인정받는다는 교리는 바울 신학의 중심일 뿐만 아니라 기독교 복음의 핵심이라 할 수 있다. 특히 종교개혁의 전통 위에 서 있는 개신교회들은 이신칭의론을 교회의 존망이 걸려있는 '신앙조항'으로 여기고 있다. 이러한 바울의 이신칭의론은 안디옥 사건과 밀접히 연관되어 있다. 바울이 그의 최초의 이신칭의론을 안디옥 사건과 연결시켰다는 것은 이신칭의론의 삶의 자리를 밝혀내는 데 상당히 중요하다.

갈라디아서 2장 11-14절에 기록된 안디옥 사건은 유대 그리스도인들이 그들의 식탁 예식과 정결법을 주장함으로써 유대인과 이방인의 평등한 권리를 상징하는 밥상공동체가 파괴되는 장면을 묘사한다. 이에 대해 바울은 즉각 침해당한 이방 그리스도인들의 권리를 수호하기 위해서 갈라디아서 2장 15-21절을 통해 이신칭의론을 전개한다.[170]

'오직 그리스도를 믿는 믿음으로만 의롭게 된다는 것'이 의미하는 바는 이방인이 율법을 지키지 않는다는 이유로 유대인에게 차별과 멸시를 당해서는 안 된다는 것이다. 유대인들은 율법이라는 무기로 이방인들을 차별하고 억압하였다. 바울은 이런 차별기능을 정확히 인식하고, 그로 인해 차별당하는 이방인 그리스도인들의 자리를 수호하기 위하여 율법의 의가 아닌 믿음의 의를 선언하였던 것이다.

바울의 이신칭의론은 더 이상 유대인들이 율법이라는 특권을 가지고 이방인들을 차별하고 멸시할 수 없음을 보여주고 있다.[171] 이런 맥락에서 바울의 이신칭의론은 강자에 대한 약자의 보호법이며 지배자에 대한 피지배자의 권리를 보호하는 하나의 인권선언문이다. 또한 바울의 이신칭의론은 모든 불평등과 불의, 착취, 수탈로 점철되는 왜곡된 인간관계에서 생기는 모순된 구조를 해결하려는 인권에 대한 구체적이며 치열한 하나님의 해방

---

170 Herman N. Ridderbos, *The Epistle of Paul to the Churches of Galatia*, 98.
171 Jhon R. W. Stott, 『갈라디아서 강해』 75.

사건이다.

바울은 예수께서 인간을 대신하여 죽으심으로 하나님과 인간들 사이에 있어야 할 마땅한 관계, 특히 하나님편에서의 사랑과 용서와 화목과 구원의 은총을 주시는 의가 있다는 것을 발견했다. 의인의 성격은 법정적, 종말론적, 그리스도론적 성격으로 살펴볼 수가 있다. 법정적 성격에서 의인이란 하나님이 신앙의 사람에 대해서 종말론적인 무죄판결을 최후심판에 앞서 현대적으로 선고하는 것을 의미하는 것이다. 종말론적 성격은 불확실한 의가 아닌 이미 성취되고 믿음으로 확신할 수 있는 '의인' 곧 미래의 종말론적인 구원을 그 자체 내에 내포하고 있는 현재적 종말론적 성격의 의인을 말하고 있는 것이다.

유대교가 의인을 종말론적이며 법정적인 개념으로 이해하는 데 있어 바울이 의견을 같이 하는 반면에, 바울의 그리스도론적 성격에서는 유대교와 근본적인 차이점이 나타난다. 그것은 바울이 말한 대로 하나님 앞에서는 율법을 듣는 자가 의인이 아니요 오직 율법을 행하는 자라야 의롭다 하심을 받는다고 한 것에서 알 수 있다.

바울에게 있어서 그리스도의 죽음은 그것이 모든 신자들의 구원에 있어 근거가 되는 위대한 사실이었다. 바울은 그리스도의 죽음이 의인의 근거가 됨을 상세히 설명하고 있다. 그러므로 바울은 "이제 우리가 그 피를 인하여 의롭다 하심을 얻었다"고 분명히 선언한다. 이렇게 볼 때 하나님께서 우리를 용납하시는 근거는 우리의 신앙적 행위가 아니다. 그것은 그리스도께서 우리를 위하여 객관적으로 성취한 사건이다.

바울은 율법을 '의의 율법'이라고 불렀다. 그런 까닭은 율법이 의를 요구하기 때문이다. 그런데 율법의 의는 현실적으로는 존재하지 못했다. 바울은 이스라엘 전 역사와 유대교에 있을 때의 자기의 경험을 통하여, 율법은 의를 가져오지 못하는 것이므로 의인의 방법이 될 수 없다는 사실을 알게 되었다.

그리하여 바울은 "이제는 율법 외에 하나님의 한 의가 나타났"(롬 3:21)다고 선언하게 되었다. 그리고 이 하나님의 의란 믿음으로 말미암은 의를 말하는 것이다. 의인의 유일한 수단은 바로 믿음이다. 믿음은 복음에서 선포되는 하나님의 구원 행위를 순종적인 신뢰와 신뢰적인 순종으로 받아들이는 것이다.172 그러므로 의인의 근거는 그리스도께서 그의 죽음을 통해서 이룬 객관적인 사역이다. 그리고 믿음은 그리스도의 사역을 개인적으로 적용하는 수단이 되는 것이다.

복음에는 하나님의 의가 나타났다는 말은 복음에는 하나님의 의가 계시되었다는 의미이다. 이 말에서 '의'는 구약에서 말하는 '의'와 그 뜻이 다소 다르다. 구약에서 하나님의 의란 하나님의 의로운 행동을 말한다. 예를 들어 적군을 친히 진멸하시고 심판을 내려 이스라엘을 구원해 주시는 행동을 말한다. 특히 시편과 이사야 40-66장에 나오는 대구법에서는 종종 그분의 의와 그분의 구원이 결합되어 나온다. 그러나 복음에 나타난 하나님의 의를 로마서에서는 그리스도의 십자가에서 나타났다고 증거한다. 하나님이 "이 예수를 화목 제물로 세우셨을 때" 나타났다는 것이다. 이 하나님의 행위에는 자기의 의로우심을 나타내기 위해, 그리고 자신이 스스로 의로우신 것처럼 예수 믿는 자들을 의롭다 하려 하시기 위해, 십자가에 아들을 주셨다는 것이다.173

또 복음에 나타난 하나님의 의를 말할 때 이것은 하나님이 성취하신 것으로 객관적인 성질을 가지고 있다. 이것은 하나님께서 그 출처가 되는 의를 말한다. 그러므로 우리가 하나님 앞에 설 때에 하나님께서 요구하시는 것이며 우리는 주장할 수 있는 것이 아니다. 왜냐하면 이것은 예수 십자가에서 이루시고 복음을 통해서 드러내시며 예수 그리스도를 믿는자들에게 거저 주시는 의로운 상태이기 때문이다.

---

172 Herman N. Ridderbos, *The Epistle of Paul to the Churches of Galatia*, 47.
173 조갑진, 『로마서이야기』 (인천: 도서출판 바울, 2004), 54.

이러므로 하나님의 의는 그분의 신적 속성이고 그분으로부터 나오며 그분의 구체적인 구원의 행위인 예수의 십자가에서 성취하고 드러내셨으므로 그 의가 주어진다는 것은 한마디로 "그 은혜를 인하여 믿음으로 말미암아 구원을 얻었나니"(엡 2:8)라는 공식이 성립되는 것과 같다.174

구원이란 깨어진 관계의 회복이라고 정의할 수 있다. 이 회복을 위해 하나님은 독생자 아들을 이땅에 보내셨다. 그 독생자는 동정녀의 몸에 성령으로 잉태되었고 마침내는 십자가에서 속죄의 양으로 피흘려 죽어야 하는 아들이다. 예수 그리스도가 바로 그 아들이다.

구약 성경은 선지자들을 통해 그 아들이 오실 것을 미리 약속하고 예시한 책이다. 신약은 바로 그 예수가 이땅에 오셨다는 사실을 기록하고 있다. 신약은 이미 약속되었듯이 하나님의 아들이 이땅에 오셔서 십자가에 죽으심으로 인류에 대한 구원을 성취하셨다는 기록이며, 부활하셨다가 승천하셔서 하나님 보좌 우편에 앉아 계시다가 다시 오신다는 약속이다.

하나님께서 이 예수를 통해서 행하시는 이 모든 구원의 행위를 가리켜서 '하나님의 의' 라고 한다. 바로 예수를 통해서 드디어 하나님의 의가 역사 속에 계시된 것이다. 복음에는 하나님의 의가 나타났다는 바울의 진술은 그러한 배경을 갖고 있다.175

이 구원의 은총은 그 어떤 제약이나 조건도 없이 주어진다. 단 하나의 조건이 있다면 전하는 자가 있어야 한다는 전제 아래 오직 복음을 믿는 자에게 구원이 허락된다는 것이다. 그러기에 믿음의 중대성이 부각된다. 오직 믿음으로만 구원을 받는다고 하니 복음을 듣게 된 사람들은 믿음에 대해 지대한 관심을 가질 수밖에 없다. 이때 믿음이란 하나님의 언약에 대한 반응이라고 할 수 있다.

하나님이 주신 언약을 감사하고 인정하는 것, 언제나 그 상태를 현재진

---

174 Herman N. Ridderbos, *The Epistle of Paul to the Churches of Galatia*, 128.
175 조갑진, 『로마서이야기』 56.

행형으로 유지하는 것이 믿음이다. 하나님의 언약은 특별히 십자가의 예수를 통해서 세상에 계시된다. 그러므로 그 복음을 믿는 것은 인간의 마땅한 응답이다. 그러기에 신자들은 하나님의 언약인 기록된 복음의 말씀에 주목해야 한다. 믿음이 있는 성도들이란 언약의 말씀을 주목하고 사랑하며 묵상하고 적용하는 성도들일 것이다.

바울이 말하는 "믿음으로 믿음에 이르게 하나니 오직 의인은 믿음으로 말미암아 살리라"는 진술의 의미는 하나님으로부터 시작된 믿음에서 사람의 믿음으로든, 철저한 믿음에서 믿음으로든 결국 그리스도인의 삶은 믿음에서 믿음으로 가는 여행이라는 뜻으로 이해해야 한다.

그리고 또 이 말은 믿음으로 죄 씻음을 받아 하나님 앞에서 의롭다고 인정받은 사람만이 참으로 하나님 앞에서 생명을 누리며 살게 됨을 의미한다. 그것은 오직 믿음으로 인간이 죄 씻음을 받고 구원 얻는 것을 말한다.[176] 그렇게 되어야만 의인의 길에 들어설 수 있는 것이다.

그런 면에서 바울이 자랑하는 복음은 마음의 가장 깊은 곳에 간직해야 할 가장 귀중한 보화이다. 그리고 그 보화인 그리스도를 인격적으로 받아들이는 유일한 수단은 믿음이기 때문에 믿음은 신앙생활에서 금보다 귀한 참 보배가 되는 것이다. 믿음이라는 수단을 통해 인간은 마음의 문을 열고 예수를 나의 주 나의 하나님으로 모시게 된다. 이런 사람들은 예수의 피로 죄 씻김 받고, 생의 발걸음을 예수와 동행하는 사람들이다.

로마서 1장 16-17절의 바울의 고백 아래 변화되었던 루터는 "복음에는 하나님의 의가 나타나서"라고 한 진술의 의미를 놓고 고뇌를 시작한다. 그리고 그는 하나님의 의는 은혜와 순전한 자비로 말미암아 믿음으로 우리를 의롭게 해주시는 그 의라는 진리를 파악하고, 그러자 곧 그는 중생했으며 낙원에 이르는 열린 문을 통과했음을 느꼈다고 말했다. 이것이 루터에

---

176 윤덕수, 『의인은 믿음으로』 (서울: 기독교문사 2004), 39.

게는 하늘나라로 이르게 하는 통로가 되었다고 말한다.177

바울이 말하는 의인이란, 한마디로 말해서 예수 그리스도의 십자가를 통해 복음을 믿는 사람들을 말하는 것이다. 구원은 하나님께서 값없이 주시는 선물이다. 이 선물에 감사하며 인정하는 것이 바로 믿음이다. 바로 이런 믿음을 갖고 사는 사람이라야 진정한 의인이다. 성경의 선언은 분명하다. "오직 의인은 믿음으로 말미암아 살리라"(롬 1:17).

B. 본문의 배경

1. 역사적 배경

갈라디아서는 바울의 회심 경험과 직접적인 관련을 가지고 있다. 주의 복음이 사마리아에 전하여짐으로써 복음의 역사는 새로운 시대를 맞이하여 점차 널리 확장되기에 이르렀다(행 7장). 그런데 이러한 복음의 역사는 예루살렘 교회가 오순절 성령 강림 사건 이후 그 시대를 바라보며 자기의 역할을 알고 전심으로 온 교회가 함께 살아 갈 때 이루어진 것이었다. 그 결과 세상의 역사가 바뀌게 되는 거대한 변화를 가져오게 되었다. 그리고 교회가 비록 사탄의 책동으로 말미암아 세속의 박해를 받는다 할지라도 오히려 하나님의 권능에 의해 더욱 빛으로 드러나며 인류의 구원을 위해 쓰임받는 모습으로 나타남을 볼 수 있다.

예루살렘 교회에 박해가 임하여 사도들이 잠시 활동을 중단하고 하나님의 섭리가 어떻게 나타날 것인가를 기다리고 있을 때 곳곳에 흩어진 성도들에 의해 복음이 널리 전파되어짐을 보고 자신들의 사명을 다시 확인할 수 있었다. 특히 빌립의 사마리아 전도는 하나님의 나라가 이방에도 임하

---

177 조갑진, 『로마서이야기』 60.

였음을 확증하는 중대한 사건이 되었다.

이에 힘입어 사도들은 사마리아 성을 떠나 예루살렘으로 돌아가는 도중에 발 닿는 여러 곳에서 복음을 전파함으로써 사마리아 지방 곳곳에 복음이 전파되기에 이르렀다. 이렇게 함으로써 예루살렘 교회뿐 아니라 사마리아 교회 역시 그 시대적 사명을 가지고 복음 전도의 사역을 감당할 수 있게 되었다.

한편 이처럼 복음이 능력 있게 곳곳에 전파되고 있을 때 예루살렘에 있던 바울은 다메섹에까지 가서 성도들을 잡아오기 위하여 대제사장의 공문을 청하여 박해를 가하기 위해 길을 떠나고 있었다. 바울은 유대교 종교 지도층으로부터 '그리스도인의 문제'를 해결할 수 있도록 권한을 위임받고 있었다.[178] 그리고 바울의 이러한 열심은 충분히 사도시대 교회를 압도할 만하였다. 그동안 교회에 임했던 박해가 잠시 잠잠한 것처럼 보였는데 또다시 사도시대 교회에 엄청난 재난이 다가오고 있었다.

바울이 그리스도의 교회 성도들을 핍박한 것은 순전히 자기가 가지고 있던 유대주의 종교적 열정에 따른 것이었다. 특히 바울은 스데반의 죽음을 보고도 당연한 일로 여길 정도였는데 그것은 오랫동안 가말리엘 문하에서 오염된 교육을 받아온 영향 때문이었다. 스데반이 성경의 진수를 말함으로써 구원의 도리를 전하였지만 이미 오도된 율법에 젖어 있었던 바울은 진리를 거역하고 오히려 자기가 소유하고 있는 잘못된 지식에 따라 스데반의 죽음을 당연한 것으로 여겼다.[179]

바울의 잘못된 사상 때문에 사도시대 교회는 심각한 위기에 봉착하게 되었다. 바울은 그리스도의 도를 따르는 제자들에게 살기가 등등하여 남자나 여자를 무론하고 잡아 옥에 가두려고 하였다. 그처럼 살기 등등한 바

---

178 Robert L. Reymond, 『바울의 생애와 신학』 원광연 역(고양, 크리스챤다이제스트, 2003), 78.
179 F. F. Bruce, 『바울』 84.

울을 회심시키기 위해 성령님은 아무도 생각지 못한 특별한 방편을 준비하고 계셨다.

성령께서 바울을 부르신 사건은 바울이 다메섹을 향하여 가던 도중에 발생했다. 다메섹에 가까이 갔을 때 바울은 자신의 일생을 뒤바꾼 경험을 하게 되었다(행 9:4-6). 이 사건을 어떤 정신적인 현상이나 아니면 하나님의 부르심의 일반적인 현상으로 보아서는 안 된다. 이미 앞선 누가의 기록을 통해서 여러 차례 살펴보았듯이 이러한 특별한 사건은 주님께서 특이한 이적으로 친히 자신을 계시하신 것으로 보아야 한다.[180]

또한 이미 주님은 다메섹에 있는 아나니아라는 제자를 알고 계셨고 사흘 동안을 보지 못하고 음식을 먹지 못하는 바울에게 보내시기로 하신 것을 보아서도 다메섹 도상에서의 바울에게 자신을 내보이신 것은 어디까지나 바울을 부르시기 위한 특별한 방법이었다.

특히 아나니아의 안수 후에 바울에게 성령이 충만하게 임한 것은 성령의 세례에 대한 우리의 인식을 새롭게 하는 데 매우 중요한 현상이다. 이미 오순절 성령 강림 사건과 사마리아에서의 성령 세례 사건(행 8:17)은 독특한 성령의 권능이 임재하는 것으로 보여졌다. 그렇다면 누가는 예수를 믿고 구원에 이르는 신앙으로써 일반적인 세례가 아닌 독특한 의미와 역할로 성령 사역을 구분하기 위해 성령의 세례 또는 성령의 충만을 이야기하고 있음이 분명하다.

따라서 바울이 세례를 받은 것은 그리스도의 이름으로 세례를 받되 그가 하나님의 백성이 되었다는 증표로서 세례를 받은 것이며 그에게 임한 성령의 충만은 장차 그리스도의 이름을 위하여 이방인과 임금들과 이스라엘 자손들 앞에서 복음을 전할 그리스도의 택한 그릇(행 9:15)이기 때문에 그에게 임한 특별한 성령의 사역이었다. 그리고 이러한 성령의 세례를 통

---

180 Robert L. Reymond, 『바울의 생애와 신학』 91.

하여 예루살렘에 있는 사도들과 동일한 성령의 권능을 입은 그리스도의 사도로서 인정함을 받게 되는 증표가 되었다.[181]

바울이 받은 성령의 충만은 중생자가 되기 위한 것이 아니었다. 이미 바울은 그리스도를 만남으로써 그의 백성으로 중생되었다. 특히 아나니아는 환상을 통해 자기에게 누군가를 위하여 기도할 사람이 있다는 것을 알고 있었고 자신의 안수를 통해 그가 성령의 충만을 받게 될 것을 알고 있음을 볼 때(행 9:11) 바울이 아직 세례를 받지 않았어도 이미 성령의 인도를 받아 중생한 신자가 되었음이 확실하다.

그런데도 바울이 성령의 충만을 입은 것은 어디까지나 그가 그 시대에 쓰임 받고 그리스도의 나라를 위해 권능을 행사해야 하겠기에 하나님께서 주신 특별한 은혜였다. 이렇게 함으로써 바울은 그리스도의 사도로 불리움을 받았다.[182]

따라서 오늘날 우리들이 그리스도를 알았다고 해서 바울처럼 그 즉시 성령의 충만을 받는 것은 아니다. 그러한 은사를 받으려면 오래 전부터 하나님의 나라를 위해 쓰임 받을 준비가 충분히 되어 있어야 하며 하나님께서 그 시대에 그를 필히 사용하실 만한 이유가 있어야 한다. 그러한 일꾼에게 성령의 충만을 주신다.

그러한 의식도 없는데 아무나 예수를 믿기 때문에 성령의 충만을 주시는 것은 아니다. 그가 하나님의 나라를 위해 꼭 필요하고 그 역시 그러한 역사적인 인식을 갖고 있을 때 하나님께 성령의 충만을 구함으로써 자신의 능력이 아닌 하나님의 능력으로 하나님의 나라를 세워 나가게 되는 것

181　교회는 '사도들과 선지자들의 터' 위에 세워졌다(엡 2:20)는 점에서 사도는 교회의 창설 직원으로 독특한 위치에 있다. 특히 바울은 이방인들에게 복음을 증거하고 교회를 세우기 위해 선택되었다는 점(행 9:15-16)은 그가 사도로 부름받았음을 충분히 보여주고 있다. 동시에 바울이 다메섹 도상에서 부활하신 예수 그리스도를 만났다는 사실은 사도의 선택 기준이 되었던 "예수의 부활하심을 증거할 사람"(행 1:22)으로서 자격을 충족시킨다. Ralph P. Martin, 『신약의 초석』 II 156-157.

182　F. F. Bruce, 『사도행전』 (상) 244.

이다.

이처럼 성령님의 특별한 은혜로 회심한 바울은 다메섹에서 그리스도의 제자들과 교제하면서 즉시 각 회당에 나가 "예수의 하나님의 아들이심"(행 9:20)을 전파하기 시작했다. 그러자 전에 바울이 그리스도의 도를 핍박하던 것을 알고 있던 사람들은 놀라지 않을 수 없었다. 그럴수록 바울은 더 힘을 얻어 "예수를 그리스도라 증명"(행 9:22)하여 다메섹에 있는 유대인들을 굴복시켰다. 이런 점을 볼 때 바울은 복음의 본질에 대하여 바로 알고 있었음을 알 수 있다.

예수가 하나님의 아들이라는 사실을 전파할 정도라면 바울은 예수가 누구이며 하나님은 어떤 분이신가를 알고 있었다. 나아가 예수를 그리스도라고 증명할 정도라면 분명히 구약과 예수 그리스도와의 일치점을 확인하고 있어야 한다. 이것은 바울이 그동안 가지고 있었던 유대적 율법관에 엄청난 변화가 일어났음을 말해 주고 있다. 전에는 유대적 사고 방식 때문에 스데반의 죽음도 당연한 것으로 여기고 예루살렘 교회를 박해하였는데 이제 새롭게 그의 의식이 변화됨으로써 오히려 예수를 그리스도라고 증명한다는 것은 참으로 획기적인 변화가 아닐 수 없다.

여기에서 누가가 바울의 복음 전도를 통하여 복음의 본질에 대해 새롭게 조명하고 있다는 점을 주의하여 생각해 보아야 한다. 처음에 누가는 베드로의 입을 통해 주로 십자가에서 죽으신 예수가 부활하심으로써 하나님의 아들이시며 그리스도가 되셨음을 변증했다(행 2:23-24). 즉 부활하신 그리스도에게 초점을 맞추고 있다. 그후 오직 예수 그리스도만이 하나님께서 세우신 구주이시며 유일한 왕이심을 변증하였다(행 5:31).

이러한 관점은 스데반 집사의 설교에서 극치를 이루다가(행 7장) 박해 후 빌립에 의해 사마리아에 복음이 전파될 때는 하나님 나라의 사상으로 새롭게 진전되어 나타난다(행 8:12). 이 과정을 거쳐 누가는 바울의 주장을 통해 예수의 하나님 아들이심과 그리스도이심을 복음의 본질로 다시 소개하고 있다(행 9:20-22).

이러한 복음에 대한 누가의 관점은 그 대상에 따라 새롭게 조명하고 있다. 그동안 복음의 본질이 바뀌어서가 아니었다. 단지 유대인들을 대상으로 할 때는 예수의 하나님 아들이심과 그리스도이심에 대하여 강조를 하고 있는 반면에 사마리아 사람들에게는 하나님의 나라에 그 초점을 맞추어 복음을 소개하고 있다.

그렇지만 예수의 '하나님 아들이심과 그리스도이심' 이나 '하나님 나라 사상' 은 모두 복음의 중요한 핵심이기 때문에 사실은 동일하다. 이렇게 다양한 방법으로 누가는 바울이 전한 복음의 내용과 사도들이 전한 복음의 내용이 동질의 것임을 보여줌으로써 바울의 사도성을 은연중에 증명하고 있다.

바울의 회심 사건을 통하여 성령께서 어떻게 그의 백성을 삼으시며 나아가 일꾼으로 세우시는가를 볼 수 있다. 또한 그처럼 교회의 위급한 상황 앞에서 성령께서 어떻게 그의 교회를 보호하시며 그의 백성들을 인도하시는가의 구체적인 모습을 볼 수 있다. 특히 누가는 바울이 기적적인 방법으로 회심한 사건을 자세하게 소개함으로써 성령께서 그의 나라를 세워나가실 때는 사람들이 전혀 상상하지 못한 방법으로 이루어 나가고 계심을 증거하고 있음을 알 수 있다.

그처럼 교회를 핍박하던 바울을 회심시켜 하나님의 나라를 위한 일꾼으로 삼으실 것은 아무도 상상조차 할 수 없었다. 그렇다면 앞으로도 하나님의 나라는 성령께서 그러한 놀라운 방법으로 세워나가실 것이다. 사람의 지혜로 하지 아니하고 성령께서는 독특한 통치의 방법으로 그의 나라를 세워 나가기 때문이다.

다메섹에서 유대인의 위협을 피해 예루살렘으로 돌아온 바울은 먼저 그리스도의 제자들과 교제를 나누기를 시도하였다. 그러나 예루살렘 교회는 바울에 대한 두려움이 아직 가시지 않은 때여서 감히 바울과 교제하는 것을 두려워하였다. 그때 바나바라는 제자가 사도들에게 바울의 회심 사건과 다메섹에서의 일을 자세히 고함으로써 교회의 한 지체로 인정을 받게 되었다(행 9:26-27).

바나바에 의해 바울이 예루살렘 교회에 소개되자 바울은 교회의 한 일원이 되었고 즉시 "주 예수의 이름으로 담대히 말하고 헬라파 유대인들과 함께 말하며 변론"(행 9:28-29) 하면서 복음을 전파하였다. 그러자 헬라파 유대인들(즉 이방 출생의 유대인들로서 율법을 배우기 위해 예루살렘에 와 있는 자들, 행 6:9 참고)은 오히려 바울을 죽이려고 하였다. 왜냐하면 얼마 전까지만 해도 자기들과 같은 사상을 가지고 스데반을 사형시켰고 그리스도의 도를 좇는 자들을 결박하며 박해하던 바울이 다메섹에서 돌아온 후 오히려 그리스도인들과 가깝게 지내며 나아가 자기들이 신봉하는 율법을 대항하여 그리스도의 도를 변론하기 때문이다.

바울이 헬라파 유대인들에게 복음을 전하는 것은 생명의 위협을 느낄 만큼 위험한 일이었다. 하지만 어두움에서 생명의 빛으로 인도함을 받은 심정으로서는 도무지 침묵할 수 없기에 그처럼 열심을 내었던 것이다. 그러함에도 불구하고 스데반의 변론에서도 고집을 버리지 아니했던 그들은 바울의 변론을 통해서도 자기들의 사상을 바꾸려 하지 않았다. 오히려 자기들의 체제가 무너질 것이라는 위협을 느끼고 바울을 죽이려고 힘을 다했다.183

이에 바울이 저들의 위협을 피해 다소로 피신하자 잠시 예루살렘은 평온의 시간을 찾기 시작했다. 그동안 그처럼 심하게 폭풍처럼 몰아치던 박해가 누그러지기 시작했다. 거대한 세력 앞에 연약하게만 보였던 교회는 성령의 보호하심과 인도하심으로 든든히 그 본연의 모습을 다시 세워나가기 시작했다. 이러한 모습을 누가는 "그리하여 온 유대와 갈릴리와 사마리

---

183 Ibid., 247.

아 교회가 평안하여 든든히 서 가고 주를 경외함과 성령의 위로로 진행하여 수가 더 많아지니라"(행 9:31)고 기록하고 있다.

예루살렘 교회가 성령의 인도를 따라 교회적 사명을 깨닫고 이방인에게도 복음이 전하여지고 있음을 확인하고 있을 때(행 11:18) 다른 한쪽에서는 스데반 집사로 인한 박해 사건으로 각처에 흩어져 살던 성도들에 의해 복음이 곳곳에서 확장되고 있었다. 그들은 유대의 바로 북쪽에 있는 베니게와 수리아에서 그리고 지중해에 있는 구브로 섬에서 그리고 애굽의 건너편인 구레네에 이르기까지 흩어져 살면서 각 처소에서 복음을 전파하고 있었다.

AD 35년경에 스데반의 박해 사건이 발생한 이후 십여 년 동안 그들이 각 처소에서 복음을 전하게 되었고 곳곳에서 그리스도의 복음을 따라 사는 사람들이 많아지기 시작했다. 그러나 그들은 주로 복음을 이방인보다는 동족인 유대인들에게 전하였기 때문에 당시 이방인들은 기독교를 유대교의 일종으로 여기고 있을 따름이었다.

그러던 중 가이사랴에서 이방인 고넬료에게 성령의 세례가 임함으로써 이방인들도 하나님을 경배하고 섬기면 하나님의 백성으로 인정된다는 사실이 확인되었고 이러한 역사적인 변환점에 들어설 즈음에 수리아의 안디옥에서는 역사 이래로 헬라인들에 의해 이방인들의 교회가 세워지게 되었다. 곧 구브로와 구레네 출신의 몇몇 사람들이 안디옥에 와서 헬라인들에게도 복음을 전함으로써 많은 이방인들이 복음을 듣고 예수 그리스도를 신앙하게 되었다.

이 소문이 예루살렘 교회에 전하여지자 예루살렘 교회는 즉시 헬라 출신의 바나바를 안디옥에 보내 성도들을 돌보도록 하였다(행 11:19-22). 이로써 예루살렘 교회는 이방인을 대상으로 하는 선교를 정식으로 인정하게 되었다.184 당시 안디옥은 수리아의 수도였을 뿐 아니라 인구 50만의 대도

---

184 William H. Willimon, 『사도행전』 165.

시로 로마의 3대 도시 중 하나였다. 따라서 안디옥은 근동 지역의 정치, 문화, 경제의 중심지였고 바로 곁에 실루기아라는 항구를 두고 있는 교통의 요지였다. 이러한 곳에 이방인 중심의 교회가 세워진 것은 분명히 어떤 시대적인 요청이 있어서 성령께서 세우신 것임을 알 수 있다.

안디옥에 파송받은 바나바는 이방인 성도들의 신앙이 복음에 입각한 것임을 먼저 확인하고 기쁨을 감출 수 없었다. 10여 년 전 예루살렘에서 흩어진 성도들에 의해 이방인들에게 전하여진 복음이 이처럼 온전히 보존되어 있다는 것은 참으로 하나님의 은혜가 아닐 수 없다. 이 사실을 직접 확인한 바나바는 그들에게 "굳은 마음으로 주께 붙어 있으라"고 권면하면서 복음에 입각한 신앙을 더욱 든든히 세워나갈 것을 격려했다(행 11:23).

바나바는 힘을 다해 그리스도의 복음에 따라 교회를 세우기 시작했다. 그의 성품에 대하여 "바나바는 착한 사람이요 성령과 믿음이 충만한 자"(행 11:24)라고 누가는 기록하고 있는데 이것을 보아 바나바는 온전히 성령의 인도를 받아 목회를 하고 있음을 볼 수 있다. 특히 중대한 역사적인 전환점을 가져 온 이방인 교회를 바나바가 목회할 수 있었던 것은 그가 다른 유대인보다 이 일에 적합하였기 때문이다.

안디옥 교회의 회원이 많아지자 바나바는 혼자서 목회를 감당할 수 없음을 파악하였다. 그리고 이 현상에서 하나님의 크신 뜻이 담겨 있음을 바라보게 되었다. 또한 지금까지 교회의 발자취를 살펴볼 때 이방인들에게 복음의 문이 열리고 있는 중요한 역사적인 변환기에 접어들고 있음을 보았기에 이 일에 좀더 적합한 인물이 필요하다는 사실을 직감할 수 있었다. 그래서 바나바는 당시 길리기아에 있는 바울을 찾아 안디옥으로 데려 왔다(행 11:25-26).

그동안 바울은 예루살렘의 헬라파 유대인들의 박해를 피하여 길리기아 지방에서 사역을 하고 있었다(행 9:30). 따라서 바나바가 이방인들에게 복음을 전하여야 할 교회적 사명을 성취하는 데 있어서 가장 적합한 인물로 바울을 선택한 것은 자연스러운 판단이었다. 그리고 둘은 합력하여 안디옥 교회를 든든히 세워나가기 시작했다(행 11:26).

이처럼 바나바와 바울이 안디옥 교회를 복음으로 성장시켜 나가자 이방 사회에서는 그동안 보지 못했던 새로운 사회가 형성되기 시작했다. 사람들은 그들의 무리를 "그리스도인들"(Χριστιανοι : 그리스도에게 속한 사람들)이라고 부르기 시작했다. 비로소 이방 사회에서 성도들의 모습이 그 사회와는 전혀 다른 삶의 모습으로 드러나기 시작했다. 이처럼 생명력 있는 교회는 그가 속해 있는 사회로부터 확연하게 구별되어 나타날 수밖에 없다. 왜냐하면 교회의 삶은 세상의 문화와는 다르기 때문이다.

안디옥 교회가 바나바와 바울의 가르침을 받아 당시 사회로부터 구분이 될 정도로 확연하게 그 모습을 드러내고 있을 때 예루살렘에서 온 몇몇의 선지자들이 함께 신앙 생활을 나누고 있었다. 이들 선지자들(προφεται)이란 구약의 선지자들과는 그 성격이 다른 직분을 가지고 있었다. 이들은 주께서 교회를 세우시기 위해 특별한 은사를 입은 중요한 직분자들인 '사도'와 '교사'와 같은 직분자들이다(고전 12:28).

이 선지자들은 성경에 대한 탁월한 해석자들이며 교회에 직접 필요한 것이 무엇인가를 깨닫는 특별한 지혜와 재능을 부여받아 교회에 적절한 말씀을 제시하는 사람들이었다.185 사도시대 교회 시대에는 교회를 세워 나가는 때이기 때문에 주께서는 이처럼 다양한 직분자들을 세워 교회를 돕도록 하셨다.

그 선지자들 중 한 사람인 아가보가 성령으로 말하여 교회 앞에 이르기를 "천하가 크게 흉년들리라"(행 11:28)고 하였다. 이 예언은 가까스로 사도시대 교회가 안정을 찾을 만할 때에 천하가 흉년이 들어 또다시 어려움에 봉착하게 될 것을 암시하고 있다.

---

185 J. Calvin, 『사도행전』I 439.

그러나 이처럼 달갑지 않은 내용을 성령께서 미리 선지자들을 통해 알려 주신 것은 특별한 이유가 있었다. 왜냐하면 이때의 흉년으로 인하여 안디옥 교회가 해야 할 일이 무엇인가를 알게 되었기 때문이다. 곧 하나님의 복음으로 부름받은 성도들로 구성된 교회는 어느 곳에 위치하고 있든지 한 지체로서 서로 합력해야 한다는 진리를 몸소 체험하게 되었다.

성령의 예언에 따라 글라우디오(Claudius, AD 41-54년의 로마 황제. 행 17:7; 18:2. 그 뒤를 이어 Nero가 54년에 황제가 되었다) 때에 오랜 가뭄이 계속 되었다(그 흉년의 기간은 43-44년으로 추정된다). 그 결과 유대에 있는 형제들이 심한 타격을 입게 되었다. 다행히 안디옥 교회는 큰 도시에 있어 다른 곳보다는 타격이 덜했다. 그러나 안디옥 교회는 자기들의 타격이 경미한 것으로 안심하지 않고 무언가 자기들이 할 일을 찾기 시작했다. 그리고 즉시 모든 성도들이 힘을 모아 유대에 있는 형제들을 위해 부조를 작정하고 연보를 모으기 시작했다(행 11:29-30).

특히 관심을 끄는 것은 안디옥 교회의 성도들이 유대에 있는 성도들을 '형제' 라고 인식하고 그들을 위해 부조를 모았다는 점이다. 한번도 얼굴을 대한 적이 없는 유대인들을 형제라고 여겼다는 것은 그들 생각에 이방인이라든지 유대인을 구별하지 않고 오로지 주의 복음 안에서 한 형제임을 확인하고 있음을 보여주고 있다. 여기에서 안디옥 교회를 성장시키신 성령님의 의도를 엿볼 수 있다.

첫째, 이방인들에 의해 세워진 교회라 할지라도 복음으로 세워진 교회라면 성령께서 친히 인도자가 되어 주신다는 점이다. 그러므로 교회를 운영하는 것은 성령이시며 사람이 아님을 확인할 수 있다.

둘째, 교회는 꼭 필요한 일꾼들에 의해 성령께서 든든히 세워 나가신다는 점이다. 성령께서는 처음에 바나바를 보내 복음을 가르치게 하셨고 후에는 좀더 이방인 선교를 위해 준비된 바울을 보내 안디옥 교회를 성장시키셨다. 이것은 성령께서 교회의 일꾼들을 준비시키고 세우심을 보여준다.

셋째, 성령께서는 교회를 인도하실 때 그 시대의 역사적 이정표를 세울 만한 사명과 역할을 깨닫게 하신다는 점이다. 적어도 안디옥 교회는 이방인 교회와 유대인 교회의 담을 허는 중요한 역사적 사명을 완수함으로써 모두 성령 안에서 한 교회의 지체임을 확인하게 되었다.

이렇게 함으로써 안디옥 교회는 장차 이방인 선교의 중심지가 될 만한 교회로 성장할 수 있었다.

이미 누가는 사도행전 11장에서 안디옥 교회에 대하여 자세히 소개한 바 있다. 특히 안디옥 교회는 예루살렘 교회를 위해 힘써 부조를 하여 돕게 됨으로써 교회가 그리스도 안에서 하나임을 확인하고 있었다(행 11:19-30). 예루살렘 교회나 안디옥 교회는 그리스도께서 세우신 한 교회이며 공동의 사명 의식을 확인하게 되었다.

또한 예루살렘 교회를 핍박하던 반신국 세력들이 무너지고 교회가 크게 발전함으로써 주의 말씀이 널리 전파되게 되었다는 상황을 볼 때 안디옥 교회는 이제부터 교회가 곳곳에 복음을 전하여야 한다는 역사의 새로운 분기점에 도달해 있음을 알게 되었다. 그리고 이방에 복음을 전하는 것이 안디옥 교회의 역사적인 사명이라는 사실을 확인하게 되었다.

이러한 여러 조건이 모두 갖추어졌기 때문에 그들은 함께 금식하며 이처럼 중대한 역사적 사명을 실행할 구체적인 방법을 기도함으로써 성령님의 인도를 받고자 하였다. 그럴 때 성령께서 그들에게 이르시기를 "내가 불러 시키는 일을 위하여 바나바와 바울을 따로 세우라"(행 13:2)고 하심으로써 바나바와 바울이 이방 선교에 가장 적합한 사도들임을 안디옥 교회에게 응답하셨다.

안디옥 교회는 더 이상 이 일에 주저함 없이 온 교회가 금식하며 기도하고 마침내 두 사람에게 안수하여 이방 선교를 위해 파송하게 되었다(행 13:3). 안디옥 교회가 바나바와 바울을 이방인 선교를 위해 파송했다는 것은 이제부터 하나님께서는 이방인들이 유대인들과 동일한 기업에 참여하기를 바라신다는 특별한 임무를 안디옥 교회에 주었음을 의미한다.186

AD 46년 중반기에 수리아의 안디옥 교회의 파송을 받아 이방인들에게 복음을 전하기 위해 떠난 바울과 바나바는 구브로 섬을 지나 밤빌리아의 버가를 거쳐 비시디아의 안디옥에 이르게 된다. 이곳 유대인 회당에서 바울은 구약의 역사를 통해 하나님께서 세우고자 하신 하나님의 나라가 약속된 예수 그리스도에 의해 성취되었고 이제 누구나 예수 그리스도를 신앙함으로써 하나님의 기업을 받을 수 있다고 선포한다.

그러나 유대인들은 지금까지 자기들이 지녀왔던 율법적인 관습에서 벗어나지 못하고 오히려 복음을 거역하였다. 반면에 하나님께서 미리 택하신 많은 이방인들은 이 복음의 선포를 듣고 깊이 환영하여 주께로 돌아오는 사람들이 심히 많았다. 그러자 유대인들은 사람들을 선동하여 바울의 일행을 핍박하기에 이르렀고 이 일을 계기로 바울과 바나바는 유대인을 떠나 이방인들에게 복음을 전하기 위해 갈라디아의 이고니온으로 발길을 옮기게 되었다.

이고니온에서도 바울과 바나바는 안디옥에서와 마찬가지로 유대인의 회당에 들어가 복음을 설파하자 허다한 유대인과 이방인들이 주님 앞으로 돌아서는 역사가 일어났다(행 14:1). 그러나 복음의 가르침을 순종치 않는 유대인들이 있어서 이방인들을 선동하여 사도들을 향하여 악감을 가지게 하였다.187

---

186 바울과 바나바를 이방인 선교를 위한 선교사로 파송함으로써 안디옥 교회는 새로운 시대를 열게 되었다. 지금까지 하나님의 나라에서 쫓겨나 있던 이방인들에게서 교회를 모으는 시기가 시작된 것이다. J. Calvin, 『사도행전』 I 463-464.

187 유대인들이 이방인들을 불같이 선동하지 않았다면 이방인들은 아무런 저항 없이 사도들이 전하는 복음을 듣고만 있었을 것이다. 유대인들은 자기들이 받지도 않을 복음을 이방인들조차 받지 못하도록 선동하였다. 선동한다(κακωσαι)란 말은 '악한 마음에 물들게 하다' 혹은 '다른 사람을 손상하도록 충동하다' 는 의미라고 칼빈은 해석했다. J. Calvin, 『사도행전』 II 20.

결국 복음을 이방인에게 전하여야겠다고 확신한 바울의 일행은 이곳에서 유대인들의 거센 반발을 통하여 하나님의 섭리를 재차 확인하게 된다. 그러나 오히려 "주를 힘입어"(επι κυριω, 주님께 근거하여) 두 사도는 담대히 복음을 전파할 뿐만 아니라 표적과 기사를 행함으로써 유대인들의 훼방에 대하여 강력하게 대처해 나갔다. 그러자 성내의 무리들은 두 패로 나뉘게 되고 사도들을 반대하는 무리들이 힘을 다해 능욕하고 돌로 치려 하자 사도들은 그곳을 떠나 루스드라로 가게 된다(행 14:2-7).

이방인들이 처음부터 바울의 가르침에 관심이 있었던 것은 아니다. 그러나 유대인들이 바울을 미워하여 어떻게든지 쫓아내려고 이방인들을 선동하자 그 내용을 자세히 알지도 못하면서 어둠에 따라 바울을 배척하고 말았다. 그러나 그러한 와중에서도 성령께서 택하신 백성들을 모두 부르시어 복음으로 세워나가심을 보게 된다(행 14:1). 이러한 성령님의 활동이 마침내 곳곳에 교회를 세우는 원동력이 되었다.

바울과 바나바가 비록 고난을 받았으나 오히려 그들의 수고를 통하여 복음이 더욱 확실하게 하나님의 백성들에게 능력으로 전하여짐을 서로가 확인할 수 있었던 것은 참으로 하나님의 크신 사랑의 배려가 아닐 수 없다. 이처럼 성령께서 그의 교회를 세워 나가시기에 바울 일행은 어느 곳에서든지 하나님의 큰 능력을 체험할 수 있었다.

이처럼 바울의 제1차 전도여행은 그 자신이 체험한 다메섹 사건을 통해 다메섹의 길 외에는 다른 길이 없다는 사실을 바탕으로 전개되었다(갈 1:13-17). 그리고 그 사실을 바탕으로 그리스도께서는 모든 사람을 자유케 하셨고 또한 모든 사람은 복음을 듣지 않으면 안 된다는 사실을 확인했다(행 13:38, 39). 바울은 이러한 확신 가운데서 그리스도는 구약의 성취자이며 메시아라는 사실을 전파했다.

이러한 역사적 배경 아래 바울은 갈라디아서를 작성하였다. 왜냐하면 바울이 갈라디아를 떠난 이후 예루살렘에서 왔다고 하는 일단의 무리들에 의해 바울이 전한 복음 외에 율법의 행위와 할례를 받아야 한다는 주장으로 말미암아 갈라디아 교회의 성도들이 더 이상 혼란에 빠지지 않아야 했기 때문이다.

2. 공간적 배경

갈라디아 지방은 고대 역사와 지리에 있어서 두 가지 뜻을 가지고 있다. 인종학적 의미로 볼 때 갈라디아는 소아시아 내부 고원지대의 북쪽에 있는 갈라디아 왕국을 뜻한다. 이 지역은 갑바도기아와 브루기아로 알려진 지역이었다. 갈라디아라는 이름은 켈트족(Celt) 중 하나인 고울(Gauls) 사람들이 이 지역을 점유했다는 사실에서 유래되었다.[188]

이 켈트족이 이곳에 들어오게 된 동기는 인도-유럽부족(Indo-European tribes)이 이동을 하는 중 전쟁에서 동맹관계를 맺자는 비두니아 왕 니코메데스(Nicomedes) I세의 초청을 받고 헬레스폰트(Hellespont)를 건너 소아시아 반도에 들어온 것이 그 동기가 되었다. 그때는 주전 278년경이었다.[189] 이 유목민 침략자들은 한동안 침략과 약탈을 일삼아 오다가 결국 상가리우스(Sangarius)로부터 할리스(Halys) 동쪽 연안을 따라 뻗어 있는 고지대의 넓은 지역에 정착하게 되었다.[190]

로마는 이 부족을 정복하기 위해 만리우스 불소(Manlius Vulso)를 보냈으며 주전 188년경에 정복했다. 로마는 외교술을 앞세워 갈라디아 사람들을 이용하여 강력한 버가모 왕국을 건설하게 되었다. 그리고 로마의 속주로서 갈라디아는 소아시아 중심부에서 넓은 지역을 차지하고 있었다.

주전 25년 갈라디아의 마지막 왕 아민타스(Amyntas)는 북 타우루스

---

188 Ernest De Witt Burton, *The Epistle to the Galatians*, xix.
189 Richard N. Longenecker, 『갈라디아서』 86.
190 Ernest De Witt Burton, *The Epistle to the Galatians*, xix.

(Taurus)로부터 온 침입자들과의 전쟁에서 패하고 몰락한 후 아우구스투스는 이 왕국을 제국 직속의 속주로 삼으면서 민족적으로 갈라디아에 속해본 적이 없었던 남부지역의 상당한 영토, 즉 브리기아, 비시디아, 이사우리카, 서 루가오니아를 갈라디아에 병합시켰다.[191] 이전 갈라디아 왕국의 주요한 성읍들은 로마 속주로 된 이후 갈라디아의 북부지역에 속하게 되었다. 갈라디아의 주요 도시는 페시누스, 타비움, 앙키라, 비시디아 안디옥 등이었다. 그밖에도 바울이 제1차 전도여행에서 많은 열매를 거둔 이고니움, 루스드라, 더베 등이 속해 있었다.

바울과 바나바가 버가에서 북쪽으로 160km 여행하여 도착한 곳이 이곳 남부 갈라디아 지역이었다. 당시 옛 브리기아 왕국은 로마의 속주인 아시아와 갈라디아로 분할되어 편입되어 있었다. 비시디아 안디옥은 갈라디아의 브리기아에 있었다.

비시디아 안디옥은 셀류키드 왕조의 근거지였다. 전략적 요충지였던 이곳은 주전 6년에 아우구스투스가 이 성읍을 콜로냐 가이사랴(Colonia Caesarea)로 이름을 바꾸어 붙이고 로마 식민시(Colonia)의 지위를 부여했다. 이곳에 로마의 정예부대가 주둔함으로써 이 성읍은 주변 지역에서 군사중심지가 되었으며 이 지역에 좀더 효율적으로 로마의 문화를 보급하기 위하여 비시디아 깊숙한 곳까지 도로를 새로 개설하기도 하였다.

로마의 식민시는 로마인이 아닌 주민들, 즉 토착민이 사는 지역에서 로마의 이익을 지키고 증진시키기 위해 정책적으로 로마 시민들을 이주시킨 로마 시민들의 정착촌이었다.[192] 로마의 식민시의 행정은 로마시를 본떠서 매년 선출된 두 명의 행정장관이 관장했다. 바울과 바나바가 방문했던 이고니온은 비시디아 안디옥으로부터 동남쪽으로 약 150km에 위치하고 있다. 이고니온은 브리기아의 최후 성읍으로 불렸으며 루가오니아 평원의

---

191 Richard N. Longenecker, 『갈라디아서』 87.
192 F. F. Bruce, 『바울』 181.

서쪽 끝에 자리하고 있었다.

바울과 바나바가 갔던 루가오니아의 첫 번째 성읍은 이고니온에서 남남서로 약 30km 지점에 있는 루스드라였다. 비시디아 안디옥과 마찬가지로 아우구스투스는 루스드라를 로마 식민시로 삼았다. 이 두 식민시는 이고니온을 통과하지 않는 군사 도로를 통하여 연결되어 있었으며 서로 친선의 관계를 유지하고 있었다. 이 성에는 성문을 마주하고 서 있었던 제우스 신전의 제우스 밀랍상이 있었다.

루스드라에서 숭배되었던 제우스는 신인동형론적으로 인식되었기 때문에 스토아 학파에 속한 시인들과 철학자들이 제시했던 유일신론과 접촉점을 가질 수 없었다. 제우스와 헤르메스를 모두 하늘과 땅을 창조했고 매년 때를 따라 비를 내려주며 결실을 맺게 하는 신으로 섬기고 있었다.193

루스드라를 떠난 바울과 바나바는 루스드라 남동쪽 약 100km 지점에 있는 더베에 도착했다. 더베라는 이름은 '로뎀나무'를 뜻하는 루가오니아어에서 유래했다고 한다. 더베는 로마의 속주인 갈라디아와 속국인 콤마게네(Commagene) 왕국 사이의 변경지대에 있었다.

갈라디아라는 말의 정확한 지역을 알기 위해서는 사도행전 13-14장에 나타난 상세한 기사를 통해 이해될 필요가 있다. 바울이 남부 갈라디아에 있는 도시들을 방문하고 거기에 성도들의 교회를 조직했다는 사실은 조금도 의심의 여지가 없다.

반면에 사도행전 16:6에 나타나는 증거로 말미암아 일부에서는 바울이 켈트족의 본 고장인 북부 갈라디아를 방문하여 그곳에서도 교회를 세웠다고 주장하는 이들이 있다. 하지만 사도행전 16:6의 기록에 나타난 브루기아와 갈라디아 땅은 이 지역이 두 지역이 아니라 한 지역이며 브루기아인의 갈라디아 지역으로 해석해야 한다. 왜냐하면 로마는 행정상 지역들

---

193 F. F. Bruce, 『바울』 188.

(regions)로 구분이 되어 있었으며 한때 갈라디아 왕국의 영토였던 이 지역의 일부가 아시아로 병합되었기 때문이다.[194] 따라서 위에서 문제가 되었던 구절은 한때는 부루기아 땅이었으나 새로 갈라디아로 편입하게 된 지역이라고 볼 수 있기 때문이다.

이런 해석은 확실히 바울이 갈라디아 지역에 있을 때 이웃 지역으로 계속 나가서 전도하지 못하고 비시디아에서 서쪽으로 가게 된 일에 대하여 무거운 마음을 갖게 한 사실에서도 발견된다.[195] 이런 점에서 바울이 갈라디아서에서 '갈라디아인에게' 라고 쓴 것은 자기가 직접 복음을 전한 남부 갈라디아 지역을 말한 것이며 또 바울이 고린도에 보낸 서신에서 '갈라디아 교회들' (고전 16:1)이라고 한 것은 동일한 무리들임을 알 수 있다. 바울이 갈라디아인이라 부른 것은 비시디아 안디옥과 이고니움과 루스드라와 더베에 사는 그리스도인들의 무리를 가리킨다는 사실은 언어학적 근거에서 보다는 역사적인 근거와 또 바울이 북쪽으로 갔었다는 확실한 근거도 없다는 점에서 재차 확인할 수 있다.

특별히 바울은 그의 서신에서 로마의 구역이나 지역에 대한 행적 지역의 명칭을 사용하고 있음에 주목할 필요가 있다. 바울은 결코 영토적 명칭, 즉 아가야, 마게도냐, 일루리곤, 달마디아, 유대 등의 명칭을 사용하지 않는다. 또한 만일 바울이 사도들의 공의회 이후에 갈라디아서를 기록했다면 그 회의의 중요한 결정에 대하여 언급하지 않을 이유가 없다. 갈라디아서에 이 공의회에 대한 언급이 없다는 것은 갈라디아서를 기록할 당시 아직 공의회가 개최되지 않았음을 시사한다.[196]

이러한 배경은 바울과 베드로 사이에 발생한 언쟁(갈 2:11)을 보다 용이하게 설명하게 한다. 또한 갈라디아서에는 독자들이 바나바를 잘 알려진 인

---

194 Richard N. Longenecker, 『갈라디아서』 89.
195 Robert L. Reymond, 『바울의 생애와 신학』 162.
196 Richard N. Longenecker, 『갈라디아서』 104.

물로 언급되고 있는데 이 역시 바나바가 제1차 전도여행에서 바울과 동행했었다는 역사적인 사실과 일치한다.

갈라디아인들은 헬라화 및 로마화 되는 과정에서 그들의 고유의 종교에서 벗어나 더 나은 문화에 속한 종교를 추종하였다. 이러한 변화는 당시 농촌 사람들이 아닌 도시 사람들에게 더 잘 나타났다. 갈라디아인들에게 있어서 기독교의 공동체의 일원이 된다고 하는 것은 제국의 변두리에 있으면서 야만인, 지방의 시골뜨기라는 좁은 변방의 좋지 못한 명칭에서 벗어나 세계주의자가 된다는 것을 의미하기도 했다.

이러한 맥락에서 바울의 편지 수신자들의 신원은 수사학적으로나 신학적으로 정교한 변증을 소화할 수 있는 대상일 것이라고 추측된다. 이 사람들은 어느 정도 교육을 받은 사람들로서 적어도 적절한 재정적 수단을 가지고 있었다. '그리스도 안에서의 자유'라고 하는 바울의 메시지는 틀림없이 정치, 사회, 문화 그리고 종교적 해방에 관심 있는 사람들 사이에서 경청자들을 얻었을 것이다.

이러한 변화로 인하여 그들은 이방신들과 악마에게 예배드리는 일을 중단했으며(갈 4:8-10), 유일신 한 분 하나님에게 기도드렸다(갈 3:20; 4:6). 또 그들은 옛 종교를 폐지함으로서 옛 종교에 기초하고 있고 그것에 의해 죄가 된 모든 종교적, 사회적, 문화적 차이들과 차별들을 결국은 일관성 있게 제거해 버렸다.

이런 점에서 바울의 편지 수신인으로서 갈라디아인은 어떤 특정한 민족을 가리키거나 특정한 지리적인 한계를 두는 것보다는 예수 그리스도를 믿는 자들로서 갈라디아주로 영입된 소아시아의 로마 행정구역 내에 있는 자들이라고 말해야 더욱 정확할 것이다.[197]

로마의 행정구역 내에는 다양한 민족들이 거주하였음을 알 수 있는데

------

197 William Hendriksen, 『갈라디아서』, 14.

유대인들도 갈라디아 지방에 살았던 한 민족이었다. 또한 사도행전 14:11
에는 루스드라 지방에는 옛 언어를 사용하는 루카오니아(Lycaonia) 사람들
이 있었다. 이러한 증거들을 통하여 볼 때 바울이 보낸 편지의 수신인으로
서 갈라디아인들은 유대인과 희랍인, 라틴족을 포함하며 로마 판도에서
거주하던 사람들을 가리킨다고 말할 수 있다.

거짓 교사들의 주된 요구는 그들이 하나님의 율법을 지킨다는 것을 상
징하는 할례를 고집하였다. 갈라디아서에 기록된 거짓 교사들은 그리스도
를 믿는 믿음이 필요하다는 사실은 부인하지 않았지만, 그러나 그들은 요
란하게도 할례와 몇 가지 율법의 부가적인 요구를 따르는 것도 역시 필요
하다고 떠들어댔다.198

이 거짓 교사들은 부족한 믿음에 대하여 율법을 더함으로써 그리스도에
대한 믿음을 보충하는 것이고 완성하는 것이라고 생각하였다(갈 3:2-5). 그
들은 갈라디아 교인들을 설득시켜 자기들의 요구들을 받아들이게 하는 데
어느 정도 성공한 것으로 보인다.

바울의 가장 큰 염려는 갈라디아 사람들이 유일하고 참된 복음을 붙잡
는 일이 결코 포기해서는 안 된다는 것이었음을 분명히 알 수 있다. 이러
한 의미에 있어서 복음이라는 단어가 명사와 동사로써 자주 언급되고 있
는 매우 중대한 의미를 지닌다. "사람이 의롭다함을 얻는 것은 율법의 행
위에서 난 것이 아니요, 오직 그리스도를 믿는 믿음으로 말미암는 줄 아노
라"는 말씀이다.

이 복음에 대항하는 유대주의자들은 율법의 행위로써가 아니라 믿음으
로 의롭다함을 받는다는 본질적인 진리가 하나님 앞에서 완전하게 되기를
원한다면 신자라도 율법을 지켜야 한다고 주장하였다. 이러한 주장으로
인하여 갈라디아 교인들의 기본 신앙은 변질되어서 구원이 은혜의 한 선

---

198 Richard N. Longenecker, 『갈라디아서』 137.

물이라기보다는 오히려 획득되어야 할 무엇으로 간주되고 있었다.

바울은 이렇듯 갈라디아 교회에 한창 파급되고 있는 거짓 교사들의 해독이 어느 정도 성공을 거두고 있음을 깨닫고서 그리스도 예수 안에서의 값없는 구원, 곧 율법의 행위와 상관없이 오직 믿음으로 말미암는 칭의를 재 강조함으로써 이 위험한 오류를 막고 있으며, 또한 그들에게 스스로의 믿음을 단장하고 또 성령의 열매가 풍성한 생활로써 그 믿음의 순전함을 입증하라고 권면하고 있다. 확실히 갈라디아 성도들에게 있어서 신자로 살아간다는 것은 새로이 갖게 된 신앙에 굳게 서서 역경과 핍박을 이겨내는 것이었다.199

3. 사회적 배경

갈라디아 지방의 교회들이 바울에 의해 설립된 이방인들의 교회였다는 것은 바울이 이방 세계인 갈라디아 지역에 복음을 전파하였고 그로 인해 발생한 새로운 종교 운동으로 회심자들의 공동체가 생성되었으며 이것은 그들에 의해 새로운 사회적 질서의 유형들이 형성되었음을 의미한다. 하지만 갈라디아서의 내적 자료만을 가지고서는 갈라디아 지방의 사회, 정치, 문화, 종교적 상황을 재구성하기란 사실상 불가능하다. 그러나 사도행전 13-14장의 지역적 특수성으로 보아 누가의 기록을 통해 갈라디아 지방의 사회적 배경을 엿볼 수 있게 된다.

주전 25년에 갈라디아를 로마의 속주로 삼은 로마의 아우구스투스는 주전 6년경 여기에 안디옥을 편입시키고 이우스 이타리쿰(Ius Italicum)이라는 지위를 부여했다. 로마의 식민시는 자체적으로 세금을 징수하는 권한과 제국의 세금 징수로부터 면제를 받았고 법률에 따라 자치가 가능했다. 이런 점에서 로마의 식민시는 로마황제 숭배 제의가 발달하지 않을 수 없었

---

199 F. F. Bruce, 『바울』 190.

다. 로마의 식민지가 된 갈라디아 사람들은 용병이 되는 것을 자랑으로 여길 정도로 호전적 기질을 가지고 있었다.

그들의 사회적 성향은 갈라디아서에도 언급되고 있다. 그들은 하나님이 아닌 자들에게 종노릇하였고(갈 4:8) 우상 숭배와 음행, 방탕함 등 부도덕한 생활과 변덕스러운 성향을 가진 사람들로 묘사된다(갈 5:19-21). 이런 성향들은 변덕스러운 고올족들과도 잘 어울린다. 그러나 그와 같은 사회적 특성들은 일반적으로 모든 사람들에게 적용될 수 있기 때문에 어느 한 민족의 고유한 사회적 특성으로 단정할 수는 없다. 고린도 지역 역시 성적 부도덕 문제, 우상 제물 문제, 술취함과 분쟁과 색욕 등이 강하게 발견되고 있기 때문이다.

그러나 바울이 갈라디아 교회의 성도들에게 성령을 거스르지 않고 육체의 소욕에 따라 도덕적으로 방종적인 생활 습관으로 회귀하는 것을 금하고 있다는 사실을(갈 5:19-21) 회심 전 그들의 성향을 반영하는 것으로 볼 수 있다.

로마의 대부분의 주요 식민지들이 그러했던 것처럼 이곳 도시의 주민들도 이곳에 주둔한 로마 군대와 군을 수행하는 사람들과 헬라 이민자들의 후손들 및 원주민, 유대인, 해방 노예, 외국인, 노예 등 그 밖의 계층들이 포함되어 있었던 것으로 보인다. 특히 헬레니즘과 함께 시작되는 로마 황제들의 통치 시기에는 종교성이 강한 시기였다.

여러 도시에서는 고대의 신들을 위해 세워진 거대한 신전들이 있었고 황제 숭배는 그 어느 때보다 더 큰 비중을 차지하고 있었다. 그들에게 있어 황제는 로마의 평화(Pax-Romana)를 가져다주는 구원자였다. 따라서 황제의 즉위는 구원의 때가 시작된 것으로 인식되었으며 평화의 시기가 도래한 것으로 해석되었다.200

---

200 Hans Conzelmann, 『신약성서신학』 박두환 역 (서울: 한국신학연구소, 1987), 36.

특히 갈라디아서 4장에 언급된 '하나님이 아닌 자들'(갈 4:8)과 '약하고 천한 초등학문'(갈 4:9)은 1세기 그레꼬-로만 헬레니즘 시대의 종교와 철학의 혼합주의 형태의 사회적 또는 종교 문화적 특징을 반영하고 있다. 이와 같은 현상은 루스드라에서 바울과 바나바를 그들이 숭배하고 있던 신들의 현현으로 본 것에서도 확인된다(행 14:11-12). 이처럼 주술적이고 마술적 요소가 강한 옛 신들에 대한 믿음과 황제 숭배 등의 종교적 형태가 그들의 사고 세계와 삶을 지배하고 있었다는 점에서 그들의 세계관을 엿볼 수 있다.

당시 사회에서 종교적 성격을 띠는 황제 숭배는 제국에 속해 있다는 사실만으로도 그들이 로마에 대한 충성의 상징으로 해석되었다. 이 제의에는 로마의 여신들을 숭배하는 행위와 전적으로 함께 진행되었는데 이런 제의들은 식민지의 정책을 정당화시키는 목적으로 발전하면서 평화와 자유가 로마의 통치에 의해 주어지는 것으로 이해되었다.

하지만 제국의 통일이 로마에 평화를 가져다주었을지 모르지만 그것이 사람들 마음에까지 평화를 가져다주었다고는 볼 수 없다. 제국의 사람들은 이 세상의 악으로부터 자신들을 구원하고 또 다가 올 세상에서의 새로운 삶을 약속해주는 종교를 여전히 추구하고 있었기 때문이다. 여기에 더하여 다양한 형태의 우상숭배를 포함하는 신앙체계나 신비제의 및 밀의 종교적 세계관들은 그들을 더욱 혼란스럽게 만들었다. 이와 같은 사회, 문화, 종교적 상황 속에서 바울은 복음을 전했고 그 결과 그곳에 새로운 사회적 실재로서 바울의 회심 공동체가 생성되었던 것이다.

바울의 복음 전파는 그들의 기존 질서와 해석 체계 및 가치관에 그리스도의 새로운 사회 질서로의 수정과 변화를 가져다주기에 충분했다. 그리고 유대인들의 회당과는 별도의 새로운 교회가 탄생하기에 이르렀다.

이러한 현상은 유대인들의 격렬한 시기와 비난을 유발하게 하였다. 바울과 바나바는 유대인들에 의해 충동을 받은 반대자들에 의해 살해의 위

협과 무자비한 폭행을 당해야 했다. 이것은 기독교 복음에 대한 유대인들
의 거부감을 그대로 보여주고 있다. 하지만 분명히 유대인들보다 훨씬 많
은 이방인들이 바울의 설교를 듣고 기독교로 개종했다.201

201 F. F. Bruce, 『바울』 184.

Ⅳ. '하나님의 의' 와 이신칭의

IV. '하나님의 의'와 이신칭의

A. '하나님의 의'에 대한 바울의 이해

1. 바울의 회심과 '하나님의 의' 이해

바울의 회심 사건은 1세기 복음 선교 사역에 지대한 영향으로 작용하였다. 무엇보다도 바울 자신에게 있어서도 자주 회상할 만큼 충격적 사건이었다(갈 1:13-17; 고전 9:1; 15:8-10; 빌 3:4-10). 이런 점에서 바울의 회심 사건은 다메섹 사건 이전과 이후를 가르는 분수령이라 할 수 있다. 이 사건 이후 바울에게 있어서는 자신의 전 생애를 비롯해 자신의 신념, 사고 체계에 있어 이전의 가치관과 급격한 변화를 가져왔다. 특히 율법관에 근거한 '하나님의 의'에 대한 새로운 이해를 가져다주는 전기가 되었다.[202]

유대인들은 원래 할례를 자신들과 하나님 사이에 존재하는 계약 관계의 상징으로 이해하고 있었다. 그러나 언제부터인가 그 상징적 성격을 망각하고 할례 그 자체가 하나님 앞에서 올바로 설 수 있게 만들어 주는 필수적인 외적 의식으로 여기기 시작했다.

---

[202] 김세윤, 『바울의 복음과 기원』 (서울: 엠마오, 1994), 13.

그러나 바울에게 있어 한 때 할례에 의해 상징되었던 계약 관계는 이제 그리스도 안에서, 즉 그리스도의 죽음과 부활에 의해 완전하게 실현된 것으로 더 이상 외적인 의식이 요구되지 않았다. 왜냐하면 "대저 표면적 유대인이 유대인이 아니요 표면적 육신의 할례가 할례가 아니라 오직 이면적 유대인이 유대인이며 할례는 마음에 할지니 신령에 있고 의문에 있지 아니한 것이라"(롬 2:28-29)는 바울의 주장처럼 할례는 더 이상 구원을 얻는 수단이 되지 않기 때문이다.

이런 이유에서 바울은 할례(περιτομη)를 주장하는 이들을 가리켜 손할례당(κατατομη)이라고 부른다(빌 3:2). 여기에는 언어 유희가 담겨 있는데 할례는 마음에 하는 것임에도 불구하고 유대인들은 몸에 새기는 행위로 여긴다는 점에서 그들을 가리켜 손할례당, 즉 '페리토매' 가 아닌 스스로를 거세하다, 혹은 '살점을 떼내다' 는 의미를 가지고 있는 '카타토매' 라고 부른다.203

이 단어는 마치 갈멜산에서 엘리야와 대결하던 바알의 제사장들이 하늘에서 불이 내려오지 않자 "이에 저희가 큰 소리로 부르고 그 규례를 따라 피가 흐르기까지 칼과 창으로 그 몸을 상하게 하더라"(왕상 18:28)는 것과 같이 자기 몸을 잘라내는 행위를 연상케 한다. 만일 누군가가 이런 식의 할례를 받는다면 그에게는 결코 복음의 은혜를 기대할 수 없게 될 뿐이다.

이것에 대해 "보라 나 바울은 너희에게 말하노니 너희가 만일 할례를 받으면 그리스도께서 너희에게 아무 유익이 없으리라"(갈 5:2)고 밝힌 바 있다. 이에 바울은 "하나님의 성령으로 봉사하며 그리스도 예수로 자랑하고 육체를 신뢰하지 아니하는 우리가 곧 할례당이라"(빌 3:3)라고 강조한다. 바울은 하나님의 영으로 예배하며, 그리스도 예수를 자랑하며, 육체를 신뢰하지 않는 성도들만이 진정한 마음의 할례당이라고 제시한다.

여기에서 '봉사하다' (λατρευειν)는 말은 보상을 기대하지 않고 봉사한다

---

203 김세윤, 『빌립보서 강해』 119.

는 의미로 구약에서는 여호와의 택한 백성 이스라엘이 여호와께 드리는 예배 또는 제사를 가리키는 말로 사용된다(출 23:25; 신 6:12; 10:12; 수 22:27; 롬 9:4). 마음으로부터 하나님을 사랑하고 예배드리는($\lambda\alpha\tau\rho\epsilon\upsilon\epsilon\iota\nu$, 신 10:12) 특권이 이제는 새로운 이스라엘인 성도들에게 이전되었다. 왜냐하면 유대인들이 내면적인 마음으로 하나님께 드리는 영적 예배로부터 떠나 외면적인 의식의 종교로 전환해 버렸기 때문이다.

반면에 성도들은 성령과 진리 안에서 하나님께 예배한다(요 4:23-24). 이것은 하나님에 대한 예배를 포함한 모든 행동이 어떤 외적인 영에 의해 지배되는 것이 아니라 그 안에 있는 하나님의 영에 의해 지배되고 있음을 의미한다. 예언자들에 의해 약속되었으며(겔 36:25-27) 성도들과 함께 하시는 성령은 그들에게 생명과 능력과 사랑을 베풀어주기 때문에 성도들은 성령을 힘입어 참되고 받으실 만한 예배를 마음으로부터 드릴 수 있게 된다(요 4:23-24; 롬 12:1; 벧전 2:5).

이것은 하나님의 영이 인간의 깊은 본성 속에서 인도자로서 활동하심으로써 사람의 삶을 변화시켜 사랑과 봉사의 삶을 촉진시키고 다른 사람들을 위한 삶을 살게 만들어 주시는 것으로 나타난다. 이러한 삶이야말로 하나님께서 받으실 만한 유일한 봉사, 즉 예배($\lambda\alpha\tau\rho\epsilon\upsilon\epsilon\iota\nu$)이다.[204]

성도들은 자기 자신이나 자신의 성취 또는 개인적인 선행 때문이 아니라 바로 그리스도 예수 안에서 승리하며 기쁘고 자랑스러워하는 존재이다. 성도들의 신뢰는 외적인 의식이나 율법의 유산이나 민족적 특권에 대한 헛된 신뢰가 아니다. 성도들에게 있어서 자랑의 근거, 자랑의 이유, 충만하고 즐거운 신뢰는 오직 하나님께 근거한다.

하나님은 그리스도 예수를 통해 모든 사람에게 은총과 자비를 주신다(갈 6:14). 때문에 성도들은 하나님의 은총을 받기 위해 스스로 행한 일을 자랑하지 않고 하나님께서 그리스도 예수를 통해 성도들을 위해 이미 행하

---

[204] Gerald F. Hawthorne, 『빌립보서』 260.

신 일로 인해 오직 그리스도 예수만을 자랑한다.

율법의 지식과 의식적, 도덕적 의를 포기할 때 비로소 성도들은 그리스도의 은혜를 자랑하게 된다. "자랑하는 자는 이것으로 자랑할지니 곧 명철하여 나를 아는 것과 나 여호와는 인애와 공평과 정직을 땅에 행하는 자인 줄 깨닫는 것이라 나는 이 일을 기뻐하노라 여호와의 말이니라"(렘 9:24)고 한 예레미야 선지자의 노래처럼 구속의 유일한 기초인 그리스도의 십자가를 통해 죄인들을 구속하신 하나님의 지혜를 깨닫는 것이야말로 성도들에게는 가장 자랑할 근거가 되기 때문이다.205

때문에 성도들은 "육신($\sigma\alpha\rho\xi$)을 신뢰하지 않는 사람들"이라 할 수 있다. '육신'(flesh)은 몸($\sigma\omega\mu\alpha$, body)과 함께 인간의 외형을 지칭하는 단어이지만 바울은 이 두 단어에 신학적 의미를 부여하고 구분해 사용한다.

'몸'은 피조물로서 피조 세계 전체와의 연대성 속에서 제한성을 가지고 있는 인간을 지칭할 때 사용한다. 이런 점에서 '몸'은 죄와 죽음의 세력에 노출되어 있으나 하나님께 산제사로 바쳐질 수 있으며(롬 12:1) 종말에 부활하여 그리스도의 영광스런 영적 몸으로 변화된다(빌 3:20-21; 고전 15:42-44).

그러나 이 '몸'을 가진 인간이 자신의 피조물로서의 제한성을 망각하고 자신의 내재 자원으로서 그리고 자신의 뜻을 좇아 자신의 구원이나 안녕, 행복을 확보하려 할 때 바울은 '육신'이라고 구별한다. 따라서 바울에게 있어 '몸'은 인간의 피조물성을 뜻하면서 도덕적으로는 중립적 개념을 가진 반면 '육신'은 자신을 신뢰하며 하나님과 이웃에게 자기를 주장하는 존재로서 도덕적으로 부정적 개념을 가지고 있다.

그러므로 '육신'을 신뢰한다는 것은 성령의 힘주심과 인도하심을 거역하는 것이며 율법을 지켜 의인이 되고자 하는 인간의 자기 주장을 의미한다. 반면에 '육신'을 신뢰하지 않는다는 것은 성령의 힘주심과 인도하심을 따라 삶으로써 율법이 요구하는 의를 이루고 성령의 열매(갈 5:22-23)를

---

205 William Hendriksen, 『빌립보서』 203.

맺는 삶을 얻게 됨을 의미한다.

따라서 '육신'을 의지하지 않고 성령을 따라 하나님을 예배하고 섬기며, 자기 육신을 자랑하지 않고 그리스도 예수를 자랑하는 성도들만이 진정한 하나님의 언약 백성, 즉 아브라함의 자손(갈 3:29)이라는 의미에서 바울은 성도들을 '할례당'이라고 부른다.206

하나님 앞에서 참된 의, 즉 죄 문제를 해결해 주는 하나님과의 올바른 관계를 가져다주는 원천은 그리스도이시다. 때문에 바울은 사람들이 그들 자신의 '의' 때문에 하나님의 '의'에 도달하지 못하므로 새로운 신분이 필요하다는 사실을 잘 알고 있었다. 바울은 '의'에 도달하는 새로운 길은 유대 율법의 지시에 따라 사는 것이 아니라 하나님께로부터 우리를 위해 행하신 일을 받아들이는 믿음을 통해서 얻는 것으로 대체되었음을 강조한다.207

바울은 성령을 통하지 않고서는 하나님을 예배할 수 없고 예수 외에는 아무 것도 자랑할 것이 없으며 인간적 특권이나 업적에 의지해서는 하나님의 은혜를 얻을 수 없다는 점에 대해 빌립보 성도들에게 구체적으로 설명하기 위해 자신의 과거 신앙생활을 그 예로 제시하고 있다. 이 목적을 수행하기 위해 바울은 먼저 할례를 주장하는 자들이 자랑하는 자들 중에서 가장 훌륭한 자들과 자신을 동등한 위치에 올려놓고 있다.

"그러나 나도 육체를 신뢰할 만하니 만일 누구든지 다른 이가 육체를 신뢰할 것이 있는 줄로 생각하면 나는 더욱 그러하리니"(빌 3:4)라는 바울의 말은 전적으로 육신적인 우월성에 구원을 받을 수 있는 공로가 있다고 주장하는 자들의 논증을 반박하기 위함이다.

이미 바울은 살아 계신 그리스도와의 만남을 통해서 자기가 유산으로 물려받았거나 혹은 인간적인 업적의 결과로 얻게 된 그 어떤 것도 생명의

---

206 김세윤, 『빌립보서 강해』 121-122.
207 I. Howard Marshall, 『신약성서신학』 429.

수단이 될 수 없고 하나님 앞에서 의의 근거가 될 수 없다는 사실을 깨달았기 때문이다. 오직 그리스도의 죽음과 부활이 지니는 구속적 의미만이 자신을 비롯해 모든 성도들을 위해 '의' 에 이르게 할 수 있기에 바울은 역설적으로 자신은 그 누구보다도 육신적인 우월성을 가지고 있음을 구체적으로 밝히고 있다.

바울은 "내가 팔 일 만에 할례를 받고 이스라엘의 족속이요 베냐민의 지파요 히브리인 중의 히브리인이요"(빌 3:5)라고 함으로써 자신이 출생할 때부터 그 누구도 따라올 수 없을 정도로 우월한 위치에 있음을 주장하고 있다. '내가 팔 일 만에 할례를 받고' 라는 말은 '할례로 말할 것 같으면 생후 팔 일 만에 받은 자' 라는 의미이다. 율법을 엄격하게 준수해서 정확하게 팔 일 만에 할례를 받았다는 것은 참된 유대인, 즉 타고난 유대인이라는 사실을 입증하는 최상의 징표였다.

이것은 바울이 열세 살 때 할례를 받았던 이스마엘이나 그의 후손들과 근본이 다르다는 점을 부각시킨다. 바울은 하나님의 언약으로부터 단절된 이스마엘의 계통이 아닌 난 지 팔 일만에 정확하게 할례를 받은 아브라함의 아들 이삭의 계통임을 자랑하고 있다. 이것은 또한 유대교로 개종해 성인이 되어 할례를 받은 이방인 유대교도들에 대한 도발적 도전이기도 하다. 그들이 비록 할례를 받았다 할지라도 근본적으로 난 지 팔 일만에 할례 받은 바울 앞에서는 결코 할례를 자랑할 수 없기 때문이다.

'이스라엘의 족속' 은 하나님의 통치 아래 있는 민족, 즉 하나님과 언약적 관계를 맺고 있는 민족으로서 유대인을 가리키는 거룩한 이름이었다. '이스라엘' 이라는 이름은 모든 세상의 민족들 위에 특별히 하나님의 선택을 받은 영광스러운 역사를 상기시켜 준다. 또한 이 이름은 지속적인 성격을 가지고 있기 때문에 헬레니즘 시대의 유대인들에게 있어서 자신이 이스라엘 민족이라는 사실은 최고로 영예로운 명예였다. 이것은 바울이 개종이 아닌 출생에 의해 하나님의 택한 백성이 되었으며 이스라엘 민족의

모든 특권을 소유하고 있음을 강조하기 위함이다.[208]

뿐만 아니라 바울은 '베냐민 지파' 에 속해 있었다. 베냐민 지파는 이스라엘의 열두 아들 중에서 야곱의 총애를 받은 아내 라헬에게 난 두 아들 중 하나였다. 그리고 영광스럽게도 다른 열한 아들과 달리 유일하게 약속의 땅 가나안에서 출생했다(창 35:9-19). 이 점에 있어서 다른 지파 사람들은 결코 우월함을 주장할 수 없었다. 합법적인 최초의 이스라엘 왕은 바로 베냐민 지파였다. 그리고 아이러니 하게도 그 왕의 이름은 바로 바울 자신의 이름이기도 했다. 무엇보다도 영예스러운 일은 예루살렘 성과 성전은 베냐민 지파의 영토 안에 있었다. 그리고 베냐민 지파는 예루살렘 성과 성전을 위해 충성을 다했다(왕상 12:21).

사실 베냐민 지파는 이스라엘 역사 이후, 즉 포로기 이후에 이스라엘 재건에 가장 큰 공헌을 했다는 점에서도 타 지파의 자랑을 초월한다. 후기 이스라엘 역사에서 가장 큰 절기였던 부림절을 기념하는 위대한 민족 해방을 가져다 준 모르드개가 베냐민 사람이었기 때문이다(에 2:5). 베냐민 지파는 힘과 용기와 순수성과 충성심에 있어서 타 지파의 추종을 불허할 정도로 이스라엘 가운데서 매우 자랑스러운 지파였다.

더 나아가 바울은 '히브리인 중의 히브리인' 이었다. '히브리인' 은 최초에 아브라함에게 붙여진 영광스러운 이름이었다는 점에서 히브리인들은 언제나 아브라함의 후손임을 자랑했다(창 14:13). 이것은 그들의 몸에 이방인의 피가 흐르지 않는다는 것을 가리키며 동시에 헬라파 유대인들(Hellenistes)과 구별해서 사용되는 용어이다.

헬라파 유대인들은 혈통으로는 유대인이었지만 헬라어를 모국어로 사용하였다. 반면에 히브리인들(Hebraios)은 히브리어를 모국어로 쓰는 유대인을 가리킨다. 바울이 이점을 강조하고 있는 것은 자신이 헬라 문화에 의

---

208 Gerald F. Hawthorne, 『빌립보서』 268.

해 더럽혀지지 않은 순수한 유대인임을 자랑하기 위함이다.209 이처럼 유대교의 관점에서 자신의 출생이 가져다준 우월성을 열거한 바울은 이어 자신의 삶속에서 나타난 개인적 성취를 통해 자신의 우월성을 재차 강조하고 있다.

바울은 바로 "율법으로는 바리새인이요 열심으로는 교회를 핍박하고 율법의 의로는 흠이 없는 자"(빌 3:6)였다. 바리새파(Φαρισαιος)는 이스라엘 민족이 하나님의 거룩한 백성으로서 제사장들의 왕국이어야 한다는 이상(출 19:5, 6)을 성취하려는 성결 운동이라는 역사적 뿌리를 가지고 있으며 이 성별로부터 바리새파라는 명칭이 유래했다.

사도행전에 따르면 바울은 바리새파의 아들이었고(행 23:6) 위대한 바리새인인 가말리엘의 제자였다(행 5:34; 22:3). 바울은 자신을 가리켜 "내가 우리 종교의 가장 엄한 파를 좇아 바리새인의 생활을 하였다"(행 26:5)고 밝힌 바 있다. 바울은 스스로 바리새주의자가 되기를 선택했으며 유대 율법의 열성적인 준수자들 가운데서도 가장 열성적인 자가 되려고 노력했었다(갈 1:14).

바울에게 있어 '바리새인'은 하나님에 의해 주어진 율법의 규정되어 있는 의무를 이행하는 데서 최고의 성실성과 진실성을 상징하는 영예로운 칭호였다.210 이런 점에서 바울은 자신을 열성에 따른 교회의 박해자라는 말로 대신하고 있다. 이것은 바울이 율법을 지키는 것만으로는 만족하지 않고 바리새인으로서 자기의 열성을 가지고 교회를 박해했음을 의미하고 있다.

구약에서 하나님의 참된 종은 하나님에 대한 열성과 그의 언약적 공동체에 대한 열성과 그의 율법에 대한 열성으로 특징지어졌다(민 25:1-18; 시 106:30, 31; 왕상 19:10, 14). 그 대표적인 인물이 비느하스였다. 하나님의 영광

---

209 김세윤, 『빌립보서 강해』 123-124.
210 Gerald F. Hawthorne, 『빌립보서』 271.

과 이스라엘의 순결에 열성을 보인 비느하스는 출애굽 당시 가나안으로 들어가던 이스라엘 사람들이 모압 여자들과 음행을 하고 우상숭배에 빠지자 미디안 여인과 동침한 이스라엘 사람을 창으로 찔러 죽였다. 그의 열성(ζηλος, 개역 성경에는 '질투심')이 우상숭배와 성적 타락으로 빠진 이스라엘 백성의 죄를 속죄하고 하나님의 진노를 거두는 결과를 가져오게 하였다(민 25:1-18).

이 전통에 따라 주전 163년에 제사장 마타티아스와 그의 아들들인 마카비 형제들이 유대교를 말살하려는 시리아의 통치에 반란을 일으켰는데, 예수 당시에도 이러한 열성분자들이 로마의 통치에 대항하여 하나님의 영광과 이스라엘의 자유를 위해 투쟁하고 있었다. 이들을 가리켜 열심당(zealots)라고 하는 것은 비느하스의 열성을 본받는다는 전통에 따른 것으로 이 명분 아래에서는 폭력까지도 정당화되었다.211 바울은 비느하스의 전통에 따라 예수의 추종자들인 교회가 하나님의 영광을 범하고 이스라엘의 순결을 해친다고 판단하여 교회를 박해했었다. 이런 점에서 바울은 바리새인들 중에서도 가장 열성적인 바리새인이었음을 강조하고 있다.

여기에서 바울이 사용하고 있는 교회(εκκλησια)란 단어는 구약에서는 언약을 체결하기 위해 시내산에 모인 이스라엘 백성의 총회를 지칭하는 단어였으며(신 9:10) 이후 하나님의 언약 백성인 이스라엘 총회(왕상 17:14; 대상 13:2; 미 2:5; 욜 2:16)를 상징하는 단어로 사용되었다. 결국 바울은 자신이 비느하스의 전통을 가진 바리새인으로 거룩한 옛 공동체인 이스라엘 총회(εκκλησια)의 순수성을 보존하기 위해 하나님의 선택된 백성이자 진정한 상속자이며 후사인 새 이스라엘인 '교회'(εκκλησια)를 박해했던 것이다.

율법에 대한 바리새적 헌신과 유대교에 대한 전투적 열성은 바울을 유대교적 관점에서 보았을 때 온전한 의인으로 만들었다. 이러한 자신을 가리켜 바울은 '율법의 의로는 흠이 없는 자였다' 고 주장한다. 여기에서 바

---

211 김세윤, 『빌립보서 강해』 125.

울은 '의'($\delta\iota\kappa\alpha\iota\sigma\sigma\nu\nu\eta$)를 하나님께서 요구하시는 조건이라고 생각되는 외면적 규례에 대한 준수라는 의미로 사용하고 있다.[212]

바울이 율법의 규례를 완벽하게 준수하려고 노력했기 때문에 그 자신마저도 자신을 비난할 수 없었다는 점에서 자기에게는 허물이 없었다고 주장할 수 있었다. 바울은 살아 계신 그리스도를 만나기 전까지 자신을 허물 없는 의인으로 인정하며 살았다. 그러나 곧 이어 바울은 이 '의'는 오직 그리스도를 믿음으로 말미암은 믿음으로 하나님께로부터 오는 것이라고 밝히고 있다(빌 3:9).

2. '인간의 의'와 '하나님의 의'

바울은 모세의 율법을 지킴으로써 온전한 의인이 되라고 선동하는 자들에게 대항하여 바울 자신의 삶이야말로 유대 율법에 비추어 훨씬 자랑스럽고 온전한 의를 구현한 삶이었다고 주장할 수 있었다. 하지만 바울은 자신의 인식에 커다란 변화가 발생한 자신의 회심 내용을 제시함으로써 그들의 주장을 무색하게 하고 있다. "그러나 무엇이든지 내게 유익하던 것을 내가 그리스도를 위하여 다 해로 여길 뿐더러"(빌 3:7)라는 바울의 말은 앞선 바울의 자랑이 아무 쓸모 없다는 급박한 논리의 전환을 보여주고 있다.

바울은 자신이 향유하고 있었던 모든 좋은 것, 즉 부모와 자신의 노력으로 소유하게 되어 그로 하여금 자랑과 자기 신뢰감을 갖게 만들었던 모든 유익($\kappa\epsilon\rho\delta\sigma\varsigma$)이 오히려 해($\zeta\eta\mu\iota\alpha$)가 되었다고 말한다. 여기에서 '여기다'($\eta\gamma\epsilon\iota\sigma\theta\alpha\iota$)는 말은 '깊이 생각하다, 숙고하다'는 말로 신중하게 문제를 판단하고 숙고한 후에야 최종적인 결정에 도달했음을 보여주고 있다.

바울이 심사숙고한 내용은 '그리스도에 대한 사실' 때문이었다. 바울은 다메섹으로 가는 길에서 부활하신 예수를 만났을 때 그 예수가 바로 자신

---

212 Gerald F. Hawthorne, 『빌립보서』, 272.

이 지금까지 갈망해 왔고 자신이 섬겨 왔던 메시아임을 깨달았다. 그리스도와의 만남은 바울에게 가장 가치 있다고 여겼던 그 모든 것들이 결국 그리스도를 아는 일에 방해가 되었음을 알게 했다.

‘무엇이든지 내게 유익하던 것을 다 해로 여긴다’ 는 바울의 말은 자신이 그렇게 자랑으로 생각했던 바리새적이고 유대적인 요소들이 그리스도께 나아감에 있어 오히려 방해물이 되었음을 의미하고 있다.213 이것은 마치 “사람이 만일 온 천하를 얻고도 제 목숨을 잃으면 무엇이 유익하리요” (마 16:26)라고 예수께서 말씀하신 것처럼 온 천하를 얻는 일이 정작 생명을 얻는 일에 가장 큰 방해 요소였음을 깨닫는 것과 같다.

여기에서 ‘잃음과 얻음’ 이 역설적으로 묘사된다. 여기에 사용된 유익(κερδος, gain)과 해(ζημια, loss)는 자산과 부채로 표시되는 대차대조표의 계정과 같다. 바울은 자신의 뛰어난 혈통과 업적들이 과거에는 큰 ‘이익’ 을 얻은 자산으로 여기고 있었다. 그러나 그 유익이 정작 예수 그리스도를 잃어버리는 ‘손실’ (ζημια)이었다.

바울은 보다 좋은 어떤 것을 발견했기 때문에 이전의 이익을 포기하고 있는 것이 아니다. 그것들은 이미 커다란 손해를 가져오는 손실이었기 때문에 과감하게 그것들을 포기하고 있다. 자신에게 이익을 가져다 줄 것으로 여겼던 것들은 사실 자신을 파멸로 이끌고 있었기 때문이다. 이 점에 대해서 바울은 전율을 느끼고 있다. 왜냐하면 자기가 자랑했던 것들은 아무리 진지한 노력을 기울인다 해도 자신의 노력에 의해서는 도저히 성취할 수 없는 하나님의 의에 대한 필요성을 깨닫게 할 수 없기 때문이다. 따라서 이제 자신이 소중히 여겼던 것을 잃어버림은 오히려 그리스도 안에서 정작 소중한 생명을 얻는 일이 되었다. 그리스도 때문에 바울에게는 가치 전도가 발생하게 되었다.

바울은 예수가 곧 그리스도라는 사실 때문에 그의 유익들이 해가 되었

---

213 J. Calvin, 『빌립보서』 527.

다는 주제에 대해 자세하게 설명하고 있다. 바울은 통상적으로 '유익들' 로 여기는 특권, 가문, 종교적 유산, 안락, 지위, 부, 권력 등을 막대한 손실로 보는 이유에 대해 "또한 모든 것을 해로 여김은 내 주 그리스도 예수를 아는 지식이 가장 고상함을 인함이라"(빌 3:8a)고 밝히고 있다.

바울에게 있어 '지식'은 '가장 고상함'(το υπερεχον, 궁극적 가치)과 동격으로 소유격인 '그리스도 예수의'와 '내 주'(του κυριου μου, 나의 주님의)의 수식을 받고 있다. 따라서 '나의 주님이시며 그리스도 예수의 지식이 궁극적 가치이기 때문에' 모든 것을 해로 여긴다는 의미가 된다. 이 말은 다른 모든 가치들을 보잘 것 없는 것들로 보이게 만드는 것은 내 '주' 이신 그리스도에 대해 아는 지식, 즉 궁극적 가치를 가지고 있는 그 지식 때문임을 의미한다.

'지식'(γνωσεως)이란 말은 일반적으로 신에 대한 신비한 지식 혹은 신과의 교통이나 환상으로 인해 변화를 초래하는 신의 계시를 지칭하는 단어이거나 고차원적인 구원의 지식을 가리킨다. 바울은 이 단어를 구약의 개념인 선택과 은혜를 통해 하나님께서 그의 백성들을 아는 것(출 33:12, 17; 암 3:2)과 그의 백성들이 사랑과 순종을 통해 하나님과 그의 계시를 아는 것(렘 31:34; 호 6:3)으로 충성과 회개와 사랑과 섬김을 통해 하나님의 말씀(계시)에 대해 긍정적인 반응을 보이는 개념으로 사용하고 있다.214 따라서 바울에게 있어 '그리스도의 지식'은 그리스도의 진리에 대한 지적인 이해 이상을 의미하며 그리스도 자신을 '나의 주'로 고백하는 전인격적인 복종을 동반하게 하는 체험적 지식이었다.

때문에 바울은 그리스도를 자기 삶의 주님으로 삼고 그에게 충성과 사랑과 순종으로 응답하고 마음을 다해 그를 섬기는 것만이 궁극적인 가치가 있는 것으로 고백하고 있다. 하지만 그리스도 예수를 자신의 주로 고백

---

214 Gerald F. Hawthorne, 『빌립보서』 277.

하고 받아들이기 위해 바울이 치러야 할 대가가 있었다. 그것은 그리스도 때문에 모든 것을 '해' 로 여길 뿐만 아니라 실제로 모든 것의 해로움을 체험해야 했다.

바울은 실제로 유대교 당국에 의해 자신의 모든 이익을 박탈당해야 했다. 하지만 바울은 여기에서 "내가 그를 위하여 모든 것을 잃어버리고"(빌 3:8b)라고 말하고 있는데 이것은 자신이 자발적으로 유대교 내에서의 높은 지위를 스스로 포기했음을 의미한다. 왜냐하면 그리스도를 만난 바울에게 있어서 그것들은 '배설물' 에 지나지 않았기 때문이다.

'배설물' (σκυβαλον)이라는 단어는 개들에게 던져지는 것, 또는 배설물과 상한 음식과 같은 오물이나 식사 후에 남은 찌꺼기, 불결한 물건, 쓰레기를 표현하는 데 사용되었다. 바울은 이전의 유익들을 포기할 뿐만 아니라 배설물 같이 고약한 냄새를 풍기는 것으로 보았다. 이것은 바울이 그 유익들을 마지못해 포기한 것이 아니라 자발적으로 포기하게 된 이유를 밝히고 있다. 왜냐하면 그것들은 하나님 앞에서 볼 때 구역질나는 것들이기 때문이다.215 이처럼 바울이 배설물(σκυβαλα)로 여기는 것(ηγουμαι)은 그가 포기한 유익들에 대해 현재 느끼고 있는 철저한 혐오감을 묘사하기 위함이다. 이것은 더 이상 아무런 관계도 갖지 않게 될 무가치하고 혐오스러운 것들을 단호하게 외면하고 있음을 강조하고 있다.

바울이 자신의 유익들을 배설물로 여기게 된 동기는 그리스도를 얻으려는 것(빌 3:8), 그리스도 안에서 발견되려는 것(빌 3:9), 그리스도를 아는 것(빌 3:10)에 있다. 여기에서 바울은 자신의 유익들이 쓸모 없다거나 배설물이거나 본질적으로 자기 삶의 방식이 무가치하다고 말하는 게 아니다. 그가 묘사하고 있는 것은 예수 그리스도를 얻고자 하는, 예수 그리스도 안에 속하고자 하는, 그리스도를 알고자 하는 그의 불타는 열망을 나타내기 위함이다.

---

215 J. Calvin, 『빌립보서』 529.

바울은 그리스도를 얻기 위해 자신의 유익들을 배설물로 여겼다. 바울은 그리스도를 얻기 위해 말 그대로 배설물을 내던지고 있는 것이 아니다. 바울에게는 예전에 엄청나게 가치 있던 것을 내어던진 것이다. 이것은 그리스도의 찬송시에 나타난 것처럼 더 나은 어떤 것을 위해 포기한 것이 아니라 순종의 섬김을 위해 하나님과의 동등됨에 대한 모든 권리를 포기하신 그리스도의 모범(빌 2:6-11)을 따르고 있음을 보여준다.216

또한 '내가 그리스도를 얻기 위해서'라는 말은 '내가 그리스도를 완전히 얻었다'는 것 이상의 것을 암시하고 있다. 왜냐하면 이 말은 바울이 그리스도를 얻었다는 의미와 함께 그리스도는 여전히 얻어져야 하는 대상이기 때문이다. 바울에게 있어 그리스도의 주 되심에 대한 체험은 본질적으로 그리스도의 주 되심에 대한 종말론적 이해를 요구하고 있다.

이미 바울에게 알려진 그리스도는(already) 궁극적으로 그리스도가 주 되심이 알려짐으로써(not yet) 마침내 바울에게는 가장 고상한($\tau o \upsilon\ \pi \epsilon \rho \epsilon \chi o \upsilon$) 지식($\gamma \nu \omega \sigma \iota \varsigma$)을 가진다는 미래적 의미가 포함되어 있다. 이런 의도를 가지고 바울은 "그 안에서 발견되려 함이니 내가 가진 의는 율법에서 난 것이 아니요 오직 그리스도를 믿음으로 말미암은 것이니 곧 믿음으로 하나님께로서 난 의라"(빌 3:9)라고 말하고 있다.

바울은 '그리스도 안에서' 발견되기 위해 자신의 유익들을 배설물로 여기고 있다. '그 안에서 발견되려 함이니'에서 '발견되다'($\epsilon \upsilon \rho \epsilon \theta \omega$)는 죽음으로 말미암아 놀랄 때 발견된다는 의미로(고후 5:3) 온 땅의 심판주이신 하나님 앞에 서야만 하는 장차 올 심판 날과 연결되어 있다. 그러므로 '내가 그리스도를 얻기 위해서' 그리고($\kappa \alpha \iota$) '그 안에서 발견되려 함이니'는 바울의 회심과 살아 계신 그리스도와의 만남에서 비롯된 체험의 결과(already) 혼자서 하나님 앞에 서기를 두려워하고 오직 '그리스도 안에서'($\epsilon \nu\ X \rho \iota \sigma \tau \omega$)

---

216 Fred B. Craddock, 『빌립보서』 121.

자신이 하나님께 발견되기를 강력하게 바라는 심정이 담겨 있다(not yet). 이때 바울은 자신이 그리스도 안에 있기 때문에 그리스도와 그리스도의 지극히 큰 공로를 제시하면서 심판주이신 하나님 앞에 서게 되기를 의심치 않는다.

따라서 바울이 하나님 앞에서 내세울 것은 자신의 의가 아니다. 바울은 자기에게는 하나님께 내세울 의가 없으며 자신의 공로로는 하나님으로부터 칭찬 받을 수 없음을 알고 있기 때문이다. 이에 바울은 ‘내가 가진 의는 율법에서 난 것이 아니요 오직 그리스도를 믿음으로 말미암은 것이니 곧 믿음으로 하나님께로서 난 의라’ 고 말하고 있다.

3. 하나님의 새창조에 근거한 ‘하나님의 의’

의(δικαιοσυνη)란 법정적 용어로 재판관은 법정에서 두 당사자에게 한 사람에게는 ‘의롭다고 인정하고’ 다른 한 사람에게는 유죄 판결을 내려야 했다. 여기에서 유의할 것은 이 판결이 반드시 당사자의 도덕적 성품에 의존하지 않는다는 점이다. 재판관은 개인의 도덕적 품성이 아닌 판결해야 할 사건의 속성에 따라 한 사람에게는 유리하게 판결하고 다른 사람에게는 불리하게 판결을 내려야 한다.

이 용어가 종교적인 문맥에서 사용될 때 사람이 무엇을 해야 하나님께 의롭다고 인정을 받는가 하는 문제의 답변으로 유대인들은 모세의 율법에 복종해야 한다고 주장하고 있었다. 그러나 바울은 이 문제에 대해 사람이 아무리 선을 행해도 결코 하나님으로부터 의롭다고 인정을 받을 수 없다고 말한다.

이러한 ‘의’ 에 대한 해석은 바울의 다메섹 체험에 근거하고 있다. 이것은 칭의의 체험이 그리스도를 아는 것이라는 기본적인 체험과 분리될 수 없음을 분명히 보여주고 있다. 바울은 이러한 깨달음이 없기 때문에 그리스도를 통해 나타난 '하나님의 의'를 믿어 덕 입기를 거부하고 율법을 지켜 '자신들의 의'를 세우려는 유대인들의 열성을 가리켜 '지식을 갖추지 못한 열성' (무식한, 어리석은 열성, 롬 10:1-4)이라고 개탄한 바 있다.217

이와 관련해 하나님은 선행을 요구하시는 것이 아니라 믿음을 요구하신다(창 15:6). 이 '믿음'은 하나님의 은총을 얻는 또 다른 대안이 아니다. 여기에서 '믿음'은 '공로'와 반대되는 것으로 자기 자신은 하나님으로부터 의롭다고 인정받을 수 없으며 오직 용서와 은혜와 사랑을 주시겠다는 하나님의 너그러운 제의를 받아들이겠다는 고백이다. 그리고 이 하나님의 제의는 그리스도의 삶을 통해서, 무엇보다도 그리스도의 죽음을 통해서 이루어진 것으로 하나님과 올바른 관계, 즉 화목을 이룰 수 있는 조건인 참된 '의'는 그리스도에 대한 믿음을 통해 얻어질 뿐이다. 이 '의'를 가리켜 바울은 '믿음에 근거한 하나님의 의'라고 밝히고 있다. 여기에 바울의 '이신칭의' 교리가 요약되어 있다.

모든 사람은 하나님과 소원한 관계에 있다. 하나님과의 올바른 관계를 자기 자신의 노력으로 재정립할 수 있는 사람은 아무도 없다. 즉 율법에서 난 '의'로 자신의 공로를 얻는다는 것은 불가능하다. 하나님과의 관계 회복은 전적으로 하나님께 주도권이 있다. 참된 '의'의 원천은 하나님 자신의 구속 행위이기 때문이다. 하나님은 그리스도의 삶과 죽음과 부활을 통해 이 주도권을 가지셨다(엡 1:5-6).

그러므로 하나님과의 올바른 관계는 그리스도에 대한 믿음에 의해, 즉 그리스도를 개인적으로 신뢰하고 그에게 복종함으로써 성립된다. 그리스도에 대한 '믿음'은 그리스도 안에서 발견되는 것으로 그리스도와 일체가 되어 있기 때문에 그리스도의 인격이 지니고 있는 모든 것과 그리스도께서 행하신 모든 것이 그리스도를 신뢰하는 사람에 의해 수용되는 상태를

---

217 김세윤, 『빌립보서 강해』 128.

의미한다.218 '그리스도 안에서' (εν Χριστω)라는 말은 '그리스도를 아는 지식' 뿐 아니라 '그리스도를 체험하는 것' 을 전제하고 있다. 때문에 바울은 최종적으로 "내가 그리스도와 그 부활의 권능과 그 고난에 참예함을 알려하여 그의 죽으심을 본받아 어찌하든지 죽은 자 가운데서 부활에 이르려 하노라"(빌 3:10-11)고 말하고 있다.

나아가 바울은 '그리스도를 아는 것' 을 위해 자신의 유익들을 배설물로 여기고 있다. 개역 성경의 "내가 그리스도와 그 부활의 권능과 그 고난에 참예함을 알려하여 그의 죽으심을 본받아 어찌하든지 죽은 자 가운데서 부활에 이르려 하노라"(빌 3:10-11)는 "내가 그리스도를 아는 것, 곧 그의 부활의 권능을 통해 그리스도를 아는 것과 그의 고난에 참예함으로써 그리스도를 아는 것으로 그의 죽으심을 본받아 어찌하든지 죽은 자들의 부활에 이르려 하노라"고 번역된다.

따라서 본문의 '알려하여' 는 문자적으로 '그를 아는 것' (του γνωναι αυτον), 즉 '그리스도를 아는 것' 으로 일종의 진행을 통해 어떤 지식이 점증된 결과를 의미하고 있다. 결국 '그리스도를 아는 것' 은 그리스도를 알게 된 그 시점에서부터 자신의 지식에 위기가 발생하였으며, 지혜와 지식의 모든 보화가 감추어져 있는(골 2:3) 그리스도의 중요성 때문에 그리스도를 알기 시작하는 그 자체가 이 세상의 다른 어떤 것보다 더 중요하다는 사실을 암시하고 있다.219

여기에서 강조되고 있는 것은 '그리스도를 얻는 것' 과 '그리스도 안에서 발견되는 것' 에 이어 '그리스도를 아는 것' 을 성취하는 데 있어 방해가 되는 모든 것을 기꺼이 배설물로 여기는 바울의 열정이 점차 고조되면서 '그리스도를 아는 것' 이야말로 그의 삶속에서 지향하고 있는 궁극적인 목표가 된다는 점이다. 이 점에 대해서 "내 주 그리스도 예수를 아는 지식이

---

218 Gerald F. Hawthorne, 『빌립보서』 284.
219 Gerald F. Hawthorne, 『빌립보서』 285.

가장 고상함을 인함이라"(빌 3:8)고 이미 밝힌 바 있다.

'아는 것'(του γνωναι)을 비롯해 '알다'(γινωσκω)에서 파생된 동의어들은 이해와 체험과 친교 그리고 부부 관계 등의 개념이 내포되어 있다는 점에서 바울은 단지 그리스도에 대한 지식을 아는 것이 아니라 삶을 변화시키고 계속해서 진행되어 가는 그리스도와의 특별한 친교를 열어 주는 그리스도와의 만남을 염두에 두고 있음을 알 수 있다. 이 사실은 바울이 부활하신 그리스도의 권능과 그의 고난에 참여하고자 하는 열망에서 확인된다.

첫째, 바울은 그리스도를 아는 것에 있어 '그의 부활의 권능'을 통해 알고자 한다. 바울은 그리스도를 역사적인 사실로 아는 것만으로 만족하지 않고 그의 삶속에 항상 살아 있는 부활한 주로서 알고 싶어한다. 그리고 바울이 알고자 하는 '능력'은 그리스도와 분리될 수 있는 것이 아니라 부활한 그리스도가 부여받은 능력이다. 바울은 그리스도를 그의 부활로 말미암아 발휘되는 능력을 체험함으로써 알기를 바라고 있다. 여기에서 바울은 부활하신 그리스도께서는 성령을 통하여 자신의 부활하심으로 말미암아 바울을 의롭게 하신다는 사실을 확신하고 있다(롬 4:25; 8:1, 16; 고전 15:17).

바울에게 그의 성령을 보내서 부활의 권능을 체험하게 하시는 분은 바로 부활하신 그리스도이다. 때문에 하늘에 계신 그리스도의 생명이 항상 바울의 새로운 생명의 원천이 되신다(요 14:19). 이것은 성도들에게 임하는 성화의 권능이다.[220] 바울은 이 성화를 '새로운 삶'으로 이해한다. 그리고 이 새로운 삶은 성령 안에서 사는 삶이다. 바울은 죽음으로부터 부활시켜 하나님 안에 있는 생명에 이르게 하기 위해 그리스도께서는 성령을 보내서 자신 안에서 창조적으로 활동하고 계심을 의심치 않는다.

220　William Handriksen, 『빌립보서』 224.

둘째, 바울은 그리스도를 아는 것에 있어 '그리스도의 고난에 참예함'을 통해 알고자 한다. 본문의 '참예함'(κοινωνιαν)은 앞선 단어 '권능'(δυναμιν)과 동일한 정관사를 공유하고 있다는 점에서 부활한 그리스도의 권능과 그의 고난에 참예함은 독립적인 두 가지 체험이 아니라 동일한 체험의 서로 다른 측면임을 보여주고 있다.221

따라서 그리스도를 그의 부활의 능력을 통해 아는 것이 그리스도와 함께 부활한다는 의미로 해석되는 되는 것처럼(롬 6:4) 그리스도의 고난에 참예함으로써 아는 것 역시 그리스도와 함께 죽었다는 의미로 해석되는 내적 체험이다(롬 6:8; 갈 2:19-20). 이것은 자신을 위해 고난당하고 죽으셨던 그리스도를 앎으로써 오직 그리스도 안에서 새로운 생명으로 부활하기 위해 바울도 그리스도 안에서 고난을 받고 죽었다는 사실을 강조하기 위함이다. 이 사실은 뒤에 등장하는 '그의 죽으심을 본받음' 이라는 분사 구문에 의해 확인된다. '본받음'(συμμορφιζομενος)이라는 단어는 신약에서는 유일하게 나오는 단어이다.

'그의 죽으심을 본받다' 는 말은 "만일 우리가 그의 죽으심을 본받아(ομοιωματι) 연합한 자가 되었으면 또한 그의 부활을 본받아 연합한 자가 되리라"(롬 8:5)는 말과 "만일 우리가 그리스도와 함께 죽었으면 또한 그와 함께 살 줄을 믿노니"(롬 6:8)로써 이해될 수 있다. 이 말은 그리스도께서 육체적으로 고난을 받고 죽으셨던 것처럼 바울도 육체적으로 고난을 받고 죽으려 하고 있다는 말이 아니다. 이 말은 바울 자신과 모든 신자들이 그리스도 안에 들어가 그리스도와 결합되어 죽음과 부활을 비롯한 그리스도의 생애의 모든 사건을 그리스도와 함께 나눈다는 의미이다.

이런 의미에서 바울은 과거의 사실인 그리스도와 함께 죽었으며 그 죽음을 기꺼이 자신의 죽음을 삼아 그 죽음이 현재 가지고 있는 의미에 맞추

---

221 Gerald F. Hawthorne, 『빌립보서』 286.

어 삶을 살아간다는 의미에서 '그의 죽으심을 본받음' (συμμορφιζομενος)이라고 하고 있다. 이러한 논리적 과정을 거쳐 "이와 같이 너희도 너희 자신을 죄에 대하여는 죽은 자요 그리스도 예수 안에서 하나님을 대하여는 산 자로 여길지어다"(롬 6:11)라고 말할 수 있게 된다.

그러므로 고난과 죽음을 당하신 그리스도와의 신비한 결합은 그리스도에 대한 믿음으로 말미암아 체험할 수 있는 육체적 고통에 의해 더욱 강화된다. 즉 믿음 안에서 당하는 성도들의 고난은 곧 그리스도의 죽으심을 본받는 것으로 해석된다. 이러한 해석에 근거하여 바울은 "우리가 항상 예수 죽인 것을 몸에 짊어짐은 예수의 생명도 우리 몸에 나타나게 하려 함이라 우리 산 자가 항상 예수를 위하여 죽음에 넘기움은 예수의 생명이 또한 우리 죽을 육체에 나타나게 하려 함이니라"(고후 4:10-11)고 말한다. 결국 그리스도를 아는 것은 그의 메시아적 행위인 죽음과 부활을 아는 것으로 현재적 실재를 체험하는 것이며 이것의 궁극적 완성인 부활에 동참하는 것을 의미한다.

바울은 자신의 가장 큰 소망은 '그리스도를 아는 것' 이라고 말했다(빌 3:10). 이것은 모든 성도들에게도 가치 있는 목표임에 틀림없다. 그러나 '그리스도를 아는 것' 은 그리스도를 알기 시작하면서부터 완전하게 알아가기 위한 성장의 과정이 필요한 일이었다. 바울은 먼저 그리스도를 아는 지식에 있어서 완전히 파악한 것이 아님을 분명히 밝히고 있다. "내가 이미 얻었다 함도 아니요 온전히 이루었다 함도 아니라 오직 내가 그리스도 예수께 잡힌 바 된 그것을 잡으려고 좇아가노라" (빌 3:12).

이 문장은 '나는 -라고 말하는 것이 아니다' (ουχ οτι)는 강력한 부정으로부터 시작하는데 '내가 이미 얻었다 함도 아니요' 는 '나는 이미 얻었다고 말하고 있는 것이 아니다' 는 의미이다. 동시에 '온전히 이루었다 함도 아니라' 역시 '나는 이미 완전하다고 말하는 것이 아니다' 는 의미이다. 여기에서 '얻었다' (ελαβον)와 '완전하다' (τετελειωμαι)는 단어들은 '이해하다,

붙잡다' 는 말로 지적으로나 영적으로 이해한다는 뜻을 가지고 있다.

하지만 이 문장에서 이들 단어들의 목적어가 없다는 점에서 이 문장은 이해하기가 어렵다. 그렇지만 이 단어들의 개념이 무엇을 아는 것에 초점이 맞추어져 있다는 점에서 이 단어들의 목적어는 앞서 바울이 언급한 바 있는 그리스도를 아는 것, 즉 그리스도와 그의 인격에 대한 완전한 의미를 아는 것을 염두에 두고 있음이 확실하다.[222]

따라서 '내가 이미 얻었다 함도 아니요 온전히 이루었다 함도 아니라' 는 말은 그리스도와 관련된 과거의 체험들, 즉 그리스도를 얻는 것과 그리스도 안에서 발견되는 되는 것과 그리스도를 아는 것(빌 3:8-11)은 순식간에 성취되는 것이 아니며 그리스도의 이해 불가능한 위대성을 안다는 것은 평생에 걸친 열정적 탐구를 필요로 한다는 사실을 암시하고 있다.

여기에서 바울은 그리스도에 대한 자신의 지식이 부분적이어서 부분적인 것이 완전한 것(고전 13:9-10)에게 그 자리를 양보할 미래의 어떤 날, 즉 종말의 날을 기다려야 한다는 사실을 강조하고 있다. 그리스도에 대해 알아야 할 것이 너무 많아서 그리스도에 대한 지식은 부활이 이루어지기 전까지는 결코 완전해 질 수 없기 때문이다.

그래서 바울은 그리스도를 완전히 이해할 수 있게 될 것인지를 알아보기 위해 마치 상을 받으려고 달리는 경주자처럼 '좇아가서'(διωκω) 가능하면(ει) '잡으려 한다'(καταλαβω)고 말하고 있다. 여기에서 '가능하다면' 이란 표현을 덧붙인 것은 이미 구원의 완성에 도달했다고 믿거나 구원의 완성을 보장받았다고 자만하는 형제들을 염두에 두고 있음을 알 수 있다.[223]

바울이 이처럼 전력으로 좇아가서 잡으려 하는(καταλαβω) 것은 그가 이미 그리스도에 의해 붙잡혔기(κατελημφθην) 때문이다. 여기에 언어 유희가 등장한다. 바울은 그리스도께 붙잡혔기 때문에 그리스도를 잡으려고 그리

---

222 Gerald F. Hawthorne, 『빌립보서』 297.
223 김세윤, 『빌립보서 강해』 135.

스도를 좇아가고 있다. 따라서 '그리스도 예수께 잡힌 바 된 그것'은 그리스도께서 바울을 강한 손으로 붙잡아서 새로운 삶의 방향으로 인도했던 그 사실, 즉 다메섹 도상에서 그가 체험한 그리스도와의 만남을 가리키고 있다(고전 15:8-10). 바울은 그리스도를 만남으로써 옛 자아가 죽고 새로운 자아로 부활했다. 이것을 가리켜 바울은 그리스도의 새 창조의 결과로 나타난 '새로운 피조물'이라고 한다(고후 5:17).

육신의 생명은 항구적이 아니며 미래의 생명과 비교할 수 없다 할지라도 성도들에게 있어서 현재의 삶은 장차 나타날 부활의 구체적인 예표로써 중요한 의미를 가진다. 이런 이유에서 바울은 고난과 죽음과 심판이라는 주제들을 통해 하나님의 영광을 구현하는 이 시대의 교회가 그리스도의 기뻐하심을 위해 살아야 할 것을 강조한다.

바울은 "이는 우리가 다 반드시 그리스도의 심판대 앞에 드러나 각각 선악간에 그 몸으로 행한 것을 따라 받으려 함이라"(고후 5:10)고 경고한 바 있다. 곧 현재로서는 많은 것이 마치 흑암 속에서 마냥 감추어져 있지만 그때 가서 모든 사람들은 빛 가운데서 훤히 드러나게 될 것이다. 따라서 하나님의 심판대 앞에서 자신의 모든 행위에 대해서 낱낱이 아뢰지 않으면 안 된다는 점을 명심하고 성도들은 충실하고 순결한 양심으로 현재의 삶을 살아야 하고 동시에 주를 두려워하는 가운데 행동하고 있음을 보여야 한다.224

바울은 먼저 자신이 사람들을 권함으로써 그들을 회개시키기 위해 혹은 믿음에 순종하게 하기 위해 힘썼으며 그리스도의 두려움에 사로잡혀 있는 자신의 신실함을 사람들이 믿게 하기 위해 애쓰는 것을 그만두지 않았음을 밝히고 있다(고후 15:11). 그럼에도 불구하고 바울의 고결한 성품은 일부 사람들에 의해 고린도에서 부당하게 의심받았다. 하지만 바울은 "이에 숨

---

224 J. Calvin, 『고린도후서』 116.

은 부끄러움의 일을 버리고 궤휼 가운데 행하지 아니하며 하나님의 말씀을 혼잡케 아니하고 오직 진리를 나타냄으로 하나님 앞에서 각 사람의 양심에 대하여 스스로 천거하노라”(고후 4:2)고 말했듯이 각 사람의 양심에 대하여 스스로 천거하기를 힘썼으며 하나님께 인정받는 사도가 되었다. 그리고 다른 사람들은 오해와 중상을 한다 할지라도 고린도 교회는 사도의 진실성을 알아 줄 것이라고 확신하고 있다. 왜냐하면 새 창조의 사역자로서 바울의 사도직은 그의 설교와 목회적 보살핌으로 교회가 세워지고 양육받았다는 바로 고린도 교인들 자신의 경험으로 이미 비준되었기 때문이다.225

무엇보다도 바울은 복음의 화해 사역을 통하여 일어나는 새 창조의 사역자라는 점에서 대적자들과 비교가 되지 않는다. 이 점에 있어서 대적자들은 그 어떤 역할도 할 수 없으며 아무런 결실도 내보일 수 없다. 바울이 이 말을 다시 끄집어내는 이유는 자기 칭찬이나 고린도 교인들의 신뢰를 얻기 위함이 아니다. 이것들은 바울이 이미 얻은 것이며 그의 목적은 그의 대적자들의 비방에 대하여 고린도 교인들이 바울을 변호할 수 있는 근거를 주기 위함이다(고후 15:12). 그들은 히브리 전통인 외적인 종교적 특권과 교회 지도자의 직분 등을 자랑하는 인물들이었다. 그리고 바울과 그 동료들은 일종의 분리주의자 정도로 비하시켰다.226

이에 바울은 “우리가 만일 미쳤어도 하나님을 위한 것이요 만일 정신이 온전하여도 너희를 위한 것이니”(고후 5:13)라고 변론한다. 이 말은 바울이 절제하든 절제하지 못하든지, 그의 대적자들이 주장하듯이 자신이 분별력을 잃어버렸든지 또는 차분하고 신중하든지 그것은 자기 자신을 위한 것이 아님을 강조하기 위함이다. 바울에게는 오로지 하나님의 영광과 그 교회의 유익을 위하는 것뿐이었다. 따라서 고린도 교인들은 바울을 자랑할

---

225 Paul Barnett, 『고린도후서 강해』 145.
226 Chrales Hodge, 『고린도후서』 166-167.

수 있으며 거짓 선생들의 비방으로부터 바울을 변호할 수 있어야 한다.

바울의 새 창조 개념은 그리스도의 죽음의 결과로 얻어진 부활에 그 근거를 두고 있다. 이에 대한 신학적 근거를 제시하기 위해 바울은 그리스도와 성령이라는 새 언약이 어떻게 인간이 연약함을 경험할 때 인간을 위해 주신 하나님의 강력한 대비책이 되는가를 고린도후서 4장 7-18절에 걸쳐 해설하였다. 나아가 죽는 것과 죽음에 대한 해설을 통해 이제 새 언약이 어떻게 죄로 인해 하나님으로부터 소외된 사람들에 대한 대비책을 마련하셨는가를 5장 1-10절에서 다루고 있다.

이러한 신학적 이해를 바탕으로 바울은 예수에게 연합된 모든 사람은 그리스도의 부활에 연합한 것이며 따라서 그들은 그리스도와 함께 죽고 살아남으로써(갈 2:20) 죄와 하나님에 대한 반항의 삶에서 해방되었음을 강조하고 있다. 그 결과 그리스도 안에 있는 성도들은 그리스도를 메시아로 알게 되었고 하나님의 새 창조를 이루는 분으로 알게 된다. 이로써 성도들은 그리스도는 죽은 자 가운데서 부활하신 첫 열매이시며 그리스도 안에서 새로운 창조가 시작되었음을 알게 된다. 따라서 누구든지 그리스도 안에 있으면 이 사람은 새 창조의 일부이며 새 창조의 견지에서 이야기되어야 한다. 왜냐하면 하나님께서 예수의 부활을 통해 만물을 새롭게 하셨기 때문이다.[227]

따라서 현재에 있어서 성도들의 새 생명은 그리스도의 부활 생명에 참여하고 있으며 장차 오게 될 영원한 생명의 그림자로 이해된다. 때문에 서로를 판단하고 누가 진정한 사도인가에 대한 논란은 아무런 타당성도 가지지 않는다. 중요한 것은 새 창조이다. 새 창조는 복음이 그리스도 안에서 성취되었고 지금은 사도적 사역을 통해서 적용되고 있기 때문이다.[228]

바울은 이 새 창조 사역을 그리스도의 사랑으로 이해하고 있다. 그래서

---

[227] I. Howard Marshall, 『신약성서신학』 360.
[228] Nicholas T. Wright, 『하나님의 아들의 부활』 488.

"그리스도의 사랑이 우리를 강권하시는도다 우리가 생각건대 한 사람이 모든 사람을 대신하여 죽었은즉 모든 사람이 죽은 것이라 저가 모든 사람을 대신하여 죽으심은 산 자들로 하여금 다시는 저희 자신을 위하여 살지 않고 오직 저희를 대신하여 죽었다가 다시 사신 자를 위하여 살게 하려 함이니라"(고후 5:14-15)고 말한다.

바울에게 있어서 그리스도의 죽음과 부활은 그리스도의 사랑과 능력을 계시하는 사건이었다. 바울은 그리스도의 죽으심에서 나타난 그분의 사랑에 대해 '한 사람이 모든 사람을 대신하여 죽으셨다' 는 경이적인 용어로 설명하고 있다. 여기에서 그분이 위하여 죽으신 '모든 사람' 은 바울 한 사람을 사랑하신 것처럼 그분이 사랑하는 개개인의 총합이다.229 아울러 '한 사람이 모든 사람을 대신하여 죽은 것' 은 '모든 사람이 죽은 것이다' 는 말처럼 그리스도의 죽음이 가지는 보편적 성격을 보여주고 있다.

바울은 그리스도께서 사랑하시는 '모든 사람' 을 대상으로 새 창조 사역을 하였다. 그리고 이 새 창조 사역은 바울의 말을 듣는 살아 있는 '모든 사람들' 로 하여금 "다시는 저희 자신을 위해 살지 않고 그리스도를 위하여 살게 하는 것" 에 있었다. 이에 바울은 "그러므로 우리가 이제부터는 아무 사람도 육체대로 알지 아니하노라 비록 우리가 그리스도도 육체대로 알았으나 이제부터는 이같이 알지 아니하노라 그런즉 누구든지 그리스도 안에 있으면 새로운 피조물이라 이전 것은 지나갔으니 보라 새것이 되었도다"(고후 5:16-17)라고 선언한다.

옛 언약 아래 있는 동안에 그리스도는 모세 언약 안에 제한된 분으로 유대인이자 율법을 준수하는 인간 예수였다. 그리고 예수가 십자가에 달린 것은 그가 실제로 하나님께 저주받았다는 증거였다(신 21:23; 갈 3:13). 그렇기 때문에 육체대로 알았을 동안에는 필연적으로 예수를 모세보다 낮게 여길

---

229 Paul Barnett, 『고린도후서 강해』 148.

수밖에 없었다. 하지만 새 언약의 시대가 열림으로써 이 모든 무지와 오류들이 예수의 신원과 이루신 일에 대한 참된 이해로 대체되었다. 십자가에 달리신 그분은 죽음으로 하나님의 저주를 받으신 하나님의 아들이었으며 그분은 거짓 메시아가 아니라 사람들에게 죄사함과 화목을 중재하도록 하나님께서 보내신 중보자이다. 그분은 모든 사람을 대신하여 죽으실 자격을 갖춘 유일무이한 분이시다.

이와 관련해 바울은 창세기의 창조 기사를 염두에 두고 창세기 첫 구절에 나오는 태초의 어두움과 유사한 어두움 속에 불신자들이 살고 있음을 암시하고 있다. 그때 하나님이 말씀하셔서서 빛이 있게 된 것처럼(창 1:3) 지금도 복음을 말씀하시며 마음 속에 있는 내적인 빛(고후 4:6)이지만 하나님은 다시 한번 복음의 빛을 비추신다. 그리고 하나님의 말씀을 통해 세계가 만들어졌던 것처럼(벧후 3:5) 지금도 하나님의 말씀인 화목의 메시지에 의해 사람들이 새롭게 만들어진다.230

그러므로 누구든지 그리스도 안에 있는 사람들의 삶에서 일어나는 크고 심오한 변화들이 새 언약으로 말미암은 것이지만 동시에 그들은 새로운 피조물이 되었다. 이 모든 일들은 하나님의 권능으로 이루어진 일이다(엡 1:19). 이것은 하나의 창조이며 새로운 존재 상태의 시작이라 할 수 있다. 이로써 새로운 질서의 세계가 열리게 되었다. 이것은 사탄의 지배 아래 있는 '이 세대'(고후 4:4)를 배격한다.

새로운 피조물은 지금까지 살아왔던 그 모든 지배와 환경으로부터 전혀 다른 삶의 세계에서 살아가게 되기 때문이다.231 이를 가리켜 바울은 '이전 것은 지나갔으니 보라 새것이 되었도다' 고 선포한다. 이 새로운 질서의 세계에서 성도들이 그리스도 안에 있기 시작하면서부터 하나님께서는 그들을 위하여 하늘에 있는 영원한 집을 짓기 시작하신다. 그리고 그 세우심

---

230 Paul Barnett, 『고린도후서 강해』 152-153.
231 Albert Barnes, 『고린도후서』 215.

은 우리 삶 전체에 걸쳐 조용히 보이지 않게 계속되어 마침내 우리가 죽을 때 땅에 있는 우리의 장막 집이 무너지고 하나님이 우리에게 새 집을 주실 때까지 계속된다.232

바울은 새 창조를 전적으로 하나님의 일하심과 연결시킨다. "모든 것이 하나님께로 났나니 저가 그리스도로 말미암아 우리를 자기와 화목하게 하시고 또 우리에게 화목하게 하는 직책을 주셨으니 이는 하나님께서 그리스도 안에 계시사 세상을 자기와 화목하게 하시며 저희의 죄를 저희에게 돌리지 아니하시고 화목하게 하는 말씀을 우리에게 부탁하셨느니라"(고후 5:18-19).

하나님은 먼저 그리스도를 중보자로 세우셨으며 그리스도를 통해 그리고 그리스도 안에서 새 창조를 이루어 가신다. 하나님은 이처럼 그리스도 안에 계신다. 그리스도는 성육신하심으로써 예로부터 내려온 약속을 성취하신 하나님의 아들이시며(고후 1:2) 부요하지만 가난하게 되신 분이시다(고후 8:9). 하나님은 바로 그분 안에 계시사 세상을 자기와 화목하게 하셨다. 이런 점에서 바울은 모든 것이 하나님께로 났다고 말한다.

하나님은 이 목적을 이루기 위해 부르신 사도들과 사역자들에게 화목하게 하는 직책을 주셨다. 그리고 화목케 하는 말씀을 그들에게 부탁하셨다(고후 1:19). 또한 이 직분에 대한 반응으로 '우리를 그리스도 안에서 견고케 하신 분 역시 하나님이시며(고후 1:21) 하나님께서 빛을 우리 마음에 비춰셨다(고후 4:6). 바울은 이 모든 것 역시 하나님께로 났다고 말한다. 이처럼 그리스도 안에 있는 성도들이 체험하게 되는 새로운 창조는 하나님에게서부터 밖으로 나온다. 하나님은 그 변화를 일으키는 장본인이시다.

그리스도는 자신의 죽으심을 통하여 우리를 하나님과 화목하게 하는 화목 제물이 되셨다. 그 희생의 본질과 목적은 화해를 위함이다. 그 아들의

---

232 Paul Barnett, 『고린도후서 강해』 154.

죽음을 통하여 화목하게 되었다는 말은 "이제 우리가 그 피를 인하여 의롭다 하심을 얻었은즉 더욱 그로 말미암아 진노하심에서 구원을 얻을 것"(롬 5:9)이라는 의미와 같다. 이것은 하나님께서 의도하신 그 화목이 그리스도의 희생을 통한 하나님의 공의의 만족에 있음을 증명한다.233

이런 점에서 '하나님이 우리를 자기와 화목하게 하셨다' 는 말은 고통을 당한 편이 다름 아닌 하나님 자신이시며 사람이 그 소외의 원인이 되었음을 지적하고 있다. 전후 맥락에서 '죄' (sins, 고후 15:19)와 '죄' (sin, 고후 15:21)를 언급하고 있는 것은 죄가 하나님과 사람 사이의 소외의 원천임을 분명하게 보여준다.234 하지만 하나님은 '저희의 죄를 저희에게 돌리지 아니하시는 분' 이시다. 이 말은 죄를 용서한다는 의미이다(롬 4:5; 딤후 4:16; 골 2:13).

이 사실은 사람과 하나님과 화목하도록 친히 주도권을 잡으신 분이 곧 하나님 자신임을 밝히고 있다. 때문에 사람들의 죄로 인해서 마음 상하신 하나님께서는 자기도 의로우시며 또한 예수 그리스도를 통하여 자기에게 나아오는 자들을 의롭다 하실 수 있다는 사실을 사람들에게 선포하기를 원하셔서 사도들과 사역자들에게 하나님과 화목하게 하는 직책을 부여하시고 화목하게 하는 말씀을 위임하셨다. 이것은 복되신 주님께서 하늘 아래 있는 모든 피조물들에게 선포할 것을 사도들에게 위임하신 복음, 곧 기쁜 소식이다.235

하나님과의 화목은 새로운 창조, 즉 새로운 피조물인 성도들의 중생과 거룩의 원인과 원천이다. 때문에 그리스도께서 죽으신 목적을 더 많이 성취함으로써 그리스도의 유익을 도모하기 위한 대사($\pi\rho\epsilon\sigma\beta\epsilon$: 사신, 장로)로서 바울은 고린도 교회를 향하여 '너희 자신을 하나님과 화목시키라' 고 말한다. 바울은 자신을 하나님과 화목할 것을 사람들에게 호소하는 하나님의

---

233 Chrales Hodge, 『고린도후서』 180.
234 Paul Barnett, 『고린도후서 강해』 156.
235 Chrales Hodge, 『고린도후서』 181.

대사로 인식하고 하나님의 원수인 사람들에게 화목을 제안하는 하나님의 메시지를 받을 것을 재촉하고 있다. 화목의 근거는 하나님께서 그리스도 안에서 사람들의 죄를 그들에게 묻지 않고 세상을 자신과 화목시키셨기 때문이다. 이 사실을 설명하기 위해 바울은 하나님께서는 우리를 위하여 죄가 없는 그리스도를 죄로 삼으심으로써 우리가 '하나님의 의'가 되게 하셨다고 말한다.[236]

"하나님이 죄를 알지도 못하신 자로 우리를 대신하여 죄(sin)를 삼으신 것은 우리로 하여금 저의 안에서 하나님의 의가 되게 하려 하심이니라"(고후 5:21). 하나님은 죄가 없으신 하나님의 아들이며(고후 1:19) 하나님의 형상이신(고후 4:4) 그리스도를 '죄'로 삼으셨다. 이것은 그리스도의 십자가 처형 사건을 지시한다. 그날 어두워진 하늘은 그때 일어났던 우주적이고 영원한 사건이 해결된 것에 대한 외적 표시였다. 이 사건을 통해 "그리스도께서 우리를 위하여 저주를 받은 바 되사 율법의 저주에서 우리를 속량하셨다"(갈 3:13). 율법을 범한 자들에게 임하는 하나님의 저주가 십자가에서 대신 저주를 받으신 그리스도에게 임했기 때문에 율법을 범한 자들은 저주로부터 자유롭게 되었다.[237]

여기에서 말하는 '하나님의 의'는 '하나님께 속한 의'로서 일반적인 의미에서 성도들의 신분을 지시하는 '칭의'라고 한정시킬 수 없다. 오히려 이 '의'는 하나님 자신의 의로움과 언약에 대한 하나님의 신실하심, 즉 새 창조를 탄생시킨 그 신실하심을 의미한다.[238] 결국 하나님의 새 창조는 '하나님의 의'를 구현하기 위함이다. 이것은 언약의 성취자이신 신실하신 하나님을 더 분명하게 보여준다.

---

236 I. Howard Marshall, 『신약성서신학』 360.
237 Paul Barnett, 『고린도후서 강해』 158.
238 Nicholas T. Wright, 『하나님의 아들의 부활』 489.

B. 복음에 대한 바울의 이해

1. 오직 하나인 그리스도의 복음

사도행전은 바울이 다섯 차례 예루살렘을 방문한 것으로 기록하고 있다. 회심 후 베드로를 만나기 위해(36년경, 행 9:26-30; 갈 1:18-20), 기아로 고통당하는 예루살렘 교회에 안디옥 교회의 연보를 전달하기 위해(46년경, 행 11:27-30), 예루살렘 공의회에 참석하기 위해(49년경, 행 15:1-30), 제2차 전도 여행 말미에(52년, 행 18:22), 제3차 전도 여행을 마친 후 예루살렘 교회에 이방인 교회들의 연보를 전달하기 위해(57년, 행 21:15-23:35) 방문한 것 등이다. 이 다섯 번째 방문에서 바울은 극단적인 유대인들에 의해 성전에서 죽을 고비를 넘기고 로마의 백부장에 의해 가이샤라로 이송된 후 로마로 가게 되었다.

"십사 년 후에 내가 바나바와 함께 디도를 데리고 다시 예루살렘에 올라갔노니"(갈 2:1)라는 기술에서 언급하고 있는 방문은 회심이후 바울의 두 번째 방문임이 확실하다. 왜냐하면 본문에서 분명히 연대를 밝혀 기록하고 있는 두 번의 방문 사이에 바울이 예루살렘을 방문했을 가능성을 찾을 수 없기 때문이다.[239] '십사 년'은 그의 다메섹 회심 사건이 있던 32/33년으로부터 계산되었다.[240] 이것은 바울이 자신의 개인 역사를 구분하는 기준으로 '그리스도 이전'과 '그리스도 이후'를 중심으로 인생을 가름하는 경향이 있음을 반영하고 있다.[241]

또한 갈라디아서가 앞으로 있을 예루살렘 공의회에서 다루게 될 내용들을 주로 다루고 있다는 점에서도 이 사실을 확인할 수 있다. 만일 이 주제

---

[239] F. F. Bruce, 『바울』 168.
[240] Richard N. Longenecker, 『갈라디아서』 244.
[241] Bruce B. Barton, 『갈라디아서』 88.

에 대한 문제가 예루살렘 공의회 결정 이후에 발생했다면 이처럼 많은 논증을 할 이유가 없기 때문이다. 이때는 바울이 바나바의 초청을 받아 안디옥 교회에서 목회 사역을 하고 있었다.

당시는 글라우디오(Claudius, AD 41-54년) 치세 때로 가뭄과 흉작이 계속 발생하고 있었다고 누가는 기록하고 있다(행 11:28). 그러자 안디옥 교회는 예루살렘 교회를 위한 연보를 모아서 바울과 바나바 편으로 전달하게 했다. 본서에서 바울이 예루살렘 교회를 위한 안디옥 교회의 연보에 대한 이야기를 생략하고 있는 것은 갈라디아서 1장에서부터 이어지고 있는 주제에 대한 연관성 때문으로 보인다.

갈라디아서 1장에서 사도권의 독립성을 강력하게 주장한 바울로서는 자신의 복음과 예루살렘 사도들의 복음에서 동질성을 확인할 필요가 있었다. 따라서 바울은 예루살렘 교회를 위한 연보를 전달하기 위한 이 방문을 통해 자기가 하나님으로부터 받은 계시에 대하여 사도들과 대화를 나누고 싶어했다. 이러한 바울의 심정이 "계시를 인하여 올라가 내가 이방 가운데서 전파하는 복음을 저희에게 제출하되 유명한 자들에게 사사로이 한 것은 내가 달음질하는 것이나 달음질한 것이 헛되지 않게 하려 함이라"(갈 2:2)는 말속에 담겨 있다.

바울은 이 두 번째 방문을 앞두고 나름대로 염려하는 부분이 있었다. 그것은 이방인 교회에서 사역하고 있는 바울의 복음과 예루살렘 교회의 사도들이 전하는 복음 사이에 당연히 확인되어야 할 복음의 일치성에 대한 염려였다. 이것은 바울이 자신이 전한 복음의 본질이나 내용에 대해서가 아니라 선교 활동에 대한 예루살렘의 반응과 관련해서 충분히 우려할 만한 이유가 있었음을 암시하고 있다. 그것은 선교에 대한 이해와 관련되어 있었다.

일반적으로 선교는 먼저 이스라엘에게 행해야 한다는 것이 당시 예루살렘 교회의 관점이었다. 무엇보다도 유대인들로 구성되어 있는 예루살렘 교회의 특성을 감안할 때 이점을 염두에 두지 않을 수 없었다. 물론 예수께서 열두 제자들에게 위임 명령을 하셨을 때 이방인과 사마리아 마을로 가지말고 이스라엘 집의 잃어버린 양에게로 가라(마 10:5-6)고 하셨지만 당시는 이미 성령께서 예루살렘(행 2:4)과 사마리아 교회들(행 8:17)에게 충만히 임한 때였다.

이미 성령께서 빌립을 통해 이방인 구스 사람에게 복음을 전하게 하셨으며(행 8:29) 베드로를 통해 이방인 고넬료에게도 성령이 충만한 임한 사실(행 10:44-45)이 확인된 시점이었다. 그리고 이 고넬료의 일은 베드로가 예루살렘 교회에 보고되었고 예루살렘 교회는 "저희가 이 말을 듣고 잠잠하여 하나님께 영광을 돌려 가로되 그러면 하나님께서 이방인에게도 생명 얻는 회개를 주셨도다 하나라"(행 11:18)고 인정한 상태였다.

비록 바울이 이방인 고넬료와 관련된 내용에 대해 알지 못했다 할지라도 자신은 이방인들을 위한 사도로 위임받았으며(행 9:15), 이방인들로 구성된 수리아의 안디옥 교회가 존재하고 있다는 사실만으로도 지금이야말로 이방인들에게 선교해야 할 적절한 시기라는 사실을 이미 확인한 것과 다를 바 없었다. 때문에 바울은 이번 방문을 통해 예루살렘 지도자들과 이방인 선교에 대한 연대 의식을 갖는 일에 더 큰 목적을 두고 있었음을 알 수 있다.242

이런 목적 때문에 바울은 예루살렘의 유명한 자들, 즉 베드로와 요한과 주의 형제 야고보를 만났을 때 그들에게 '내가 이방 가운데서 전파하는 복음을 저희에게 제출(혹은 제시)하였다' (갈 2:2)고 말하고 있다. 바울은 자신의 복음을 예루살렘의 유명한 자들로부터 인정을 받거나 승인을 받기 위해 자신의 복음을 제시한 것이 아니었다.

앞서 바울은 복음을 전파하기에 앞서 승인을 받기 위해 어떤 인간적인

---

242 William Handriksen, 『갈라디아서』 67.

지도자와도 의논한 적이 없다고 말한 바 있다(갈 1:16). 마찬가지로 하나님으로부터 직접 복음을 받았기 때문에 사람들의 인정을 받을 이유가 없다. 오히려 바울은 자신이 유대인들과 이방인들에게 전한 복음의 본질은 하나님의 구원이 인종과 성별과 국적과 사회적 지위를 막론하고 모든 사람들이 그리스도를 믿음으로서 죄사하심을 받는다는 사실에 대해 예루살렘 사도들과 연대 의식을 갖기 위해 자신의 복음을 그들 앞에 제시했던 것이다.243

바울에게 사도직을 위탁한 것은 예루살렘 교회가 아니었다. 하지만 예루살렘 교회와 원만한 관계를 맺지 않는다면 사도직을 효과적으로 수행할 수 없다. 지금까지 그랬던 것처럼 이방인들에 대한 사도직을 바울이 계속 수행하기 위해 바울은 예루살렘 교회의 후원이 필요했다.244 무엇보다 그리스도를 선포하는 내용이 서로 다르게 되고 바울의 이방 선교와 예루살렘 모교회 사이에 분열이 발생한다면 그것은 복음의 진보를 위해 불행한 사태일 것이다. 바울은 자신의 사도직과 복음에 대한 아무런 의심조차 받지 않을 때에도 정작 그가 염려하고 있었던 것은 자신과 예루살렘 교회 사도들과의 일치에 대한 것이었다.245

바울의 두 번째 예루살렘 방문에는 동행한 몇몇 일행들이 있었다. 곧 안디옥 교회의 대표로서 함께 파송받은 바나바와 동행한 디도 외에 몇 사람이 더 있었을 것으로 보인다. 그 중에 디도는 이방인 출신으로 할례를 받지 않은 인물이었다. 하지만 사도들은 디도를 주저 없이 형제로 인정하였다.246 순순한 이방인의 혈통을 이은 한 기독교인이 유대인들의 최 심장부인 이곳, 그것도 유대인 지도자들이 모든 영향력을 지니고 있는 예루살렘 교회임에도 불구하고 할례 받기를 강요하지 않았다면 이방 세계에서 살고

---

243 Bruce B. Barton, 『갈라디아서』 92.
244 F. F. Bruce, 『바울』 169.
245 Richard N. Longenecker, 『갈라디아서』 250.
246 J. Calvin, 『갈라디아서』 524.

있는 이방인 회심자들에게도 할례는 강요될 수 없음을 인정한 것과 같다. 처음부터 예루살렘 교회의 지도자들은 그리스도를 영접한 이방인들의 할례 문제에 대해서 바울과 바나바와 견해를 같이 하고 있었다.

그런데 이 일로 말미암아 예루살렘 교회에서는 예상치 않은 문제가 발생했다. 그 문제는 '가만히 들어온 거짓 형제들'(갈 2:4) 때문이었다. 이들의 정체는 누가가 언급하고 있는 '할례자들'(행 11:2; 갈 2:12)이었던 것으로 보인다. 이들은 베드로가 이방인 고넬료의 집에 들어가 그들과 함께 식사를 하였던 일에 대해 베드로를 향해 '네가 무할례자의 집에 들어가 함께 먹었다'(행 11:3)고 힐난하던 자들이었다. 비록 고넬뇨의 집에 성령께서 임하셨다는 베드로의 이야기를 듣고 난 후 잠잠했었지만 할례받지 않은 디도로 말미암아 또다시 이 문제를 들고나선 것이다.

이 거짓 형제들은 디도에게 끈질기게 할례를 강요했다. 이들 거짓 형제들이 할례를 강요한 것은 사실 할례를 받고 안 받고 하는 문제와는 달랐다. 그들은 디도로 하여금 할례를 받도록 함으로써 할례를 교회의 의식으로 자리잡게 하는데 목적을 두었다.

바울은 그들이 주장하는 목적을 가리켜 '저희가 가만히 들어온 것은 그리스도 예수 안에서 우리의 가진 자유를 엿보고 우리를 종으로 삼고자 함'(갈 2:4)이라고 밝히고 있다. 그들은 율법의 저주로부터 그리고 구원의 방도로서의 율법으로부터 나아가 율법이 요구하는 의식의 준행으로부터의 자유, 즉 신자들이 그리스도안에서 누리는 자유를 율법의 행위 아래로 얽매기 위해 신자들 사이에 섞여 들어 왔었다. 그리고 사람으로서는 감당할 수 없는 율법의 멍에를 신자들에게 짊어지게 함으로써 복음 안에서 자유를 누리고 있는 신자들을 율법의 노예로 만들려고 하였다.247

그들의 의중을 헤아린 바울은 기꺼이 디도에게 할례 행하는 것을 반대

---

247 William Handriksen, 『갈라디아서』 114.

했다. 할례를 받는 것이 바울의 양심에 거리낄 만한 아무런 이유가 없었음에도 반대했던 이유는 분명하다. 그것은 하나님께서 할례를 포함하여 종교적 제한의 멍에로부터 인간을 은혜로 자유케 하신 일과 인간을 자유케 하심으로 하나님이 그 자유의 복음을 섬기도록 정하셨다는 점을 강조하기 위함이었다.248

바울은 율법의 마침이 되시는 그리스도의 복음 안에서는 할례를 받은 사람이던 받지 않은 사람이던 그것은 하나님과의 관계에서는 아무런 차이가 없다고 보았다(갈 5:6; 6:15; 고전 7:19). 여기에서 바울이 반대했던 것은 종교적 의무로서의 할례를 이행함으로써 사람이 하나님 앞에서 인정을 받을 수 있다는 '할례자들' 의 생각 그 자체였다.249 사도들 역시 할례가 이방인 개종자들에게 필수적인 의식이 아니라는 바울의 의견에 동의했다.

바울은 이 사건을 통해 갈라디아 교회들에게 지금까지 전개해 왔던 주제와 연결시켜 "우리가 일시라도 복종치 아니하였으니 이는 복음의 진리로 너희 가운데 항상 있게 하려 함이라" (갈 2:5)라고 부연 설명을 하고 있다. '복음의 진리' 란 '그리스도의 복음은 오직 믿음으로만 받아들인 모든 사람을 위한다는 진리' 를 의미한다. 바울은 자신이 받은 할례조차도 복음의 본질적인 진리에 속하지 않는다는 확신을 가지고 있었다. 따라서 유대주의자들의 주장처럼 복음의 본질적인 진리에 다른 조건이나 규정을 첨가한다는 것은 진리 전체를 거짓으로 변질시키는 것으로 간주하였다.250

바울은 예루살렘의 사도들, 즉 기둥같이 여기는 야고보와 게바와 요한과의 만남을 통해 바울의 메시지는 하나님에게 받았으며(갈 2:2), 현존하는 어떤 사도도 바울을 통한 회심자들에게 부차적인 요구를 부과하지 않는다(갈 2:3)는 사실을 확인할 수 있었다.

---

248 Chrales B. Cousar, 『갈라디아서』 68.
249 F. F. Bruce, 『바울』 199.
250 S. Andrew Cooper, *Marius Victorinus' Commentary on Galatians*, 272.

바울이 이 사도들을 '기둥들' 이라 칭한 것은 예수께서 세우리라고 말씀하신 산 돌들로 이루어진 새로운 성전에 있는 기둥들로서 예루살렘 교회에서 그들의 지위에만 국한된 것이 아니라 그리스도의 이름을 부르는 모든 곳에서 특별한 주목을 받을 만하다는 것을 나타내는 영예로운 칭호였음을 의미한다.251 하지만 이들로부터 바울이 전한 복음의 주제나 복음을 전하는 자기의 권위 외에 더 받아야 할 새로운 복음이나 권위는 찾아볼 수 없었다. 이것은 바울이 전한 복음과 권위는 그 자체로서 완전하다는 사실을 부각시키고 있다.

이에 대해 바울은 "유명하다는 이들 중에 (본래 어떤 이들이든지 내게 상관이 없으며 하나님은 사람의 외모를 취하지 아니하시나니) 저 유명한 이들은 내게 더하여 준 것이 없고 도리어 내가 무할례자에게 복음 전함을 맡기를 베드로가 할례자에게 맡음과 같이 한 것을 보고 베드로에게 역사하사 그를 할례자의 사도로 삼으신 이가 또한 내게 역사하사 나를 이방인에게 사도로 삼으셨느니라" (갈 2:6-8)라고 증언하고 있다.

여기에서 바울은 갈라디아 교회들에게 하나님께서는 사람의 외모를 취하지 아니하시는 것처럼 사도들의 결정 역시 외적인 사정들에 따라 이루어져서는 안 된다는 점을 부언하고 있다. 이것은 사람의 외모, 즉 그 사람의 지위가 가지고 있는 권위로 말미암아 무엇을 주장하거나 주관하는 것이 아니라 실재, 즉 복음에 대한 메시지와 삶의 순응에 의해 판단받아야 함을 의미한다.252

바울에게 있어서 예루살렘의 사도들은 기둥같은 지위였다. 하지만 그 지위가 바울이 전한 복음과 권위를 단념시키거나 폄하하는 수단으로 작용해서는 안 되었다. 다행히 그들도 바울에게 그렇게 하려고 하지 않았다. 이로써 바울은 예루살렘의 사도들과 우호적인 합의가 이루어졌음을 보여

---

251 F. F. Bruce, 『바울』 169.
252 S. Andrew Cooper, *Marius Victorinus' Commentary on Galatians*, 274.

주고 있다. 오히려 그들은 ‘베드로’ 에게 할례자들을 향한 복음이 맡겨졌던 것처럼 바울에게 무할례자들을 향한 복음이 맡겨졌음을 바울이 제시한 복음과 그 사역을 통해 알게 되었다. 그리고 그들이 바울에게 주어진 은혜를 알았기 때문에 ‘야고보와 게바와 요한은 할례자들에게로, 바울과 바나바는 이방인에게로 가자’ (갈 2:9)고 교제의 악수를 청했음을 밝히고 있다.

이미 바울과 바나바는 이때의 선교 협의 이전부터 이방인들에게 복음을 전하고 있었다.253 그리고 바나바는 예루살렘 교회의 위탁으로 안디옥에서 이 사역을 수행하고 있었다. 반면에 바울은 바나바에 의해 안디옥으로 초청받기 오래 전부터 이방인 선교 사역을 하고 있었다. 따라서 이날의 합의는 예루살렘 사도들이 바울에게 선교의 권한을 위임한 것이 아니라 서로 동등한 위치에서 선교 합의를 위한 교제의 악수였음을 보여주고 있다. 바울과 예루살렘 사도들 사이에 맺어진 교제의 악수는 곧바로 교회의 일치와 유익을 위한 결과로 이어졌다. 하지만 ‘할례자들’ 의 주장이 철회된 것은 아니었다. 때문에 유대인 기독교인들과 이방인 기독교인들 사이의 일치를 근본적인 차원에서 도모하는 데 많은 노력이 요구되었다.

사도들은 이 둘 사이의 간격을 해결할 수 있는 즉각적이고 실천적인 방안을 찾아내었다. 그것은 “다만 우리에게 가난한 자들 생각하는 것을 부탁하였으니 이것을 나도 본래 힘써 행하노라” (갈 2:10)는 바울의 진술처럼 예루살렘 교회의 가난한 형제들을 이방인 성도들이 돌보는 것이었다.254 이것은 교회의 하나됨을 더욱 공고히 하는 결정이었다.

이후 바울은 모교회 성도들의 어려운 처지를 완화시키기 위해 연보를 모을 뿐 아니라 기독교 공동체 안에 있는 다양한 그룹들과 유대 관계를 결속시키기 위해 이방인들이 주축이 된 교회에서 사역했다. 이 일은 이방인들로 하여금 유대인들에게 약속되었던 영적인 복에 대해 빚을 지고 있음

---

253 Ernest De Witt Burton, *The Epistle to the Galatians*, 98.
254 Ernest De Witt Burton, *The Epistle to the Galatians*, 101.

을 인정하게 하였고 그리스도 안에서 나누었던 상호 관심에 대한 가시적 표현의 방편이 되었다.255

바울은 두 번째 예루살렘 방문을 통해 자신이 전한 복음의 본질과 권위에 대해 누구로부터 반대나 이의를 받지 않았음을 확인했다. 또한 거기에 더해야 할 어떤 내용이나 자신의 사도직에 대한 인준도 필요하지 않았음을 확인했다. 뿐만 아니라 그리스도 안에 들어 온 이방인 회심자들에게 복음 외에 어떤 조건도 필요치 않음을 확인했다. 오히려 예루살렘 사도들은 바울의 사명을 강력하게 장려했으며 서로 선교 협약과 예루살렘 교회의 가난한 성도들을 위한 연보에 합의했다.

이로써 바울은 은혜의 복음, 즉 바울이 다메섹에서 받은 '그리스도의 계시' 안에서 이방인 교회들과 예루살렘 교회가 하나임을 확인했으며 복음 안에서 교회들은 다양성과 더불어 하나될 수 있는 길을 열게 되었다.256 바울은 때로는 비타협적 독단주의에 사로잡힌 완고한 신학자인 것처럼 보이지만 사실 바울은 이방인이 억지로 유대인이 되어서도 안 되고 그 반대가 되어서도 안 된다는 다양성과 상호 관계성을 위해 투쟁한 사도였다.257

이상의 논증을 통하여 바울은 갈라디아 교회들 안에서 유대주의자들이 제기한 자신의 소명에 대한 의문이나 예루살렘 교회의 지도자들과 조화를 이루지 못했다는 주장은 전혀 근거가 없음을 밝히고 자신의 개인적인 권위나 그의 복음의 권위에 더 이상 의문을 제기할 수 없음을 확고히 하고 있다.

2. 교회가 고백하는 '그리스도의 복음'

두 번째 예루살렘을 방문한 이야기(갈 2:1-10)를 자신의 복음과 권위에 대

---

255 Bruce B. Barton, 『갈라디아서』 69.
256 F. F. Bruce, 『바울』 115.
257 Bruce B. Barton, 『갈라디아서』 70.

해 논증을 마친 바울은 이어서 안디옥에서 발생한 사건, 즉 이방인들과 함께 식사자리에 있던 베드로가 유대인들이 등장하자 그 자리를 떴던 이야기(갈 2:11-14)로 화제를 넘기고 있다.

바울과 바나바는 안디옥으로 돌아온 지 얼마 지나지 않아 베드로가 안디옥 교회를 방문했다. 베드로는 유대 기독교인들뿐 아니라 이방 기독교인들과도 교제를 갖고 있었다. 그리고 얼마 후 예루살렘 교회가 파송한 사절단이 안디옥 교회에 도착했다. 이 방문은 바울이 유대인 기독교인들과 이방인 기독교인들의 교제를 예루살렘 지도자들에게 요청함으로써 이루어졌다. 그런데 그들 중 일부가 이방 기독교인들 사이에서 베드로가 교제하는 일에 대해 항의를 하는 일이 발생했다. 이 일로 베드로가 먼저 자리를 뜨고 이어 바나바도 그 자리를 떠나게 되었다. 이때까지만 해도 이방인 교회들에게서는 복음이나 교리에 대한 어떤 문제도 없었다.258

당시 상황에 대해 바울은 "야고보에게서 온 어떤 이들이 이르기 전에 게바가 이방인과 함께 먹다가 저희가 오매 그가 할례자들을 두려워하여 떠나 물러가매 남은 유대인들도 저와 같이 외식하므로 바나바도 저희의 외식에 유혹되었느니라"(갈 2:12-13)라고 진술하고 있다. 바울이 이 문제를 야기시킨 장본인들을 가리켜 '야고보에게서 온 어떤 이들' 이라고 한 것은 이들의 주장이 야고보와 직접적인 관련이 있음을 의미하지는 않는다. 아마 당시 예루살렘 교회는 야고보의 지도력 아래에 있었기 때문에 바울이 야고보의 위치를 염두에 둔 것으로 보인다.259

이때까지만 해도 유대인 기독교인들과 이방인 기독교인들 사이에서 식탁 교제에 대한 문제는 없었다. 안디옥 교회 안에서는 출신의 배경에 상관없이 자유롭게 식탁 교제가 이루어져 왔었기 때문이다. 베드로 역시 안디옥 교회에서 이 문제를 거론한 바 없었다. 그런데 예루살렘에서 온 일부

---

258 Ernest De Witt Burton, *The Epistle to the Galatians*, 105-06.
259 William Handriksen, 『갈라디아서』 132.

유대인 기독교인들이 이 문제를 강하게 들고 나왔다. 그들에게 있어서 유대인들과 이방인들이 한 식탁에서 식사를 하며 교제하는 일이 생소했음에 틀림없었다.

바울이 예루살렘에서 온 사람들을 가리켜 '할례자들'이라고 표현한 것은 얼마 전에 있었던 두 번째 예루살렘 방문에서 디도에게 할례를 행해야 한다고 주장한 이들(갈 2:2-3)을 염두에 둔 것으로 보인다. 비록 그들이 예루살렘 교회의 회원이라 할지라도 이방인들과의 식사를 거부한다는 것은 복음 안에서 누려야 할 자유를 제한하는 일이며 이것은 복음의 본질을 훼손하는 중대한 일이었다.260 그 자리에서 베드로는 그들의 강한 반발에 대해 반론하지 않고 주춤거리다가 결국 그 자리를 떠나고 말았다.

바울은 바울의 행위를 가리켜 '그가 할례자들을 두려워하여 떠나 물러가매'라고 묘사하고 있는데 이것은 베드로가 그 자리에서 바로 떠난 것이 아니라 마지못해 점진적으로 이루어진 것을 보여주고 있다.261 사실 베드로는 이방인과의 식사가 이번이 처음이 아니었다. 이미 베드로는 모든 식물을 깨끗하다고 하신 예수의 교훈을 들은 바 있다(막 7:19). 욥바에서도 친히 환상 가운데 하나님께서 깨끗하게 하신 식물을 부정한 것으로 여기지 않아야 함을 체험하기도 했다(행 10:9-16). 그리고 할례받지 않은 가이샤라에 있는 고넬료의 집을 방문하고 식사도 했었다.

"내가 참으로 하나님은 사람의 외모를 취하지 아니하시고 각 나라 중 하나님을 경외하며 의를 행하는 사람은 하나님이 받으시는 줄 깨달았도다"(행 10:34-35)는 베드로의 선포는 교회 역사의 한 획을 그은 사건이었다. 이러한 그가 안디옥에서 갑자기 식탁의 교제에서 자리를 떴다는 것은 결코 단순한 사건이 아니다. 아마도 베드로는 이방인 성도들이 보는 앞에서 '할례자들'과의 논쟁을 피하기 위해 또는 자신이 이방인들과 식탁 교제한 사실

---

260 S. Andrew Cooper, *Marius Victorinus' Commentary on Galatians*, 279.
261 Richard N. Longenecker, 『갈라디아서』, 289.

이 알려지게 됨으로써 유대인들에게 복음을 전함에 있어 방해가 되지 않기 위해 점차 식탁 교제를 멀리한 것으로 보인다.262

하지만 베드로가 취한 행동은 단순히 개인의 문제로 끝나지 않았다. 그 자리에 있던 다른 유대인 기독교인들과 심지어 바나바까지도 이방인 성도들 앞에서 외식(위선)하게 만들었고 그 자리에 있던 이방인 기독교인들에게 커다란 상처를 입히는 결과를 야기하고 말았다. 본문의 '외식' 이라는 말은 연극에서 가면을 쓰고 그에게 주어진 대역을 감당하는 배우를 가리킨다. 그 자리에 있던 베드로가 자리를 떠났던 행동이 나머지 유대인 기독교인들과 바나바에게도 가면을 쓰고 연극하는 것과 같은 위선을 하게 만들고 말았다.263

이유가 어찌되었든 이방인들과 더불어 갖고 있던 식탁 교제를 멀리했다는 사실은 '복음의 진리' (갈 2:5)를 따라 바로 행하는 데 실패했음을 보여주고 있다. 때문에 바울은 공개적으로 베드로를 향해 "네가 유대인으로서 이방을 좇고 유대인답게 살지 아니하면서 어찌하여 억지로 이방인을 유대인답게 살게 하려느냐" (갈 2:14)고 강하게 이의를 제기하지 않을 수 없었다. 이 말은 그동안 이방인들과 함께 식탁 교제를 나눔으로써 이방인처럼 살았던 베드로가 이제는 이방인들을 향해 유대인이 되라고 강요하는 것과 다를 바 없다는 의미이다. 이것은 '복음의 진리' 에 대한 도전과 다름없었다.

할례와 마찬가지로 절기와 날이나 여러 가지 음식 규제들을 지키는 것은 그렇게 준수함으로써 하나님의 인정을 받을 수 있다는 생각만 하지 않는다면 특별히 복음의 진리를 훼손하는 것은 아니다. 이런 규례들은 새로운 은혜의 질서로 대치된 옛 율법에 속한 질서의 특징들이기 때문이다.264 그러나 이러한 규례들을 지키는 것에 대해 어떤 의미를 부여한다면, 즉 하

---

262 Ibid., 290.

263 S. Andrew Cooper, *Marius Victorinus' Commentary on Galatians*, 280.

264 F. F. Bruce, 『바울』 199.

나님 앞에서 인정을 받으려 하는 것으로 여긴다면 그것은 바로 '복음의 진리'를 대적하는 행위가 된다. 바울이 베드로를 강하게 책망했던 이유가 여기에 있다.

바울의 책망을 받은 베드로는 즉시 바울의 의견에 동조한 것으로 보인다. 이것은 본문의 흐름 속에서 나타나고 있다. 갈라디아서 2:11-14절에서 게바는 3인칭 단수로 일컬어지고 있는 반면에 갈라디아서 2장 15-17절에서는 우리라고 하는 일인칭 복수 안으로 흡수되어 나타나고 있기 때문이다. 여기에서 말하고 있는 '우리'는 바울과 베드로와 바나바와 유대인 기독교인들을 모두 포괄하고 있음을 보여주고 있다. 이것은 바울과 베드로가 신학적 입장이 다르지 않으며 같은 입장을 취하고 있음을 암시한다.[265]

"우리는 본래 유대인이요 이방 죄인이 아니로되 사람이 의롭게 되는 것은 율법의 행위에서 난 것이 아니요 오직 예수 그리스도를 믿음으로 말미암는 줄 아는 고로 우리도 그리스도 예수를 믿나니 이는 우리가 율법의 행위에서 아니고 그리스도를 믿음으로서 의롭다 함을 얻으려 함이라 율법의 행위로서는 의롭다 함을 얻을 육체가 없느니라"(갈 2:15-16). 이 단락은 기독교 역사상 최초로 '이신칭의'를 규명한 신앙고백이라는 점에서 그 의의를 찾을 수 있다.

이 위대한 신앙고백은 바울과 베드로를 위시한 최초의 유대인 기독교인들이 율법의 행위와 복음에 대한 믿음을 규정하고 있는 위대한 유산으로 남아 있다. 그들은 출생이 유대인이고 이방인들이 아니었지만 율법의 의무를 지킴으로써 하나님의 호의를 받는 것이 아니라 예수 그리스도를 믿음으로 받는다는 사실을 고백한다.[266]

이것은 "주의 종에게 심판을 행치마소서 주의 목전에는 의로운 인생이 하나도 없나이다"(시 143:2)라는 시편 기자의 고백처럼 아무도 율법을 준수

---

265 William Handriksen, 『갈라디아서』, 80.
266 Ernest De Witt Burton, *The Epistle to the Galatians*, 118.

함으로써 하나님의 심판을 면할 수 없음을 확인하고 있다. 여기에서 하나님과의 관계 회복은 오직 예수 그리스도 안에서만 이루어진다는 사실을 고백하고 있다. '의롭다 함'(칭의: Justification)에 대한 의미는 다음과 같다.

여기에서 칭의는 법정적 의미로 사용되며 칭의는 하나님의 은혜로운 행동으로서 오직 완성된 그리스도의 중보적 사역에 근거하여 하나님은 죄인을 의롭다고 선언하시고 죄인은 믿는 마음으로 이 은택을 받는 것을 말한다. 칭의는 하나님의 사법적 행동으로 인간의 행위에 근거하는 것이 아니며 인간의 한 행위로서의 신앙에 근거한 것도 아니고 오직 예수 그리스도 안에서 하나님의 주권적 은혜에 근거하는 것이다. 칭의를 가능하게 하고 현실화시킨 법적 근거를 제공한 것은 그리스도의 중보적 사역이며 그리스도는 하나님의 율법적 요구를 충분히 만족시켰다. 그리스도는 우리의 빚을 갚으셨을 뿐 아니라 짊어져야 했던 복종을 대신 지셨다.

인간은 본질상 진노의 자녀라는 사실이 견딜 수 없는 저주이며 이 저주 아래에서는 평강이 없고 오직 무서운 마음으로 심판을 기다릴 따름이며 하나님께서 그에게 베푸시는 자연적 은총들마저도 충분히 누리지 못한다. 또한 인간은 철저히 타락했기 때문에 그 자신의 노력으로서는 죄책을 떨쳐 버릴 수 없고 평강을 얻을 수 없다는 사실조차 깨닫지 못한다.

역사 이래로 인간은 자기 자신을 의롭게 하려고 온갖 수단과 방법을 동원해 왔지만 그 어떤 것으로도 이룰 수 없다. 결국 인간은 죄와 허물 가운데 죽은 상태에 있기 때문에 자신이나 타인을 구속할 수 없으며 하나님 앞에서 어떤 인생도 의롭지 못하다. 따라서 모든 사람이 죄를 범하여 하나님의 영광에 이르지 못하기 때문에 죄의 용서와 영생을 포함하는 그리스도의 의를 받아들여야 한다. 칭의는 사람의 노력으로 받는 것이 아니며 오직 선물로 받는다. 믿음은 이 선물을 받는 수단이다. 믿음 그 자체가 또한 하나님의 선물이다.

칭의는 전가의 문제로서 죄인의 죄악이 그리스도에 옮기어지고 그리스도의 의는 죄인에게 옮겨진다. 성화는 변화의 문제로서 칭의를 얻은 하나님의 자녀에게 주어진 성령의 능력을 통해 죄를 거스려 싸우며 선행으로써 하나님 앞에 부요해지게 된다. 칭의와 성화는 분리되지 않으며 칭의는 성화를 동반한다. 이것은 "사람이 행함으로 의롭다 하심을 받고 믿음으로만 아니니라"(약 2:24)는 말과 같은 의미이다.[267]

누군가 이 고백에 대해 반론을 한다는 것은 율법이 의롭게 되는 길로서 여전히 힘을 발휘하고 있다고 주장하는 것과 같다. 이 주장은 메시아의 시대가 아직 이르지 않았으며 예수는 그리스도일 수 없다는 것과 같다. 만일 율법으로 말미암아 의롭게 된다면 그것은 율법 전체를 지킴으로써 가능하다는 의미이다. 하지만 할례나 몇 가지 규례를 지키는 것으로 율법의 의무를 모두 수행하는 것이라고 생각하는 것은 율법을 기만하는 것과 다를 바 없다.[268]

때문에 바울은 "만일 우리가 그리스도 안에서 의롭게 되려 하다가 죄인으로 나타나면 그리스도께서 죄를 짓게 하는 자냐 결코 그럴 수 없느니라"(갈 2:17)라고 못을 박고 있다. 즉 식탁 교제와 같은 음식 규정을 지킨다고 하는 것으로써 복음을 제한한다면 그것이야말로 그리스도의 십자가를 부정하는 것이기 때문이다.

그리스도는 율법의 저주를 온 몸으로 흡수하시기 위해 십자가에서 죽으셨다. 그리스도는 율법의 저주를 대신 받으신 '그리스도를 믿는 믿음'으로, 즉 복음으로써 율법의 저주로부터 구속되는 길을 열어 주셨다. 그런데 이제 와서 율법의 요구를 따른다는 것은 그 십자가의 죽음, 즉 복음을 부인하는 것과 같다. 그러므로 바울은 "만일 내가 헐었던 것(율법)을 다시 세우면 (그때에) 내가 나를 범법한 자로 만드는 것이라"(갈 2:18)라고 선언한다.

바울은 율법의 수단으로 하나님과의 관계를 회복하기 위해 율법으로 되

---

267 William Hendriksen, 『갈라디아서』 138-41.
268 F. F. Bruce, 『바울』 200.

돌아가는 일이 결국 사람을 죄인으로 만든다는 사실을 분명히 밝히고 있다. 기독교인들은 율법에 대해 죽었기 때문에 하나님에 대해 살 수 있게 되었다(롬 7:1-6). 그런데 다시 성도들로 하여금 율법의 행위를 하게 만든다는 것은 '그리스도를 믿음으로서 의롭다 함을 얻으려 함이라'는 복음의 진리를 또다시 율법 아래 가두는 것과 같다.

여기에서 바울은 다시 화자를 1인칭 단수로 바꾸고 있다. 이것은 자신이 체험한 다메섹 사건을 염두에 둔 것으로 보인다. 하지만 1인칭 단수는 때로 보편적인 의미를 가지기 때문에 배타적이 아니라 포괄적인 의미를 갖는 것으로 보아야 한다. 이 경우 바울이 체험한 그리스도의 죽음과 부활을 교회 공동체의 집합적 경험으로 이해하고 있음이 분명하다.[269] 그리스도의 죽음은 모든 성도들의 모범이다. 즉 그리스도와 그의 죽음에의 연합은 율법 아래 있는 옛 지배의 삶으로부터의 철저한 단절을 가져오게 한다. 따라서 그리스도의 죽음과 그와 함께 한 성도들만이 새 생명을 누리게 된다.

"내가 율법으로 말미암아 율법을 향하여 죽었나니 이는 하나님을 향하여 살려 함이니라 내가 그리스도와 함께 십자가에 못 박혔나니 그런즉 이제는 내가 산 것이 아니요 오직 내 안에 그리스도께서 사신 것이라 이제 내가 육체 가운데 사는 것은 나를 사랑하사 나를 위하여 자기 몸을 버리신 하나님의 아들을 믿는 믿음 안에서 사는 것이라"(갈 2:19-20). 이 선포는 교회 공동체가 고백해야 할 믿음이 무엇인가를 확고하게 보여주고 있다.

하이델베르크 교리문답(1563년) 제21문에서는 "참된 믿음은 하나님께서 그의 말씀에서 우리에게 계시하신 모든 것이 진리라고 여기는 확실한 지식이며, 동시에 성신께서 복음으로써 내 마음속에 일으키신 굳은 신뢰입니다. 곧 순전히 은혜로, 오직 그리스도의 공로 때문에 하나님께서 죄사함

---

269 Bruce B. Barton, 『갈라디아서』 135.

과 영원한 의로움과 구원을 다른 사람뿐 아니라 나에게도 주심을 믿는 것입니다"라고 믿음을 정의하고 있다. 참된 믿음이란 단순히 지식과 신념뿐 아니라 또한 깊이 뿌리박힌 확인이기도 하다.270

바울은 갈라디아서 2장 15-21절에서 갈라디아서의 핵심 내용이라고 할 수 있는 두 가지 논제를 제시하고 있다. 첫째, 율법은 그리스도인이 되는 데 아무런 긍정적 역할을 하지 않는다. 이것은 율법주의, 즉 율법을 지킴으로써 공로를 쌓는다는 주장을 반대한다(갈 2:15-16). 둘째 율법은 그리스도인의 삶에서 아무런 긍정적인 역할도 하지 않으며 오히려 그리스도인의 삶은 '그리스도 안'에서 사는 것이다. 이것은 언약적 율법주의, 즉 율법을 지킴으로써 하나님의 백성된 자신들의 신분을 증명한다는 주장을 반대한다(갈 2:17-20). 이런 점에서 갈라디아서 2장 15-21절은 갈라디아서의 명제적 진술이라 할 수 있다.271

따라서 할례나 율법의 어떤 요구가 하나님의 행하신 해방, 즉 율법으로부터의 자유에 대한 선언에 지극히 작은 역할이라도 감당한다고 말하는 것은 하나님의 은혜에 대한 거부이며 그리스도의 십자가 위에서 죽음에 대한 부인으로 간주되어야 한다.272

이런 점에서 바울은 "내가 하나님의 은혜를 폐하지 아니하노니 만일 의롭게 되는 것이 율법으로 말미암으면 그리스도께서 헛되이 죽으셨느니라"(갈 2:21)라고 명확하게 선포하고 있다. 이 선언은 "그리스도께서 하나님 곧 우리 아버지의 뜻을 따라 이 악한 세대에서 우리를 건지시려고 우리 죄를 위하여 자기 몸을 드리셨으니 영광이 저에게 세세토록 있을지어다 아멘"(갈 1:4-5)이라고 서두에서 말하고 있는 찬양을 재확인하고 있다.

---

270 Fred H. Klooster, 『하이델베르크 요리문답에 나타난 기독교신앙』 이승구 역 (서울; 여수룬, 1992), 47.

271 Richard N. Longenecker, 『갈라디아서』 301.

272 S. Andrew Cooper, *Marius Victorinus' Commentary on Galatians*, 285.

이상의 논증을 통해 바울은 갈라디아 교회들이 자칫 빠져들기 쉬운 유대주의자들의 함정, 즉 ① 아직도 율법이 의롭게 되는 길로서 여전히 힘을 발휘하고 있으며 ② 할례를 받음으로써 진정한 아브라함의 후손이 될 수 있다는 유혹으로부터 벗어날 것을 촉구하고 있다.

C. '하나님의 의' 와 이신칭의

1. 율법의 부정적인 기능에 대한 바울의 논증

갈라디아서 2장 15-21절에서 아직도 율법이 의롭게 되는 길로서 여전히 힘을 발휘하고 있으며, 할례를 받음으로써 진정한 아브라함의 후손이 될 수 있다는 유대주의자들의 주장을 반론한 바울은 먼저 율법의 부정적인 면을 들어 자신의 주장이 정당하다는 점을 밝히고 있다. 이에 바울은 율법에 순종함으로써가 아니라 바울이 선포한 복음을 믿음으로 성령을 받았으며, 할례를 통해서가 아니라 믿음으로 아브라함은 의롭다 하심을 받았으며, 의를 얻기 위해 율법을 지킨다는 것은 불가능하기 때문에 사람은 율법의 저주 아래 있을 수밖에 없다는 점을 논증하고 있다.

바울에게 있어 가장 경이로운 사건은 부활하신 그리스도를 다메섹에서 만난 일이었다. 그때까지만 해도 바울은 자신의 의를 추구함에 있어 자신의 신뢰의 근거를 모세의 율법과 성전 의식에 대한 순종하는 것에 두었다. 그러나 부활하신 그리스도의 계시를 받은 이후에야 비로소 율법과 성전 의식은 그리스도의 십자가로 말미암아 완성되었으며 그리스도의 십자가로 대신되었다는 복음의 진리를 깨닫게 되었다.273 이런 점에서 바울에게 있어 십자가 사건은 다메섹에서 부활하신 그리스도를 만났던 생생한 역

---

273 Robert L. Reymond, 『바울의 생애와 신학』 81.

사였다. 심지어 바울은 이 십자가 사건에 대하여 더 많은 정보를 얻기 위해 예루살렘에 가서 베드로와 야고보를 찾아갈 정도였다(갈 1:18-19). 그만큼 바울에게 있어서 십자가 사건은 자신의 삶과 밀접한 관계를 가지고 있었다.

"내가 그리스도와 함께 십자가에 못 박혔나니 그런즉 이제는 내가 산 것이 아니요 오직 내 안에 그리스도께서 사신 것이라 이제 내가 육체 가운데 사는 것은 나를 사랑하사 나를 위하여 자기 몸을 버리신 하나님의 아들을 믿는 믿음 안에서 사는 것이라"(갈 2:20)는 바울의 고백에서 이 사실을 확인할 수 있다. 그리고 이 고백이야말로 바울이 갈라디아 교회에 전파한 복음의 핵심이었다.

때문에 바울은 그리스도를 가리켜 '하나님 곧 우리 아버지의 뜻을 따라 이 악한 세대에서 우리를 건지시려고 우리 죄를 위하여 자기 몸을 (십자가에) 드리신 분' (갈 1:4)이라고 하였다. 이것이 바울이 전한 복음의 본질이었다. 그러므로 이 복음 외에 다른 어떤 것도 하나님의 의를 이루지 못한다. 심지어 율법까지도 그리스도의 십자가로 대신되었기 때문에 십자가가 아니고서는 '하나님의 의' 를 구현할 수 없다.

그럼에도 불구하고 갈라디아 교회들은 아직도 율법이 의롭게 되는 길로서 여전히 힘을 발휘하고 있는 것처럼 주장하는 유대주의자들의 유혹에 넘어가고 있다는 것은 바울을 충분히 안타깝게 만들었다. "어리석도다 갈라디아 사람들아 예수 그리스도께서 십자가에 못 박히신 것이 너희 눈앞에 밝히 보이거늘 누가 너희를 꾀더냐"(갈 3:1)는 말속에는 갈라디아 교회들을 향한 바울의 심정이 녹아있다.

'예수 그리스도께서 십자가에 못 박히신 것이 너희 눈앞에 밝히 보인다' 는 묘사는 마치 갈라디아 교인들을 십자가 사건의 현장에 세워 놓은 것과 같은 현장감을 보여주고 있다. 사실 복음이 바울에 의해 분명하게 선포되었던 것은 모든 믿는 사람들에게 완전하고 값없는 구원의 근원이신 예

수 그리스도께서 공개적으로 나타났음을 의미한다.274

때문에 갈라디아 사람들은 바울의 복음을 통해 직접 십자가의 그리스도를 눈으로 본 것과 다름없다. 그리고 이 그리스도의 나타나심이 너무도 뚜렷하고 생생했기 때문에 그들은 죄인을 위하여 죽으시고 참 믿음으로 자기를 영접하는 모든 사람에게 구원을 약속한 그리스도에 대한 마음의 초상을 그릴 수 있었던 것이다.275 이것은 마치 십자가 사건에 대해 바울이 베드로와 야고보에게 들었던 그 순간의 감동을 갈라디아 성도들도 함께 가지고 있음을 지시한다.

또한 바울은 이 복음을 명백하게 전파했기 때문에 갈라디아 성도들이 바울과 같은 십자가 사건의 경험(갈 2:20)을 함께 누리고 있다는 사실을 조금도 의심하지 않았다. 왜냐하면 그리스도의 십자가야말로 하나님의 의를 성취한 사건이었고 죄있는 인간이 하나님과 화목할 수 있는 유일한 구원의 근거였기 때문이다. 때문에 오직 십자가만이 믿는 자들에게 구원을 줄 수 있으며 십자가에서 나타난 하나님의 인자하심과 사랑이 모든 성도들의 일상 생활에 영향을 미치게 된다. 이처럼 '십자가에 못 박힌 그리스도' 는 복음의 전체 메시지를 가리키는 압축적 용어이다.276

나아가 십자가 사건을 구원의 능력으로 성도들에게 믿음을 일으키시는 분은 성령이시다. 성령으로 말미암아 죄의 속박과 좌절과 공포에 잡혀있던 사람들이 십자가의 능력을 입게 되며 새로운 세계로 옮겨지게 된다. 따라서 십자가에 못 박힌 그리스도를 선포하는 중에 그리고 그 선포와 더불어 성령께서 임하시고 그 복음을 듣는 이들을 회심시키며 신자로 부르신다. 이로써 성령은 개인의 삶에 변화를 가져오며 믿음과 협력의 교회 공동체를 이루도록 역사하심으로 성령은 교회가운데 활력을 일으키는 실체가

---

274 S. Andrew Cooper, *Marius Victorinus' Commentary on Galatians*, 286.
275 William Handriksen, 『갈라디아서』 158.
276 Bruce B. Barton, 『갈라디아서』 147.

되신다.277

　이런 의미에서 바울은 "내가 너희에게 다만 이것을 알려 하노니 너희가 성령을 받은 것은 율법의 행위로냐 듣고 믿음으로냐"(갈 3:2)라고 묻고 있다. 십자가에 못 박힌 그리스도를 전파할 때 그 복음과 함께 성도들에게 구원의 믿음을 주신 분은 성령이시다. 거기에는 특별한 의식이나 종교적 관습이 요구되지 않는다. 또한 성령의 임재에 대한 외적인 증표를 확인할 이유도 없다. 그러므로 하나님의 은혜를 받기 위해 사람들이 행할 일은 아무것도 없다. 오직 믿음과 성령을 영접하도록 인도한 복음의 공적인 선언만이 있을 뿐이다.

　갈라디아 성도들이 십자가의 믿음으로 구원에 이르고 교회 공동체를 이룸에 있어 그들이 행한 것이라고는 복음, 즉 그리스도의 십자가에 대한 내용을 귀로 듣는 것이 전부였다. 그리고 그들이 청취한 복음에 대한 반응으로 복음을 믿은 것 자체가 성령의 임재를 의미했다. 여기에는 결코 율법의 행위나 율법의 요구가 전제되지 않았다. 그럼에도 불구하고 이제 이 복음에 율법의 행위를 더한다는 것은 구원을 받고 교회를 이룸에 있어 복음 자체만으로는 부족하다는 사실을 인정하는 것과 다를 바 없다.278

　때문에 바울은 "너희가 이같이 어리석으냐 성령으로 시작하였다가 이제는 육체로 마치겠느냐"(갈 3:3)라고 말한다. 이 말은 "성령으로 시작하였다가 이제는 인간적 노력으로 완성하려고 하고 있느냐"는 의미이다. 여기에서 극명한 두 가지 상태가 서로 대조를 이루고 있다. 즉 시작과 마침, 그리고 성령과 육체가 극적 대립의 관계를 이루고 있다. 이것은 바로 앞에서 '듣고 믿음'과 '율법의 행위'와 연결된다. 즉 그들의 시작은 듣고 믿음이며 성령의 일이었다. 반면에 그들의 마침은 율법의 행위이며 이것은 육체의 일이다.

277　Chrales B. Cousar, 『갈라디아서』, 103.
278　Ernest De Witt Burton, *The Epistle to the Galatians*, 148.

바울은 그리스도인이 되는 순간 그리스도인으로 시작되는 새로운 삶은 하나님의 성령을 받는 것과 동일 연장선상에 있으며 그 삶을 완성하기 위한 어떠한 조건이나 요소가 필요하지 않다는 사실을 강조하고 있다. 그리스도인의 삶이란 단지 성령의 역사에 대한 의존을 통해서만 시작되고 유지되며 정점(마침)에 이를 수 있다. 그리스도인의 삶의 완성(마침) 역시 그것의 시작과 동일한 기초, 즉 하나님의 의를 성취하시는 복음으로 말미암은 하나님의 역사에 의해 발생될 뿐이다.[279]

이상의 논증을 통해 바울은 고린도 교회들의 결단을 요구하고 있다. “너희가 이같이 많은 괴로움을 헛되이 받았느냐 과연 헛되냐”(갈 3:4). 이 말은 갈라디아인들이 성령과 함께 계속 나아가는 것과 유대법으로 전환하는 것 둘 중 하나의 선택에 직면했을 때 그들이 현실에 처한 영적 체험들, 그리스도의 십자가에서 함께 죽고 살았던 그 은혜(갈 2:20)가 과연 아무런 의미가 없었는가를 묻고 있다.

바울은 현재 갈라디아 교회들이 처한 상황을 낙관적으로 보고 있다. 그 상황은 아직 회복이 가능하였으며 그들이 유대주의자들의 주장으로 더 매진하지는 않을 것이라는 확신을 가지고 있었다.[280] 이에 바울은 “너희에게 성령을 주시고 너희 가운데서 능력을 행하시는 이의 일이 율법의 행위에서냐 듣고 믿음에서냐”(갈 3:5)라고 상기시키고 있다. 그들에게 성령을 주셨으며 능력을 행하신 하나님은 율법의 행위가 아닌 복음을 ‘듣고 믿음’을 기뻐하셨기 때문이다. 여기에서 바울은 그들에게 주어진 하나님의 구원은 그들이 율법의 공로를 쌓았기 때문이 아니라는 점을 분명히 밝히고 있다.

바울은 ‘율법의 행위에서냐 듣고 믿음에서냐’ 는 두 번의 질문(갈 3:2, 5)에서 율법이 아닌 ‘듣고 믿음’ 을 통해 복음을 받아들였던 갈라디아 사람

---

[279] Richard N. Longenecker, 『갈라디아서』, 333.
[280] Ernest De Witt Burton, *The Epistle to the Galatians*, 151.

들이 교회 공동체를 이루었음을 강조한다. 그들에게 교회 공동체가 있다
는 것은 성령께서 그들과 함께 하신다는 증표였다.281 이어 바울은 아브라
함의 복과 관련해 '언약과 율법' 과의 관계를 제시함으로써 갈라디아 교회
들이 율법이 아닌 언약 위에 서 있음을 논증하고 있다.

남부 갈라디아 지방에는 적지 않은 유대인들이 살고 있었다. 때문에 갈
라디아인들은 유대인들이 아브라함의 후손이며 그 증표로 할례를 행한다
는 사실을 익히 알고 있었다. 또한 이방 세계로부터 개종한 갈라디아 성도
들 역시 유대인 그리스도인들과 함께 생활을 하면서 하나님께서 아브라함
에 약속하신 언약과 아브라함의 자손이 받을 복에 대한 하나님의 약속에
대해 익숙해 있었다. 이런 상황에서 예루살렘에서 온 유대주의자들이 할
례를 받음으로써 아브라함의 자손이 되어 아브라함의 자손에게 약속된 복
을 받는다 할 때 상당한 영향력을 발휘할 수 있었다.282

그러나 바울은 아브라함이 하나님으로부터 의롭다 함을 받은 사건의 순
서가 할례보다 앞선다는 사실을 밝힘으로써 유대주의자들의 주장을 반격
하고 있다. "아브라함이 하나님을 믿으매 이것을 그에게 의로 정하셨다 함
과 같으니라" (갈 3:6). 이러한 바울의 주장은 하나님께서 아브라함에게 할
례의 제도를 주신 것(창 17:1-14)과 아브라함이 아들 이삭을 희생 제물로 드
린 사건(창 22:9-18)보다 하나님께서 아브라함의 믿음을 보시고 의롭다고 인
정하신 선포가 먼저였다는 점에 초점을 맞추고 있다.283

창세기에서 '아브람이 여호와를 믿으니 여호와께서 이를 그의 의로 여
기셨다' (창 15:6)는 선언은 아직 아들이 없는 아브라함에게 '네 몸에서 날
자(씨)가 네 후사가 되리라' (창 15:3)고 선포하신 하나님의 약속에 따라 자신
의 몸에서 날 '그 씨' 를 통해 자손들이 하늘의 별과 같이 많아져서 마침내

---

281 Chrales B. Cousar, 『갈라디아서』 106.
282 Bruce B. Barton, 『갈라디아서』 158.
283 S. Andrew Cooper, *Marius Victorinus' Commentary on Galatians*, 290.

신령한 나라를 건설할 것을 사실로 받아들이는 믿음에 근거하고 있다. 그 일은 하나님의 의지에 따라 역사 속에서 성취될 것이며 아브라함은 그 약속이 역사 속에서 성취될 것을 바라보는 믿음을 가졌기 때문이다. 이러한 믿음을 가진 아브라함에 대해 하나님은 의롭다고 인정하셨다.

바울은 이 사건을 염두에 두고 아직 이스라엘의 역사가 시작되기도 전에 하나님께서 약속하신 '그 씨' 안에서 그리고 그를 통해 세워질 언약의 자손들이 복을 받을 뿐만 아니라 온 세상에 복을 전달하기 위해 이 나라를 선택하셨다는 사실을 밝히고 있다. 또한 처음부터 하나님께서 주신 이 복을 받는 수단이나 열국에 나누어 줄 수단은 행위가 아닌 믿음이었음을 증거하고 있다.284

이러한 신학적 증거를 앞세우며 바울은 갈라디아인들에게 "그런즉 믿음으로 말미암은 자들은 아브라함의 아들인 줄 알지어다 또 하나님이 이방을 믿음으로 말미암아 의로 정하실 것을 성경이 미리 알고 먼저 아브라함에게 복음을 전하되 모든 이방이 너를 인하여 복을 받으리라 하였으니 그러므로 믿음으로 말미암은 자는 믿음이 있는 아브라함과 함께 복을 받느니라"(갈 3:7-9)고 선언하고 있다.

따라서 이제 이방 세계에서 회심함으로써 교회 공동체의 회원이 된 갈라디아 성도들은 율법의 행위나 의식이 아닌 하나님의 약속을 성취한 십자가에서 증거된 하나님의 의에 대한 믿음만으로 아브라함의 자손이 되었으며 약속된 복에 참여되었다는 사실을 부정해서는 안 된다. 이 말은 '누구든지 아브라함의 아들이 아니면 교회의 회원으로 용납할 수 없다' 는 선언이기도 하다.285

하나님의 약속의 '씨' (자녀)에 대한 아브라함의 믿음은 아브라함뿐 아니라 이후 오고 오는 모든 사람들에게 믿음의 본이 되었다. 따라서 아브라함

---

284 William Handriksen, 『갈라디아서』 168.
285 J. Calvin, 『갈라디아서』 562.

이 받은 복은 그 이후 모든 사람들이 받게 될 복의 표본과 같은 의미를 가진다. 그리고 아브라함이 이 일로써 의롭다 함을 받은 모범은 모든 사람들에게도 적용되었다. 결국 믿음에 의지하는 자들이라는 말은 믿음의 조상 아브라함의 자녀들과 동의어 적인 의미가 되었다. 하지만 아브라함의 믿음의 길을 따르지 않는다는 것은 아브라함의 복으로부터 단절됨을 의미하기도 한다.

이와 같은 신학적 의미를 근거로 바울은 율법의 행위를 강조하는 일에 대해 적극 반대의 입장을 표명하고 있다. 그 이유로 바울은 "이 율법의 모든 말씀을 실행치 아니하는 자는 저주를 받을 것이라 할 것이요 모든 백성은 아멘 할지니라"(신 27:26)고 제시한다. 광야에서 태어난 제2세대 이스라엘 백성이 약속의 땅 가나안에 들어가기에 앞서 시내산 언약의 모든 조항들을 선포하고 난 뒤에 이 저주의 선포는 시내산 언약에 대한 갱신을 상징하는 일종의 언약 체결식을 하기 위해 주어졌다. 이 선포는 "누구든지 율법을 행하기 위해 율법책에 기록된 모든 것에 계속 머무르지 않는 자는 저주를 받는다"는 의미이다.

이 저주의 말씀 선포의 주체는 하나님이시다. 하나님은 이 언약을 체결함에 있어 스스로 자신을 가리켜 ""나는 너를 애굽 땅, 종 되었던 집에서 인도하여 낸 너의 하나님 여호와로라"(출 20:2)로 말씀하신 바 있다. 이스라엘 백성을 애굽에서 구원해 낸 하나님은 그들을 상대로 언약을 체결하기 위해 시내산 아래로 인도하셨으며 이스라엘 백성은 아브라함의 언약(창 12:1-3)을 유업으로 받은 상태에서 새롭게 하나님으로부터 직접 시내산 언약을 받았던 것이다.

하나님은 시내산 언약 선포를 통해 애굽으로부터 자유함을 입은 이스라엘 백성이 율법을 자의적으로 준행하든 안 하든 하나님의 구원 사역은 끊임없이 진행될 것이라는 하나님의 의지를 분명히 보이셨다. 이스라엘을 애굽에서 인도하신 분이 하나님이라면 그리고 아브라함의 언약을 완성하시는 분이 여호와라면 이제 이스라엘 백성에게 주어질 언약을 성취할 분 역시 하나님 자신이시다.

이런 이유에서 하나님은 율법을 준수할 것을 요구하셨다. 이것은 율법과 그 제도 안에 담겨 있는 하나님의 의, 즉 스스로 약속하신 하나님의 구원 계획을 성취하시는 하나님의 공의로움이 율법을 통해 어떻게 구현될 것인가를 나타내기 위함이다.[286] 그리고 이 모든 율법과 성전 의식이 마침내 십자가의 그리스도를 통해 성취되도록 하셨다.

왜냐하면 "무릇 율법 행위에 속한 자들은 저주 아래 있나니 기록된 바 누구든지 율법책에 기록된 대로 온갖 일을 항상 행하지 아니하는 자는 저주 아래 있는 자라 하였음이라"(갈 3:10)는 바울의 설명처럼 그리스도께서 율법이 요구하는 그 저주를 모두 감당하셨기 때문이다. 그 이유는 간단하다. 하나님께서 그리스도로 대신 저주를 받게 하신 이유는 "하나님 앞에서 아무나 율법으로 말미암아 의롭게 되지 못할 것이 분명하니 이는 의인이 믿음으로 살리라 하였음이니라"(갈 3:11)에서 나타난다.

율법은 사람이 성취하기 위해 주어진 것이 아니다. 율법은 날 때부터 진노의 자식이어서 저주아래 있는 인간으로 하여금 온전히 이 율법을 따라 살아갈 불변의 의무뿐 아니라 인간이 도저히 이 의무에 충실할 수 없다는 사실을 깨닫게 하기 위하여 주셨다. 그러므로 이 율법은 죄인으로 하여금 은혜로써 구원받아 원천적인 은혜로운 삶을 누리게 하기 위해 죄인을 그리스도에게로 인도하는 몽학 선생인 셈이다.[287]

하나님은 율법을 주실 때부터 은혜로운 방법으로 사람들에게 구원을 이루어주시려고 하셨다. 이것이 하나님의 '의' 이다. 이에 대해 바울은 "그리스도께서 우리를 위하여 저주를 받은 바 되사 율법의 저주에서 우리를 속량하셨으니 기록된 바 나무에 달린 자마다 저주 아래 있는 자라 하였음이

---

286 Ernest De Witt Burton, *The Epistle to the Galatians*, 164.
287 William Handriksen, 『갈라디아서』 178.

라"(갈 3:13)고 해설하고 있다. 즉 그리스도는 하나님의 '의'를 성취하신 분이다.

이때 하나님께서 그리스도에게 주신 십자가의 저주는 그리스도께서 우리를 대신하여 저주받은 자가 되신 교환 저주였다.288 하나님은 이 저주를 통해 율법이 요구하는 모든 저주를 그리스도로 대신하게 하셨다. 이것이 복음이다. 따라서 이제는 율법에 얽매여 있는 것이 아니라 그 율법이 요구하는 바 모든 요구를 그리스도께서 대신하셨기 때문에 십자가의 복음을 믿는 믿음으로 율법의 요구를 대신하게 되었다.

하나님께서 그리스도의 십자가를 통해 '의'를 이루게 하신 목적은 아브라함의 언약, 즉 '네 몸에서 날 자(씨)가 네 후사가 되리라'(창 15:3)는 말씀의 성취였다. "이는 그리스도 예수 안에서 아브라함의 복이 이방인에게 미치게 하고 우리로 하여금 믿음으로 말미암아 성령의 약속을 받게 하려 함이니라"(갈 3:14)는 바울의 선언은 이 사실을 명확하게 밝히고 있다.

이로써 아브라함의 믿음과 같이 십자가의 복음을 믿는 성도들에게는 이방인이든 유대인이든 출신 신분을 가리지 않고 아브라함의 자손이 되는 복을 주시는 길이 열리게 되었다. 이 복된 길은 율법의 행함에 있는 것이 아니라 처음부터 지금까지 아브라함의 믿음을 계승한 성도들에게 주어졌다. 이것을 가리켜 바울은 '성령의 약속'이라고 정의하고 있다.289

여기에서 '성령의 약속'은 문자적으로 '그 약속된 성령'이라는 말(행 1:4-5; 엡 1:13)로 그리스도, 즉 '아브라함의 몸에서 날 자(씨)'를 통해 아브라함의 복이 모든 민족에게 흘러 넘치게 될 것이며 동일한 믿음으로 약속된 성령을 받게 된다는 점을 강조하고 있다. 즉 약속된 하나님의 영을 받는 일에 있어서 율법에 대한 어떤 공로를 쌓는 것과 무관하게 전적으로 믿음에 달려 있음을 의미한다.290

---

288 Richard N. Longenecker, 『갈라디아서』 363.
289 조병수, 『갈라디아서』 138.
290 Richard N. Longenecker, 『갈라디아서』 364.

이것은 갈라디아서 3:1-5에서 언급하고 있는 '너희가 성령을 받은 것은 율법의 행위로냐 듣고 믿음으로냐'(갈 3:2)와 '너희에게 성령을 주시고 너희 가운데서 능력을 행하시는 이의 일이 율법의 행위에서냐 듣고 믿음에서냐'(갈 3:5)에 대한 답변이기도 하다. 이때 약속된 성령은 "나 여호와가 말하노라 그러나 그날 후에 내가 이스라엘 집에 세울 언약은 이러하니 곧 내가 나의 법을 그들의 속에 두며 그 마음에 기록하여 나는 그들의 하나님이 되고 그들은 내 백성이 될 것이라"(렘 33:33)의 성취와 같은 의미를 가진다.

2. 율법을 초월하는 '약속'에 대한 바울의 논증

그리스도의 죽음은 모든 율법주의적 유혹을 종결한다고 논증한 바울은 그리스도께서 아브라함에게 주어진 복이 이방인들에게 미치도록 속량하셨다고 밝히고 그 속량의 목적은 오직 믿음으로 이방인들도 아브라함의 복과 성령을 받게 된다는 하나님의 '약속'을 주제로 다시 논증을 시작한다.

여기에서 바울은 아브라함과의 언약은 하나님의 본래적이며 변경 불가능한 의지를 나타내며 단 한 명의 수납자, 즉 그리스도를 염두에 두고 있다는 점에 논지의 초점을 맞추고 있다. 따라서 그리스도를 믿는 믿음만이 하나님의 자녀로서 아브라함의 유업을 이을 수 있음을 주장함으로써 율법은 아브라함의 유산을 받는 일과 아무런 상관이 없음을 논증하고 있다.

당시 로마법에서는 유산 상속과 관련된 유언장이나 증서 작성되면 본인이 아니고서는 그 내용을 수정하거나 최소할 수 없었다. 헬라에서는 본인이라 할지라도 문서 기록 보관소에 보관된 유언장의 내용을 바꿀 수 없었다.291 바울은 갈라디아인들에게 익숙한 이 내용을 염두에 두고 한번 체결

---

291 Bruce B. Barton, 『갈라디아서』 177.

된 언약은 변경될 수 없다는 점(갈 3:15)을 강조하고 있다. "이 약속들은 아브라함과 그 자손에게 말씀하신 것인데 여럿을 가리켜 그 자손들이라 하지 아니하시고 오직 하나를 가리켜 네 자손이라 하셨으니 곧 그리스도라"(갈 3:16).

'이 약속들'은 앞에서 말한 바 '아브라함의 몸에서 날 자(씨)'를 통해 아브라함의 복이 모든 민족에게 흘러 넘치게 될 것이며 동일한 믿음으로 약속된 성령을 받게 된다는 내용으로 받은 이 약속들이 그리스도를 통해서만 성취되도록 하는 것이 하나님의 '의'임을 밝히고 있다.[292] 이것은 아브라함과 맺은 언약에서 보여지는 하나님의 약속은 '그리스도 안에서 하나를 이룬 그리스도에 관한 약속'으로 하나님의 모든 약속은 그리스도 안에서 모든 사람들에게 본이 되기 때문이다.

따라서 아브라함에 대한 하나님의 약속은 한 사람의 특정한 인물, 즉 그리스도와 관련하여 성취되어야 한다. 바울의 이 사상은 에베소서에서 결집되어 다시 나타난다. "찬송하리로다 하나님 곧 우리 주 예수 그리스도의 아버지께서 그리스도 안에서 하늘에 속한 모든 신령한 복으로 우리에게 복 주시되 곧 창세 전에 그리스도 안에서 우리를 택하사 우리로 사랑 안에서 그 앞에 거룩하고 흠이 없게 하시려고 그 기쁘신 뜻대로 우리를 예정하사 예수 그리스도로 말미암아 자기의 아들들이 되게 하셨으니 이는 그의 사랑하시는 자 안에서 우리에게 거저 주시는 바 그의 은혜의 영광을 찬미하게 하려는 것이라"(엡 1:3-6). 이것이 하나님의 '의'이다.

바울은 이 하나님의 '의'가 어떤 경우에도 변경되거나 취소될 수 없음을 의심하지 않는다. 심지어 율법조차도 이 하나님의 의를 폐기시키거나 무효화 할 수 없기 때문이다. 마찬가지로 하나님의 의를 구현하기 위해 약속된 아브라함의 언약을 율법이 폐기하거나 무효화 할 수 없다. 바울은 이

---

292 조병수, 『갈라디아서』 138.

점을 분명히 부각시키기 위해 "하나님의 미리 정하신 언약을 사백 삼십 년 후에 생긴 율법이 없이 하지 못하여 그 약속을 헛되게 하지 못하리라"(갈 3:17)라고 선언한다.

여기에서 바울은 최초 아브라함에게 언약이 주어진 이후 이삭과 야곱에게 계승된 가나안의 215년의 기간을 제외하고 야곱이 애굽에 내려갔다가 그 후손들이 430년 후에 출애굽하여 시내산 언약을 체결한 기간만을 말하고 있다. 이것은 아브라함-이삭-야곱으로 이어지는 세 족장들은 아브라함의 언약 안에서 언제나 일체이며 하나로 묶여져 있었던 구약의 관례를 따르기 위함이다.

따라서 칭의(justification)와 그 최후 완성으로서의 구원 및 그 온전한 상속은 하나님의 약속에 따른 결과이며 그 계약적 약속은 시내산의 율법으로 폐기될 수 없다. 그리고 구원은 율법 또는 율법 준행의 결과일 수 없다. 또한 율법과 약속, 즉 공로와 은혜를 마치 하나님의 자녀를 위한 동시적인 원천으로 생각하여 이 둘을 결합할 수도 없다.293

이런 이유에서 바울은 "만일 그 유업이 율법에서 난 것이면 약속에서 난 것이 아니리라 그러나 하나님이 약속으로 말미암아 아브라함에게 은혜로 주신 것이라"(갈 3:18)고 명백하게 못을 박고 있다. 약속과 율법은 철저하게 배타적이다. 그리고 유업은 약속에 속한 것이며 율법에 속한 것이 아니다. 따라서 유업은 율법의 행위로 얻는 것이 아니라 은혜로 주어진다는 사실을 인정해야 한다.

이상에서 바울은 율법으로는 구원을 받을 수 없으며(갈 3:1-5), 의롭게 될 수 없으며(갈 3:6-9), 칭의를 받을 수 없으며(갈 3:10-12), 의는 하나님의 언약에 대한 믿음으로 말미암는다는 사실을 바꿀 수 없다(갈 3:15-18)는 점을 강조했다. 이것은 자칫 바울을 반율법주의자로 오해할 수 있는 여지로 작용할 수

---

293 William Hendriksen, 『갈라디아서』 195.

있다. 이런 이유에서 바울은 하나님께서 율법을 주신 진정한 목적과 구원의 계획에서 율법이 차지하는 역할을 설명하고 있다.

유대주의자들은 율법이 약속보다 뒤에 왔기 때문에 율법은 약속의 결함을 보충하기 위해 주어진 것이라고 오해하고 있었다. 이것은 언약적 율법주의에 따른 것으로 하나님의 약속을 받았기 때문에 율법의 준수를 통해 하나님에 대한 순종을 표시해야 한다는 주장이기도 하다. 이에 대해 바울은 "그런즉 율법은 무엇이냐 범법함을 인하여 더한 것이라 천사들로 말미암아 중보의 손을 빌어 베푸신 것인데 약속하신 자손이 오시기까지 있을 것이라"(갈 3:19)고 답한다.

여기에서 바울은 '왜 율법이 있는가?' 혹은 '율법 아래 사는 것이 무엇을 의미하는가?'에 대한 답변을 전개시키고 있다.[294] 바울은 먼저 모세법은 하나님의 약속 이후에 하나님에 의해 실시된 것(더한 것)으로 하나님 앞에서 죄를 범죄로 확인함으로써 그 죄에 대한 인식을 야기하기 위해 주어졌음을 제시한다(롬 3:20). 이렇게 함으로써 사람들로 하여금 자기들의 범죄를 시인하도록 하려는 데 목적이 있었다.[295]

이 목적을 위해 하나님은 율법을 천사로 말미암아 중보의 손을 빌어 약속의 자녀들에게 전달하게 하셨다. 이때 천사들은 하나님과 이스라엘 백성 사이에 언약이 체결되었음을 증거하는 증인들과 같은 역할을 한다. 스데반은 이 점을 강조하기 위해 "너희가 천사의 전한 율법을 받고도 지키지 아니하였도다"(행 7:53)고 지적한 바 있다. 그리고 모세는 하나님을 대신하여 율법을 공포하는 자, 즉 중개자 혹은 하나님의 대사로 고유한 역할을 감당했다.

하지만 모세의 율법은 어디까지나 '약속하신 자손이 오시기까지 있을 것이라'는 제한성을 가지고 있다. 즉 약속하신 자손이 오시기까지 율법은

---

294 Ernest De Witt Burton, *The Epistle to the Galatians*, 188.
295 J. Calvin, 『갈라디아서』 575.

사람들의 죄를 인식하는 기능을 수행함으로써 약속하신 ‘자손’ 이 오실 것을 기대하게 만드는 역할을 하도록 되어 있었다. 왜냐하면 율법은 죄를 인식하게 하지만 죄를 용서하는 기능이 없기 때문이다. 죄를 용서하는 기능은 중개자로서 모세가 행한 직무를 통해서가 아니라 진정한 중개자, 즉 화해자이신 ‘자손’ 을 통해 발현될 뿐이다. 따라서 중개자로서 모세의 기능에는 한계가 있었다.

모세가 하나님의 편에서 율법을 백성에게 전달하는 역할을 하였다는 점에서는 일종의 중보의 역할을 한 것이 사실이다. 하지만 모세에게는 죄를 용서할 권한이 주어지지 않았다. 이런 점에서 모세는 하나님 편에 서 있는 중보자일 뿐이다. 그러나 진정한 중보자는 하나님 편만 위하거나 백성의 편만 위하지 않는다. 진정한 중보자는 둘 사이의 화목을 위해야 하기 때문이다. 여기에서 진정한 중보자의 정체가 밝혀진다.

“중보中保는 한 편만 위한 자가 아니나 오직 하나님은 하나이시니라”(갈 3:17). 이 구절은 바울 서신에서 가장 난해한 구절 중 하나이다. 단지 본문의 흐름을 놓고 볼 때 모세와 같이 인간을 통한 중보에는 한계가 있음을 암시한다. 왜냐하면 인간은 자신의 몫을 지킬 수 없기 때문이다. 이 경우 중보자의 역할은 아무런 의미가 없어지게 된다.

반면에 약속, 즉 아브라함의 언약은 중보자 없이 하나님이 직접 수여하셨다. 그 약속들은 사람들의 행동에 상관없이 하나님이 주셨고 하나님이 지키셨다. 이것은 약속이 율법보다 우월하다는 증거이다.[296] 이 구절은 또한 “하나님은 모든 사람이 구원을 받으며 진리를 아는 데 이르기를 원하시느니라 하나님은 한 분이시요 또 하나님과 사람 사이에 중보도 한 분이시니 곧 사람이신 그리스도 예수라”(딤전 2:4-5)에 비추어 볼 때 하나님께서 구원을 위한 진정한 중보자는 그리스도 예수 하나 뿐이라는 사실을 미루어

---

296 Bruce B. Barton, 『갈라디아서』 184.

알 수 있다. 이런 점에서 율법은 그리스도 예수의 절대적인 중보를 필요로 한다는 사실을 확인해 주며 그리스도의 중보 사역을 통해 율법의 기능이 성취됨을 알 수 있다.

이때 그리스도의 중보 사역은 율법을 받은 유대인들 뿐 아니라 이방인을 위한 중보이기도 하다. 이런 점에서 중보는 한 편만 위한 것이 아니라는 의미로 이해될 수 있다. 이 경우 그리스도는 할례 의식으로 양자간에 장벽이 쌓여있던 유대인과 이방인 사이를 하나로 하는 분이시다. 이로써 그리스도는 하나님이 한 분이신 것처럼 이방인과 유대인을 한 몸으로 결합시키는 분이다.297

이상에서 보는 것처럼 유업이 약속에 따르는 것이며 율법에 근거한 것이 아니며 율법은 약속보다 열등하다면 '율법은 하나님의 약속들과 대립되는가?' 하는 질문이 발생할 수 있다. 이에 대한 대답으로 바울은 '그럴 수 없다'고 한다. 왜냐하면 율법 역시 '하나님의 율법'으로 하나님께 기원을 두기 때문이다. 단지 약속과 율법이 서로 대립된 것처럼 보이는 이유는 각각의 목적이 다르기 때문에 그렇게 보일 뿐이다.

율법은 죄인을 그리스도와 그의 은혜로운 약속에로 인도하고 약속은 그리스도 안에서 죄인을 구원하려는 데 그 목적을 둔다. 단지 율법은 사람을 영적으로 소생하게 할 수 없고 중생시킬 수도 없으며 믿음을 주어 그로 하여금 그리스도 안에 있는 하나님의 의를 영접할 수 있는 능력도 허락하지 않는다. 만일 율법이 그것을 능히 이룰 수 있는 능력을 구비하였다면 칭의 역시 율법으로 말미암아 왔을 것이다.

그럼에도 불구하고 율법은 어느 누구를 의롭게 하거나 자유롭게 하지 못했다. 왜냐하면 '성경(율법이 그 안에서 두드러진 역할을 하는 구약)이 모든 것을 죄 아래'(갈 3:22) 가두어 두었기 때문이다. 이것이 구약에 나타난 실상이다

---

297 J. Calvin, 『갈라디아서』 578.

(시 130:3; 렘 17:9). 오직 율법은 성령을 통해 사람의 마음 속에 조명될 때에야 비로소 죽은 자들을 생명으로 끌어올리게 한다.[298] 따라서 성령의 도우심이 있을 때 이 율법을 통해 완전한 무능을 철저히 자각하여 마침내 거룩한 구속자를 사모하게 된다. 결국 율법은 “이는 예수 그리스도를 믿음으로 말미암은 약속을 믿는 자들에게 주려 함이니라”(갈 3:22)는 바울의 말처럼 율법의 행위와는 관계없이 예수 그리스도를 믿는 믿음만으로 얻어지는 칭의를 그리스도만이 주신다는 사실을 알게 하는데 그 목적이 있다.

율법은 유대인이나 이방인이나 오직 믿음으로 말미암는 칭의의 복음을 준비하기 위함이다. 이 상태에 대해 바울은 “(이) 믿음이 오기 전에 우리가 율법 아래 매인 바 되고 계시될 믿음의 때까지 갇혔느니라”(갈 3:23)라고 말한다. ‘이 믿음’ 이란 구약에서 예언된 ‘예수 그리스도의 신실하심과 그에 대한 우리의 믿음’ 을 말하며 그 전까지 우리는 율법 아래 감금되었음을 지시하고 있다. 그러나 ‘이 믿음’ 이 온 이후에는 이 모든 상태가 바뀌게 되었다.

마치 바울 자신이 그랬던 것처럼 과거의 속박으로부터 벗어나게 되었다. “또한 모든 것을 해로 여김은 내 주 그리스도 예수를 아는 지식이 가장 고상함을 인함이라 내가 그를 위하여 모든 것을 잃어버리고 배설물로 여김은 그리스도를 얻고 그 안에서 발견되려 함이니 내가 가진 의는 율법에서 난 것이 아니요 오직 그리스도를 믿음으로 말미암은 것이니 곧 믿음으로 하나님께로서 난 의라”(빌 3:8-9).

이와 같은 의미에서 바울은 “이같이 율법이 우리를 그리스도에게로 인도하는 몽학 선생이 되어 우리로 하여금 믿음으로 말미암아 의롭다 함을 얻게 하려 함이니라”(갈 3:24)고 결론을 내리고 있다. 율법이 하나님의 백성에 대해 감독적 지배를 하는 것은 단지 그리스도께서 오실 때까지 뿐이다.

---

[298] William Hendriksen, 『갈라디아서』 201.

그때까지 우리가 의롭다 함을 받기 위해 몽학 선생의 역할을 할 뿐이다.299 때문에 바울은 "믿음이 온 후로는 우리가 몽학 선생 아래 있지 아니하도다"(갈 3:25)라고 단호하게 말하고 있다. 이것은 더 이상 후견인의 지도 아래 있지 않아도 될 정도로 성숙했음을 의미한다.

이제 상황이 달라졌다. 그리스도와 함께 새로운 시대가 도래했으며 그리스도에게로 이끄는 몽학 선생으로서 율법의 목적은 성취되었다. 그러므로 유대인이든 헬라인이든 그리스도 안에서 하나님의 자녀가 되었다. 이 상태를 가리켜 바울은 "누구든지 그리스도와 합하여 세례를 받은 자는 그리스도로 옷입었느니라"(갈 3:27)라고 말한다. 여기에서 세례는 성도들의 믿음을 증명하는 증표이다. 아울러 세례는 그리스도와 그리스도의 교회인 성도들의 몸이 하나됨을 입증해 준다. 이런 의미에서 바울은 이 세례가 성령의 세례임을 암시하고 있다.300

이제 성도들은 그리스도 안에서 세례를 받음으로써 그리스도의 '의'로 덧입게 됨으로써 외형적 조건이나 차이에 관계없이 하나의 백성이 되었다. 세례의 목적은 궁극적으로 성도들과 그리스도와의 하나 됨을 확증하기 때문이다. 이에 바울은 "너희는 유대인이나 헬라인이나 종이나 자주자나 남자나 여자 없이 다 그리스도 예수 안에서 하나이니라"(갈 3:28)라고 말한다. 이것은 모든 성도들이 그리스도께 속하였다는 사실을 의미한다.301

따라서 어떤 유대인이 스스로 그리스도인을 자처하면서 이방 출신의 그리스도인들과 같이 먹기를 거부하거나 어떤 방식으로든지 자신이 도덕적 가치에 있어서 그들보다 우월하다고 자부하는 것은 주님께 대한 모독이다. 믿는 성도들은 모두가 어떤 의미에서 한 인격, 즉 그리스도 안에서 한 지체이다. 그것은 그리스도께서 다윗의 자손이시고, 인자되시며, 아브라

---

299 S. Andrew Cooper, *Marius Victorinus' Commentary on Galatians*, 298.
300 Bruce B. Barton, 『갈라디아서』 197.
301 Chrales B. Cousar, 『갈라디아서』 124.

함의 자손되시며, 또한 여인의 자손이시기 때문이다.302

이에 바울은 "너희가 그리스도께 속한 자면 곧 아브라함의 자손이요 약속대로 유업을 이을 자니라"(갈 3:29)라고 선언한다. 여기에서 아브라함의 자손에 속한다는 것은 육신적 혈통이 아니라 믿음에 의해 결정된다는 의미를 가진다. 처음부터 약속(갈 3:16)은 그 '씨' (그리스도)에게 주어졌다. 따라서 그리스도 안에 있는 성도들은 그 '씨' 에게 주어진 약속을 받는 것이 당연하다. 때문에 유대인들이 아브라함의 종족으로부터 나왔다는 것은 결코 자랑할 이유가 되지 못한다. 왜냐하면 그리스도를 믿는 성도들은 그가 누구이든지 모두 공통적인 유업을 이을 상속자들이기 때문이다.303

주님께서는 이 아브라함의 자손들, 즉 믿음으로 하나된 자들로 건설된 유일한 나라만을 인정하신다(벧전 2:9). 이 나라에서는 예수 그리스도에 대한 진실하고 살아 있는 믿음 외에 그 이상의 어떤 것도 요구할 권리가 없다. 마찬가지로 누구든지 그 나라의 백성이 가지는 상속권을 박탈할 권리를 가지지 못한다. 이제 그리스도를 믿는 사람들은 그들이 유대인이든 헬라인이든 하나님의 자녀이며 그리스도 안에서 하나의 백성을 이룬다.304 그들은 그리스도의 몸이기 때문에 하나님의 영원한 왕국을 이을 상속자들이다.

---

302 William Hendriksen, 『갈라디아서』 211.
303 J. Calvin, 『갈라디아서』 587.
304 I. Howard Marshall, 『신약성서신학』 269.

V. 이신칭의와 그 신학적 메시지

V. 이신칭의와 그 신학적 메시지

A. 믿음으로 받은 성령

율법은 그리스도께서 오시기 이전에는 죄수들을 가두어 두고 그들을 감시하는 간수와 같다. 그리스도께서 오셔서 죄수들을 자유롭게 하기까지는 율법으로부터 도피할 길이 없었다(갈 3:22-23). 한편 율법은 어린이들을 돌보고 그들의 모든 활동을 지도하고 훈계하는 몽학 선생, 즉 관리인의 역할을 했다. 그러나 이 역할은 그리스도께서 오실 때까지이며 그리스도께서 오심으로써 몽학 선생의 역할은 끝나게 되었다(갈 3:24-25).

1. 새로운 신분을 얻은 성도들

하나님의 아들은 "너희가 그리스도께 속한 자면 곧 아브라함의 자손이요 약속대로 유업을 이을 자니라"(갈 3:29)는 바울의 말과 같이 때가 되면 유업, 즉 상속을 받게 될 것이 약속되어 있는 신분이다. 이런 점에서 바울은 그리스도가 오시기 이전에 그리스도인들의 상태를 마치 자녀가 유산을 받을 수 있는 때를 아버지가 유언장에 정해 놓은 후사와 같은 위치로 묘사하고 있다. 당시 로마법과 관습에 따르면 미성년자는 부모의 유산이나 상속권에 대한 권리가 없었다. 성년이 되는 시기는 별도로 정해져 있지 않았지만(대략 12-13세) 그 집안의 가장이 결정할 권리를 가지고 있었다. 로마에서는 주로 3월 17일에 가족적 축제로 리버랄리아(Liberalia)로 알려진 성인식이 거행되었다. 이 성인식에서 가장은 자기 아들을 공식적으로 상속인으로 인정하였다.305

이 성인식에서 상속자는 새 토가(로마 시민의 겉옷)를 입고 성인으로 인정되었다. 그때까지 비록 한 집안의 재산과 토지를 물려받을 위치에 있다 할지라도 그것에 대해 어떤 권리를 주장하거나 결정할 권한이 전혀 주어지지 않았다. 이때까지 이 아들은 상속자라기보다는 종의 신분보다 나을 것이 없었다. 미성년자는 자기의 업무를 관리하고 자기의 삶을 결정해 주는 후견인(guardian)과 청지기(trustee)의 감독 아래 있었기 때문이다. 바울은 이러한 관습에 근거하여 율법 아래 있는 것과 그리스도 안에 있는 것을 각각 비교하면서 논증을 계속하고 있다. 여기에서 바울은 성도들이 다시 율법 아래에 있겠다고 하는 것은 상속권을 약속받은 상속권자가 또다시 아직 그 권리를 행사할 수 없는 미성년자와 같은 상태로 되돌아가는 것과 같다고 지적하고 있다.

"유업을 이을 자가 모든 것의 주인이나 어렸을 동안에는 종과 다름이 없어서 그 아버지의 정한 때까지 후견인과 청지기 아래"(갈 4:1-2) 있다는 것은 "너희가 다 믿음으로 말미암아 그리스도 예수 안에서 하나님의 아들이 되었으니 누구든지 그리스도와 합하여 세례를 받은 자는 그리스도로 옷입었느니라"(갈 3:26-27)는 바울의 선언과 대치된다. 성년이 된 상속자가 새 옷(토가)을 입는 것처럼 성도들은 하나님의 아들로 인정되었고 새 옷, 즉 그리스도로 옷을 입은 상태이다. 그럼에도 불구하고 다시 율법 아래로 돌아간다

---

305 Bruce B. Barton, 『갈라디아서』, 203.

는 것은 그리스도의 새 옷을 벗고 "이와 같이 우리도 어렸을 때에 이 세상 초등 학문 아래 있어서 종노릇하였"(갈 4:3)던 과거처럼 다시 예전의 종과 같은 신분으로 복귀하는 것과 다를 바 없다.

여기에서 바울은 자기 자신을 우상 숭배로부터 개종한 신자들과 똑같이 취급하고 있다. 바울은 과거 그리스도를 믿는 믿음을 통하여 영적인 성년이 되기 전까지는 이 세상의 초등 학문(stoicheia)의 종에 불과했다. 초등 학문이란 그리스도 강림 이전에 유대인이나 이방인 모두가 그들 나름대로 자신의 노력으로 시도해보고 또 중생하지 못한 그들 자신의 육체적 본성의 유혹에 이끌리어 구원을 성취하려는 수단으로 삼았던 규례와 법도에 관한 세상적 모든 학문을 지시한다.[306]

그리스도께서 빛의 특별 계시(요 1:17-18)를 가져오기까지 유대인들과 이방인들은 사이비 철학과 공허한 사술에 몰입되어 스스로 이런 것들에 속박당하고 있었다. 그러나 "때가 차매 하나님이 그 아들을 보내사 여자에게서 나게 하시고 율법 아래 나게 하신 것은 율법 아래 있는 자들을 속량하시고 우리로 아들의 명분을 얻게 하려 하심이라"(갈 4:4-5)는 바울의 말처럼 그 아들을 보내신 것은 우리로 아들의 명분을 얻게 하기 위함이다. 이로써 새로운 시대가 열렸다.

로마의 아버지들이 아들의 성년이 되는 시기를 결정하고 후견인의 간섭에서 해방되게 했듯이 하나님도 사람들을 율법에서 해방하셔서 자기 자녀들로 삼으시고 그 아들을 보내실 때를 결정하셨다. 주권자 하나님의 인도하심을 통해 지상에 예수 그리스도께서 나실 순간을 위해 역사적인 사건들이 조화롭게 준비되었다. 하나님은 최고의 분이시다. 그분은 새 시대가 옛 시대를 깨뜨리고 들어오는 적절한 때를 경정하신다.

예수를 '보내셨다' 는 표현은 전체적인 구원 계획에서 하나님이 그를 인

---

306 William Hendriksen, 『갈라디아서』 219.

정하셨다는 사실을 의미할 뿐 아니라 그의 선재성을 암시한다. 이 보내심은 성부 하나님과 성자 하나님의 관계를 밝혀 준다. 성부 하나님은 사랑가운데 보내시고 성자 하나님은 순종하셔서 보내진 곳으로 가신다. 예수께서는 여자에게 나셨다. 그는 하나님이셨지만 또한 인간이셨다(창 3:15; 눅1:26-38; 요 1:1, 14). 율법 아래에 나신 예수는 인간이셨다.

예수는 자신이 창조하고(요 1:3-50) 인간의 반역으로 파손된 우주 속에 자원해서 들어오셨다. 그리고 유대인으로 사셨고 하나님의 계시된 율법에복종하셨다. 예수는 할례를 받으셨고 성전에서 정결 예식을 치르셨다(눅2:21-32). 다른 사람은 아무도 하나님의 율법을 완벽하게 성취할 수 없었지만 예수는 율법을 완전히 지키셨다(마 5:17; 히 4:15). 그래서 예수는 완전한희생제물이 될 수 있었다. 예수는 죽음으로 죄의 노예가 된 우리를 위해값을 치르셨고 자유를 주셨으며 우리를 구속하시고 하나님의 가족으로 입양하셨다.307

이제 그리스도를 믿는 사람들은 그들이 유대인이든 헬라인이든 하나님의 자녀이며 그리스도 안에서 하나의 백성을 이룬다. 바울은 이 사실을 극적으로 표현하고 있는데 "너희가 아들인 고로 하나님이 그 아들의 영을 우리 마음 가운데 보내사 아바 아버지라 부르게 하셨느니라 그러므로 네가이 후로는 종이 아니요 아들이니 아들이면 하나님으로 말미암아 유업을이을 자니라"(갈 4:6-7)라고 선언하고 있다. 여기에서 '너희가 (하나님의) 아들이다' 는 선언과 '그 아들의 영을 너희 마음 가운데 보냈다' 는 성령의 수취는 논리적인 순서나 연대기적 순서를 말하기보다는 '아들의 신분' 과 성령의 수취의 상호적 관계를 묘사하고 있다. 즉 갈라디아인들이 성령을 받은것은 그들이 미음으로 복음에 반응하여 하나님의 아들이 되었을 때 하나님이 행하신 것을 세밀하게 진술하기 위함이다. 앞서 바울은 갈라디아인

---

307 Bruce B. Barton, 『갈라디아서』, 208.

들의 체험 속에서 성령의 중요성을 강조했던 것처럼(갈 3:2) 성령은 그리스도 안에서 신자들이 하나님의 아들이 되었다는 증인이 되신다.308

그 결과 신자들은 하나님을 아버지라고 부르는 위치에 서게 되었다. 신자들이 하나님을 아버지라도 부를 수 있는 것은 본래 예수 자신의 의식과 용법에서 그 기원을 찾을 수 있다. 그리스도 안에 있는 자들로서 신자들은 성부 하나님과의 보다 친밀하며 참된 자식으로서의 관계, 즉 이전에 하나님에 대해 존재하던 법적 관계를 대체하는 새로운 관계를 가지게 된다.

성령의 영감을 받은 하나님의 소유된 신자들은 직접 하나님을 '아버지'라 부른다.309 따라서 '네가 이 후로는 종이 아니요 아들이니' 라는 선언은 그리스도 안에서 새로운 관계를 말하고 있다. 이 선언은 갈라디아서 3장 1절 이후 전개된 바울의 논증에 대한 결론이기도 하다. 이로써 신자들은 감독 후견인으로서의 율법이든(갈 3:23-25) 이방인으로서 이교 사상과 관습이든(갈 4:8-9) 그 어떤 것에도 예속되지 않는다. 대신에 신자들은 이제 충분히 성장한 하나님의 자녀이며 그들에게는 자유와 그것을 책임 있게 사용할 능력이 주어졌다.

그럼에도 불구하고 유대주의자들은 하나님께서 아브라함에게 주신 약속의 상속은 단순히 예수를 믿음으로써가 아니라 할례를 받고 율법을 준수하는 자들에게 주어진다고 주장했다. 하지만 바울의 대답은 그리스도 안에 있는 신자들은 하나님의 아들이며 하나님의 상속자임을 분명히 하고 있다. 이것은 신자들이 그리스도와 공동의 상속자임을 의미하며 신자들에게 주어진 신분은 자신들의 공로가 아닌 하나님의 은혜로 주어진 결과이며 자신들의 노력의 결과가 아니라 그들을 위한 하나님의 행위의 결과이기 때문에 신자들의 신분이 확실하게 보장되었음을 의미한다.

하지만 지금 갈라디아인들은 유대주의자들의 유혹에 넘어가고 있다.

---

308 S. Andrew Cooper, *Marius Victorinus' Commentary on Galatians*, 287.
309 Richard N. Longenecker, 『갈라디아서』 444.

새 시대에 속한 백성이 되었음에도 다시 옛 시대의 법으로 돌아서려 하고 있다. 이에 바울은 "그러나 너희가 그때에는 하나님을 알지 못하여 본질상 하나님이 아닌 자들에게 종노릇하였더니 이제는 너희가 하나님을 알 뿐더러 하나님의 아신 바 되었거늘 어찌하여 다시 약하고 천한 초등 학문으로 돌아가서 다시 저희에게 종노릇하려 하느냐"(갈 4:8-9)라고 갈라디아인들을 질책하고 있다.

하나님은 먼저 자기 아들을 보내시고 그 다음에 아들의 영을 보내신다. 노예 상태에서 자유에 이르게 된 이방인들에게는 하나님을 아는 일 못지 않게 하나님에 의해 알린 바 되는 일이 중요하다. 여기에서 '안다'는 동사는 일종의 행동을 지시한다. 즉 바울은 갈라디아인들이 하나님에 의해 붙잡힌 바 되고 신적 관심이 그들에게 집중되는 때에 일어나는 일종의 경험을 지적하고 있다.310 하나님의 아들이 되었고(갈 3:26) 그분의 아들의 영을 소유한 상태에서(갈 4:6) 갈라디아인들은 교회에서 가족 관계의 친교를 통해 하나님을 체험하였다. 잘 알려진 것처럼 하나님과 그 백성의 체험적 관계는 언제나 하나님의 주도와 인간의 반응이라는 관점에서 말해진다. 때문에 하나님과의 관계는 인간의 추구(신비주의)나 행위(율법주의)나 앎(영지주의)에 그 근거를 두지 않으며 하나님 자신에게서 기원하며 항상 신적 은총으로 지속된다.311

따라서 갈라디아인들이 교회의 회원으로서 그리고 신자들과의 교통을 통해서 하나님의 백성으로 살아간다는 그 역사적 사실 자체가 하나님께서 그들과 더불어 즐거워하신다는 은총의 결과들이다. 이처럼 하나님의 자녀로 자유롭게 살아가는 삶의 터전으로 교회가 주어졌음에도 불구하고 갈라디아인들은 기독교에서 유대교로 전향할 위기에 있었다. 이에 바울은 "너희가 날과 달과 절기와 해를 삼가 지키니 내가 너희를 위하여 수고한 것이

---

310 Chrales B. Cousar, 『갈라디아서』, 137.
311 Richard N. Longenecker, 『갈라디아서』, 452-53.

헛될까 두려워하노라"(갈 4:10-11)고 지적한다.

사실 갈라디아인들이 유대인들의 절기들을 지킨다는 사실만으로는 그것이 정죄의 대상이 되지는 않는다. 바울 자신도 안식일을 지키고 있었고 어떤 절기에는 그날을 지키기 위해 예루살렘으로 올라가기도 했기 때문이다. 여기에서 바울이 지적하고 있는 것은 갈라디아 성도들이 유대 절기를 지키는 노력을 통해 하나님의 인정을 받거나 율법적인 의무를 성취하는 것으로 오해하고 있다는 점이다.312

왜냐하면 유대주의자들은 할례와 율법의 준수로서 날과 절기들을 지키는 것이야말로 기독교 신앙을 완성시키는 수단이라고 주장했기 때문이다. 바울은 하나님을 경외하는 절기들이 그 자체로는 나쁘지 않지만 그것들이 구원을 얻거나 하나님의 인정을 받고자 하는 방편으로 사용될 때 그것들은 사람을 노예로 전락시키는 역할을 한다는 사실을 중시하고 있다. 때문에 바울은 갈라디아인들이 진리로부터 돌아서서 믿음의 결실을 맺지 못하게 하고 결국에는 바울이 그들에게 복음이 전한 적이 없는 것처럼 그들의 믿음이 죽은 믿음이 될 것임을 경고하고 있다.313

2. 유대주의자들의 주장에 대한 바울의 반론

바울은 갈라디아서 1장 6절부터 4장 11절에 걸쳐 갈라디아 교회 안에서 활동하고 있는 유대주의자들이 주장하고 있는 내용들에 대한 신학적 반론을 전개하고 있다. 유대주의자들은 예루살렘 교회의 권위를 앞세우며 이방인 교회 성도들이 예루살렘 교회의 권위를 인정할 것을 요구했다. 이 요구는 바울의 사도권이 예루살렘 교회 사도들의 권위 아래 있다는 주장이기도 했다.

---

312 S. Andrew Cooper, *Marius Victorinus' Commentary on Galatians*, 314.

313 Bruce B. Barton, 『갈라디아서』 224.

또한 이들은 이방인 회심자들이 아브라함과 그의 언약과 바른 관계를 맺음으로써 합법적으로 아브라함의 아들이 되고 하나님과 아브라함 사이에 맺어진 언약에 약속된 복을 누려야 한다고 주장했다. 그리고 갈라디아 교회 성도들에게 할례와 규정된 생활 방식으로 유대법을 요구함으로써 엄격한 신앙 생활을 강요하였다.

이에 바울은 자신의 사도권과 자신이 전한 복음의 내용에 대해 논증하고(갈 1:11-2:21) 이신칭의 신학에 근거한 율법과 복음과의 관계를 아브라함의 예를 통해 논증함으로써 유대주의자들의 주장을 반박했다. 아울러 복음으로 말미암아 하나님의 아들로 부름받은 성도들이 유대주의자들의 주장을 받아들여 율법 아래로 회귀하는 것에 대해 강한 우려를 나타내고 있다(갈 3:1-4:11). 이어 바울은 교회가 유대화의 위협으로부터 제기되는 당면 문제들에 대해 구체적으로 논증을 전개함으로써 바울이 갈라디아 성도들에 대해 가지고 있는 우려가 무엇인가를 제시하고 있다. 이런 점에서 앞서 전개된 사법적이거나 변호적인 논증과는 달리 4장 12절부터는 유대화 운동에 대한 토의적 논증을 통해 그것들의 불법성과 유해성에 대해 증명하는 것으로 논증이 진행되고 있다.314

바울은 먼저 "나와 같이 되라"고 하는 갈라디아서에서 첫 번째 등장하는 명령법으로부터 독자들의 주의를 환기시키고 있다. 한글 개역성경에 "형제들아 내가 너희와 같이 되었은즉 너희도 나와 같이 되기를 구하노라 너희가 내게 해롭게 하지 아니하였느니라"(갈 4:12)고 번역되어 있는 본문은 "나와 같이 되라, 왜냐하면 나도 역시 너희처럼 되었기 때문이며, 형제들아 너희가 나를 해롭게 하지 아니하였느니라"(필자 사역)는 어순으로 되어 있다. '나와 같이 되라' 는 바울의 강력한 권고는 바울이 더 이상 율법의 압제 아래 있지 않은 것처럼 갈라디아 성도들도 '할례를 받음으로써 유

---

314 Richard N. Longenecker, 『갈라디아서』 459.

대인처럼 되는 유혹으로부터 떠나 하나님의 자녀로서 자유를 선택하라'
는 권고이며 지금까지 전개된 바울의 논증에 그 근거를 두고 있다.315

바울은 복음의 진리에 충실하기 위해 율법에 대해 죽고 그리스도에 대한 믿음으로 사는 것만이 하나님의 은혜 안에서 누리는 진정한 자유임을 갈라디아 교회들에게 전파했다. 그런데 유대주의자들의 유혹에 빠진 갈라디아인들이 할례 및 유대교의 연중 행사표와 음식법을 그리스도인의 생활양식으로 삼으려고 하는 위기를 자초하고 있다. 하지만 아직 그들이 배교에 이른 것은 아니었다.316 이에 바울은 율법의 행위로서 하나님 앞에서 의롭게 될 수 있다는 모든 시도 자체를 거부한다.

한때 바울은 유대인으로서 하나님 앞에서 자신의 의를 스스로 성취할 수 있을 것으로 여긴 적이 있었다. 그러나 바울은 자신이 태어날 때부터 하나님 앞에서 저주를 받아야 마땅할 정도로 자랑한 것이 전혀 없으며 오직 하나님의 은혜로 자기 의를 모두 포기하는 것만이 하나님을 기쁘시게 하고 영화롭게 하는 유일한 길임을 깨달았고 이 복음을 전했다. 마찬가지로 갈라디아인들 역시 값없고 완전하며 오직 그리스도의 구속의 희생에 근거한 구원의 복음을 영접했던 당시의 출발점으로 복귀할 것을 바울은 강력하게 권고하고 있다. 이처럼 바울이 갈라디아인들에게 강력하게 권고할 수 있었던 것은 과거 갈라디아인들이 처음 바울을 만나 베푼 호의와도 깊은 관련이 있다.317

갈라디아인들은 바울의 수려한 외모나 화려한 웅변에 매료되어 복음을 받아들인 것이 아니었다. 당시 바울은 사람들이 보기에도 민망할 정도로 심한 육체적 질고를 겪고 있었다. 그럼에도 불구하고 갈라디아인들은 바울이 전한 복음을 기꺼이 받아들였고 바울에게 모든 친절을 아끼지 않았

---

315 조병수, 『갈라디아서』 173.
316 Richard N. Longenecker, 『갈라디아서』 466.
317 S. Andrew Cooper, *Marius Victorinus' Commentary on Galatians*, 315.

다. 이 일에 대해 바울은 "너희를 시험하는 것이 내 육체에 있으되 이것을 너희가 업신여기지도 아니하며 버리지도 아니하고 오직 나를 하나님의 천사와 같이 또는 그리스도 예수와 같이 영접하였도다"(갈 4:14)라고 회상하고 있다. 그처럼 바울과 갈라디아인들 사이에는 기쁨으로 가득 차 있었다. 심지어 그들은 바울이 원했다면 눈이라도 빼어 줄 정도로 바울을 사랑했다. "어떤 사람을 위해 자신의 눈을 빼다"는 문구는 타인의 복리를 위해 극단으로 나아가는 일에 대한 회화적이며 의미심장한 관용어이다.318 그만큼 그들은 바울의 복음에 대해 기쁨으로 맞이했다.

이것은 그들이 받은 '복' 이었다. 하지만 유대주의자들이 온 이후부터 그 상황이 반전되고 있었다. 유대주의자들은 갈라디아인들로 모든 접촉을 끊도록 함으로써 자기들의 자존심을 만족시키고 갈라디아인들인 자신들만 바라보게 만들고 있었다. 그 결과 바울이 유대주의자들의 그릇된 주장을 지적하는 이 일로 말미암아 오히려 바울은 갈라디아인들에게 원수처럼 되는 위치로 바뀌고 있었다(갈 4:16).

이에 바울은 유대주의자들의 정체를 지적하고 예전과 같이 갈라디아인들과의 관계를 회복해야 했다. "저희가 너희를 대하여 열심 내는 것이 좋은 뜻이 아니요 오직 너희를 이간 붙여 너희로 저희를 대하여 열심 내게 하려 함이라"(갈 4:17)는 바울의 지적처럼 유대주의자들은 자기들을 종교적 권위자와 전문가라고 내세우며 바울과 갈라디아인들을 이간질하고 결국 그리스도에게 멀어지게 하는데 열심을 내었다. 그들의 열심은 하나님을 위한 것이 아니라 자기 자신들의 주장을 관철하기 위함이었다.319

그들의 행위는 바울이 진심으로 갈라디아인들에게 복음을 전했던 마음과는 정반대였다. "좋은 일에 대하여 열심으로 사모함을 받음은 내가 너희를 대하였을 때뿐 아니라 언제든지 좋으니라"(갈 4:18)는 고백처럼 바울은

---

318 Richard N. Longenecker, 『갈라디아서』 437.
319 Bruce B. Barton, 『갈라디아서』 233.

한결같이 정직하고 진정으로 갈라디아인들을 위해 사모하는 마음으로 복음을 전했다. 반면에 유대주의자들은 자기들의 이익을 위해 그처럼 열심을 내었을 뿐이다.

바울은 예전에도 그랬던 것처럼 여전히 갈라디아인들을 위해 어떤 희생이라도 다 치를 각오를 가지고 있다. 이러한 바울의 심정은 마치 출산을 앞두고 산통을 겪는 산모와 같다. 이와 같은 심정에서 바울은 갈라디아인들을 가리켜 "나의 자녀들아"(갈 4:19)라고 호칭하고 있다. 그리고 "너희 속에 그리스도의 형상이 이루기까지" 해산의 수고를 결코 포기하지 않을 것이라고 선언한다. 여기에서 '너희 속에 그리스도의 형상이 이루기까지' 라는 바울의 표현은 인물들의 역할 반전(reversal)을 암시하고 있다.

이제 갈라디아인들은 바울과 같은 임신모이며 그들 안에서 그리스도는 발육 중인 태아와 같이 묘사된다. 이러한 역할 반전을 통해 바울은 갈라디아인들의 곤경과 그들에 대한 자신의 감정을 생생하게 설명하고 있다. 그들이 할례를 받아들인다는 것은 자신들을 어머니 배속에 다시 가져다 놓는 것과 같다. 때문에 그들에게는 이제 새로운 출생이 필요하게 되었다. 그들이 거짓 교훈(갈 4:8-10)을 받아들임은 분명히 기독교인 이전의 상태로 복귀한 것과 같기 때문이다.320

이런 이유에서 바울은 "내가 이제라도 너희와 함께 있어 내 음성을 변하려 함은 너희를 대하여 의심이 있음이라"(갈 4:20)라고 말하며 갈라디아인들에 대한 당혹감을 감추지 않고 있다. 이 구절을 직역하면 "내가 지금 너희와 함께 있어서 (이 서신과) 내 음성을 바꿀 수 있다면 얼마나 좋겠는가. 왜냐하면 내가 너희에 대해 어찌할 바를 모르겠기 때문이다"로 번역할 수 있다.

여기에서 바울은 갈라디아인들의 변심에 어찌할 바 모르는 것처럼 격정

---

320 Chrales B. Cousar, 『갈라디아서』 146.

과 감정에 차 있다. 자신이 복음으로써 해산했던 갈라디아인들이 다시 옛 상태로 돌아감으로써 그들을 다시 영적 배속에 담아 그리스도의 형상이 온전하게 이루어질 때까지 추가적인 임신 기간이 필요하고 또다시 출산의 고통을 해야 한다는 것처럼 고통스런 일은 없기 때문이다. 결국 갈라디아인들의 변심은 바울이 전한 복음 자체를 무의미하게 만드는 것과 같았다.

3. 구속사에 대한 바울의 새로운 이해

갈라디아인들에 대한 열렬한 호소(갈 4:12-20)를 통해 바울은 자신을 갈라디아인들을 새 언약의 복음으로 출산한 영적 어머니로 묘사하고 있다. 이제 바울은 또다시 그들을 해산해야만 하는 고통 가운데 있다. 그들이 또다시 옛언약 안으로 들어가고 있기 때문이다. 여기에서 이 서신을 기록하고 있는 바울의 심정과 열심을 엿볼 수 있다.

문제는 아브라함의 할례를 받음으로써 유대 민족과 관련될 때에만 약속을 받은 이삭의 합법적인 자손이 되며 그렇지 않을 경우에는 이스마엘과 같은 존재로 약속과 상관없다고 주장하는 유대주의자들의 주장에 갈라디아인들이 유혹되었다는 점이다.[321] 이러한 유대주의자들의 주장은 아브라함의 장막 안에 있는 두 실체, 즉 사라와 하갈에 대한 잘못된 해석에 근거하고 있다.

전통적으로 하갈과 이스마엘은 자연적 생식 과정과 관련된 '예속의 관계'로, 사라와 이삭은 약속과 관련된 '자유의 관계'로 상징되었다. 창세기 21장 9-12절에 대한 이 해석에서 아브라함에게 두 아들이 있지만 하나는 몸종 하갈에게서 낳았고 다른 하나는 자유하는 사라에게서 낳았다는 사실에 따라 유대인들은 율법을 지켜야 진정한 아브라함의 후손이 된다고 이해하고 있었다.

---

321 Richard N. Longenecker, 『갈라디아서』 483.

그러나 바울에게 있어서 이스마엘이나 이삭이나 모두가 아브라함의 아들들이며 아브라함에서 비롯한 육체적 혈통이 그처럼 중요하다면 날 때부터 유대인인 그들은 이스마엘에 비해 조금도 나을 바가 없었다. 이에 바울은 "내게 말하라 율법 아래 있고자 하는 자들아 율법을 듣지 못하였느냐 기록된 바 아브라함이 두 아들이 있으니 하나는 계집종에게서, 하나는 자유하는 여자에게서 났다"(갈 4:21-22)는 전통적 유대인들의 해석에 새로운 의미를 부여하고 있다.

바울은 한 혈통 아래에서 태어난 이스마엘과 이삭의 차이점은 혈통의 문제가 아니라 육체를 따라 태어난 것인가 아니면 약속을 따라 태어난 것인가에 대한 차이임을 분명히 밝히고 있다. "계집종에게서는 육체를 따라 났고 자유하는 여자에게서는 약속으로 말미암았느니라"(갈 4:23)는 바울의 이해는 그 둘의 근본적인 차이가 혈통이 아니라 영적인 차이임을 지적하고 있다. 이 둘의 근본적인 차이점은 계집종과 자유하는 여자의 출산이 아니라 육적 출산인가 아니면 약속의 출산인가에 있다는 점이다.

여기에서 바울은 이 두 출생이 가져다 주는 의미에 대해 유대주의자들과 다른 해석을 제시하고 있다. "이것은 비유니 이 여자들은 두 언약이라 하나는 시내산으로부터 종을 낳은 자니 곧 하가라 이 하가는 아라비아에 있는 시내산으로 지금 있는 예루살렘과 같은 데니 저가 그 자녀들로 더불어 종노릇하고 오직 위에 있는 예루살렘은 자유자니 곧 우리 어머니라"(갈 4:24-26).

바울이 하갈과 사라를 옛 언약과 새 언약의 비유로 해석하는 것은 유대인들의 그릇된 해석을 시정하기 위함이다. 유대인들은 아브라함, 사라 그리고 이삭에게서 구속사적 계통이 시작되어 모세와 시내산에서 주어진 토라를 통해 확장되고 마침내 이스라엘의 율법, 땅, 성전에 대한 희망들이 현재의 예루살렘에 초점이 맞추어진다고 이해하고 있었다.[322] 반면에 바울

---

[322] 조병수, 『갈라디아서』 187.

에게 있어서는 종됨과 자유함이 구속사에서 가장 중요한 요소였다. 따라서 바울은 구속사에 대한 유대적 이해에서 인물과 장소들의 관계를 수정해야 했다.

바울은 예루살렘이 하갈과 같이 '그의 자녀들과 함께 종된 상태'에 있기 때문에 하갈-이스마엘-시내산-예루살렘으로 연결되어야 한다고 주장한다. 왜냐하면 예루살렘에 있는 유대인들은 하갈에게서 출생한 이스마엘처럼 자연적인 생산의 결과물이기 때문이다. 반면에 바울은 구속사를 하나님의 나라와 그리스도의 통치의 완전한 실현은 족장들에 의해 기대되었으며 지금 계시적 형태로 그리스도인들에 의해 경험되는 '천상' 또는 '새로운' 예루살렘으로 연결시키고 있다. 바울은 사라-이삭-(시온산)-새 예루살렘으로 연결되는 구속사만이 속박의 상태에 있지 않고 자유하기 때문에 이에 근거한 복음만이 참된 복음이라고 제시한다.323

이러한 바울의 해석은 "그러나 너희는 시온산, 즉 천상의 예루살렘과 살아 계신 하나님의 도시에 이르렀다"(히 12:22)는 히브리서 기자의 사상과 놀랍도록 일치하고 있다. 여기에서 시온, 즉 위에 있는 예루살렘만이 하나님 백성의 어머니이며(시 87편) 아들을 낳는 산고 가운데 있는 어머니이다(사 66:7-11). 따라서 "기록된 바 잉태치 못한 자여 즐거워하라 구로치 못한 자여 소리 질러 외치라 이는 홀로 사는 자(사라)의 자녀가 남편 있는 자(하갈)의 자녀보다 많음이라"(갈 4:27)는 이사야(사 54:1) 선지자의 '시온의 미래적 영광'에 대한 종말론적 신탁에 근거하여 바울은 '사라'만이 진정한 그리스도인들의 어머니라고 주장하고 있다.

여기에서 사라는 갈라디아의 유대 그리스도인들뿐 아니라 이방인 그리스도인들의 영적 어머니로 입증된다. 왜냐하면 자녀를 낳지 않은 자유인 태생의 아내로서 사라는 하나님이 아브라함에게 하신 약속, 즉 열국의 아비로 세우시겠다는 약속으로 인해 자유인으로 태어나는 자녀들을 낳았기

---

323 Richard N. Longenecker, 『갈라디아서』 504-505.

때문이다. 그 첫 번째 열매가 바로 이삭이었다.

"내가 너와 내 언약을 세우니 너는 열국의 아비가 될지라 이제 후로는 네 이름을 아브람이라 하지 아니하고 아브라함이라 하리니 이는 내가 너로 열국의 아비가 되게 함이니라 내가 너로 심히 번성케 하리니 나라들이 네게로 좇아 일어나며 열왕이 네게로 좇아 나리라 내가 내 언약을 나와 너와 네 대대 후손의 사이에 세워서 영원한 언약을 삼고 너와 네 후손의 하나님이 되리라"(창 17:2-7)는 약속 후에 그 약속의 증표로 하나님은 할례를 행하게 하셨고 이삭을 약속하셨다.

그러므로 바울은 갈라디아인들을 향하여 "형제들아 너희는 이삭과 같이 약속의 자녀라"(갈 4:28)고 담대하게 말하고 있다. 그럼에도 불구하고 유대주의자들이 갈라디아인들을 향해 할례를 받아야 아브라함의 진정한 자손이 되는 것이라는 주장은 마치 이스마엘이 어린 이삭을 희롱하는 것과 같다. 이 사실을 지적하기 위해 "그때에 육체를 따라 난 자가 성령을 따라 난 자를 핍박한 것같이 이제도 그러하도다"(갈 4:29)라고 바울은 강하게 유대주의자들을 비난하고 나선다.324 이제 그들은 이스마엘이 아브라함의 가정에서 쫓겨난 것처럼 교회에서 근절되어야 한다(갈 4:30). 왜냐하면 교회는 계집종에게서 난 육체의 자녀들이 아닌 자유하는 어머니가 낳은 약속의 자녀들로 구성되어야 하기 때문이다.

B. 이방인에게 확장된 아브라함의 복

1. 갈라디아서의 핵심 주제 '이신칭의'

갈라디아서에서 제기되고 있는 바울의 논증들을 근거로 유대주의자들의 주장은 다음과 같이 요약된다 : "아브라함의 참된 자손은 예루살렘에

---

324 Chrales B. Cousar, 『갈라디아서』 150.

거주하는 유대인이다. 여기에 하나님의 진정한 백성이 있으며 지금은 교회라고 불리는 새로운 하나님의 백성들에게 예루살렘은 권위의 중심지이다. 따라서 승인된 수단, 즉 할례와 율법의 준수를 통해 이 새로운 교회 공동체에 가입되지 않은 회원들은 교회에서 추방되어야 하며 아브라함과 그의 씨인 이삭에게 주어진 약속들을 상속할 수 없다."

이러한 사상을 입증하기 위해 유대주의자들은 복음의 진리가 보다 초기의 초보적 형태와 후기의 발전된 형태로 나타나게 되었다고 전제한다. 그들은 이스마엘이 아브라함의 장자였지만 상속은 유대인들의 선조인 이삭을 통해서만 주어졌다고 지적하고 바울의 가르침은 보다 초기의 초보적인 형태의 것으로 이스마엘적 복음에 불과하다고 말한다. 때문에 하갈, 이스마엘 그리고 바울의 복음은 아브라함의 구속사에서 제외되며 사라, 이삭, 유대인들, 시내산 모세법, 예루살렘으로 이어지는 예루살렘의 모교회와 그 가르침만이 구속사의 전통에 서 있다고 주장하고 있었다. 이러한 논리에 근거해 유대주의자들은 자신들만이 아브라함과 하나님에 의해 정해진 아브라함 약속 수취의 유일한 통로라고 주장한다.325

유대주의자들의 주장에 반박하여 바울은 "누가 진정한 아브라함의 후손인가?"에 대한 신학적 해석을 새롭게 제시한다. 바울은 먼저 아브라함은 할례와 모세법과 상관없이 믿음으로 말미암아 의롭다 함을 받았음을 입증한다(갈 3:6-9). 이어 하갈과 사라는 같은 시대의 인물이라는 점을 지적하고 예루살렘(유대인들)은 하갈 - 이스마엘 - 시내산으로 이어지는 연장선 상에 있는 종의 신분에 불과하다고 강조한다(갈 4:21-31).

반면에 바울은 자유한 여자이며 아브라함의 아내인 사라, 약속의 결과로 태어난 그녀의 아들 이삭, 모든 신자의 참된 어머니인 위에 있는 예루살렘으로 이어지는 구속사에 근거한 자신의 복음만이 진정한 복음임을 밝히

---

325 Richard N. Longenecker, 『갈라디아서』 512.

고 있다. 이 복음에 따라 약속과 자유한 여자의 자녀로 출생한 성도들, 즉 갈라디아 성도들이야말로 아브라함의 진정한 후손이며, '이삭과 같은 약속의 자녀'(갈 4:28)이며, '계집종의 자녀가 아니요 자유하는 여자의 자녀'(갈 4:31)라고 제시하고 있다.326

왜냐하면 하갈에게서 출생한 이스마엘과 같이 자연적인 혈통으로 아브라함의 후손이 되는 유대인들과 달리 신약의 성도들은 사라에게서 출생한 이삭처럼 하나님의 약속된 아브라함의 후손들이기 때문이다. 이러한 논증을 통해 바울은 이삭과 이스마엘 둘 다 할례를 받았으나(창 17:25-26; 21:4) 이삭이 아브라함의 자유로운 후사의 위치를 얻은 것은 그가 약속의 아들이었다는 사실 때문임을 밝히고 갈라디아 교인들로 하여금 하나님과의 관계를 맺는 일에 있어서 할례와 같은 의식이 필요하지 않은 자유의 백성, 즉 약속의 자녀임을 스스로 깨닫게 하고 있다.327

과거 유대인들의 선조인 이스라엘은 몽학 선생, 즉 율법 아래에서 '종의 상태'로 있었다. 그들은 율법의 지도 아래에서 하나님께 봉사하는 삶을 통해 바울이 설명하는 예수 안에 있는 하나님의 구원을 몸소 체험했다. 그러나 그리스도께서 오심으로써 "그리스도가 우리를 자유롭게 했다"(갈 5:1)고 하는 하나님의 결정적인 구원이 성취되었다.

따라서 신약의 성도들은 죄, 율법, 죽음과 같은 감독자들(task-masters)에게 더 이상 매이지 않고 새로운 신분, 즉 자유인으로서 하나님께 봉사하는 위치에 서게 되었다. 이에 바울은 "그리스도께서 우리로 자유케 하려고 자유를 주셨으니 그러므로 굳세게 서서 다시는 종의 멍에를 메지 말라"(갈 5:1)라고 선언한다. 이 선언에 근거하여 바울은 성도들에게 주어진 자유의 성격에 대하여 자세하게 규명하고 있다(갈 5:1-12).

특별히 갈라디아서 5장 1-12절은 갈라디아서 1장 6-10절에서 다룬 서론

326　S. Andrew Cooper, *Marius Victorinus' Commentary on Galatians*, 321.
327　Chrales B. Cousar, 『갈라디아서』, 152.

적 내용에 대한 결론을 형성하고 있다는 점에서 갈라디아서 1-4장의 결론과 같은 역할을 하면서 기독교의 유대화주의에 대한 강한 비판을 나타내고 있다. 이 두 단락은 갈라디아서 1장 11-4장 31절의 앞뒤를 둘러싸고 있는 외곽틀 구조(inclusio)를 이루고 있다.328 여기에서 바울은 "우리가 성령으로 믿음을 좇아 의의 소망을 기다리노니 그리스도 예수 안에서는 할례나 무할례가 효력이 없되 사랑으로써 역사하는 믿음뿐이니라"(갈 5:5-6)라고 강조하며 이신칭의 신학을 재확인하고 있다.

이어 전개되는 갈라디아서 5장 13절-6장 10절은 "형제들아 너희가 자유를 위하여 부르심을 입었으나 그러나 그 자유로 육체의 기회를 삼지 말고 오직 사랑으로 서로 종노릇하라"(갈 5:13)로 시작하여 "그러므로 우리는 기회 있는 대로 모든 이에게 착한 일을 하되 더욱 믿음의 가정들에게 할지니라"(갈 6:10)로 마치고 있다.

여기에서 바울은 성도들의 자유는 율법에 의해 규제되지 않아야 하는 것처럼 육체를 위하는 계기가 되어서도 안되며 '사랑, 섬김 그리고 성령 안에서 사는 삶' 으로 나타나야 할 것을 밝히고 있다. 특별히 '사랑' 과 관련해 바울은 성도들의 삶의 결정체인 성령의 열매, 즉 '사랑과 희락과 화평과 오래 참음과 자비와 양선과 충성과 온유와 절제'(갈 5:22-23)를 제시하고 성령의 인도를 경험하는 성도들의 삶을 통해 성령의 열매인 '영생' 의 확신(갈 6:8)으로 논리를 전개시키고 있다.

특히 기독교의 유대화에 대한 비판은 이신칭의 신학의 논증의 결론(갈 5:1-11)에 이어 갈라디아서의 결론(갈 6:11-18)에서도 다시 언급하고 있다는 점에서 갈라디아서의 전반적인 관심은 행위로 말미암지 않고 믿음으로 말미암는다는 '이신칭의' 의 신학에 초점이 모아져 있음을 알 수 있다. 따라서 갈라디아서 5장 13절-6장 10절에서 주제로 삼고 있는 사랑과 성령의 열

---

328 Richard N. Longenecker, 『갈라디아서』 517.

매로 나타나는 성도들의 삶이야말로 바울이 제시하는 '이신칭의' 신학 위에 굳건히 서 있어야 함을 확인할 수 있다.

2. 공존할 수 없는 '믿음'과 '할례'

유대주의자들은 "그리스도 예수 안에서 우리의 가진 자유를 엿보고 우리를 종으로 삼고자"(갈 2:4) 위장 침투한 자들이었다. 그들은 예루살렘에서 시도한 이 일을 갈라디아에서도 시도하고 있었다. 바울은 복음 안에서 성장한 갈라디아인들이 하나님의 은혜를 저지하려고 시도하는 유대주의자들의 영향을 받고 있다는 사실에 경악을 금치 못했다. 이에 성도들이 '종의 멍에'(갈 5:1)를 다시 짊어진다면 어떤 결과를 가져오게 되는가를 확실하게 밝힐 필요가 있었다.

바울은 자유한 여자이며 아브라함의 아내인 사라, 약속의 결과로 태어난 그녀의 아들 이삭, 모든 신자의 참된 어머니인 위에 있는 예루살렘으로 이어지는 구속사에 근거한 복음이야말로 유대 율법의 예속에서 자유를 가져다 준다고 논증했다(갈 4:21-31). 이를 근거로 죄악된 욕망과 유대 율법의 예속으로부터 성도들은 자유를 얻었음을 밝힌다. 그러나 그 자유는 그저 얻어진 것이 아니었다. 누군가 그 자유를 위해 대가를 치러야 했기 때문이다. 성도들이 근본적인 자유를 누리기 위해 누군가 그들을 해방해야 했다. 그분은 바로 예수 그리스도이시다(요 8:32, 36). 이에 바울은 "그리스도께서 우리로 자유케 하려고 자유를 주셨으니 그러므로 굳세게 서서 다시는 종의 멍에를 메지 말라"(갈 5:1)고 선언한다.

바울은 여기에서 성도들의 자유는 그리스도의 구속에 근거하고 있음을 지적하고 있다.329 이 구속은 죄의 권세로부터의 구출을 포함한다. 그렇지

---

329 S. Andrew Cooper, *Marius Victorinus' Commentary on Galatians*, 327.

만 지금 바울이 문제삼고 있는 것은 율법이 죄인에게 선언하는 저주로부터의 해방, 즉 한 때 자기 의를 성취하기 위하여 애썼지만 이제는 은혜로 말미암아 그리스도와 그의 구원으로 돌아섬으로써 얻어진 자유를 염두에 두고 있다. 하나님의 선택받은 성도들에게 있어서 이 자유는 죽은 것을 살릴 수 없는 무능력한 율법에서 구출되는 것을 의미한다. 이것은 동시에 도덕적, 형식적 율법을 철저히 준수해야 구원을 받는다는 그릇된 관념이나 이 요구를 충족시키기에는 불가능하다는 강박 관념으로부터의 자유도 포함한다.330

이런 점에서 이 자유는 언제나 칭의를 동반한다. 어떤 피고가 무죄 선고를 받았다면 그는 그것으로 자유로운 것처럼 하나님은 죄인을 향해 무죄를 선고하셨다. 뿐만 아니라 그들을 자신의 양자로 삼으심으로써 아들이라는 영광된 자격을 부여하셨으며 하나님의 유업을 소유할 권리를 갖게 하셨다. 따라서 성도들이 자유를 얻음에 있어서나 하나님의 유업을 받음에 있어서 자신의 공로나 행위는 아무런 역할을 하지 않는다. 오로지 그리스도께서 자신이 저주의 대상이 되시고 그의 피로써 이 모든 일들을 성취하셨기 때문이다.

그리스도는 칭의를 성취하셨을 뿐만 아니라 그의 성령을 통해 꾸준히 성취하고 계신다(갈 3:2, 3, 14; 4:6, 29). 따라서 주의 영이 계시는 곳에는 어제나 자유함이 존재한다. 이런 이유에서 바울은 갈라디아인들에게 '그러므로 굳세게 서서 다시는 종의 멍에를 메지 말라' 고 권고하고 있다. 이것은 마치 전쟁에 임한 병사들이 도주하지 않고 당당하게 적에 대항하여 승리를 쟁취하고 있는 모습을 연상케 한다.

그리스도는 모든 성도들을 자유롭게 하셨으므로 성도들은 그 안에서 자유를 누려야 한다. 그리스도는 율법주의적 형식, 죄에 대한 하나님의 심

---

330 William Handriksen, 『갈라디아서』 264.

판, 인간이 만든 모든 법으로부터 나오는 두려움과 죄책감이라는 주관적인 경험에서 성도들을 자유롭게 하셨다. 때문에 율법으로 돌아가서 그리스도께서 이미 주신 것을 얻으려고 한다는 것은 그의 희생을 욕되게 하는 것과 같다.331 그러므로 바울은 "보라 나 바울은 너희에게 말하노니 너희가 만일 할례를 받으면 그리스도께서 너희에게 아무 유익이 없으리라"(갈 5:2)고 선포하고 있다.

이것은 전적으로 "그리스도께서 우리로 자유케 하려고 자유를 주셨다"(갈 5:1)는 선언에 근거하고 있다. 이 선언은 그리스도의 해방시키는 사역을 받아들인다는 것은 궁극적인 자유나 안전을 보장해 준다는 다른 어떤 제안도 거절하는 것을 의미한다.332 따라서 그리스도의 자유 외에도 다른 방도가 있다고 주장하는 사람들, 즉 할례와 율법의 준수를 강요하는 사람들이 있다면 그들은 그리스도의 대적자일 뿐이다. 이에 대한 바울의 반론은 명쾌하다. "내가 할례를 받는 각 사람에게 다시 증거하노니 그는 율법 전체를 행할 의무를 가진 자라 율법 안에서 의롭다 함을 얻으려 하는 너희는 그리스도에게서 끊어지고 은혜에서 떨어진 자로다"(갈 5:3-4).

유대주의자들은 그리스도를 부인하거나 또는 그리스도가 구원에서 전적으로 배제되는 것을 주장하지 않는다. 그러나 그들은 그리스도의 은혜와 율법의 행위를 갈라놓고 그리스도는 다만 구원의 절반밖에 효력을 나타내지 못하는 것처럼 율법의 행위를 덧붙이려 하고 있다. 그러나 바울은 이들의 주장처럼 그리스도의 은혜와 율법을 구별하는 일 자체를 거부한다.

오히려 구원은 전적으로 그리스도의 은혜이며 이 진리를 온전히 받아들이는 믿음만으로 칭의를 받는다는 사실을 분명히 밝히고 있다.333 때문에

---

331 Bruce B. Barton, 『갈라디아서』 251.
332 Chrales B. Cousar, 『갈라디아서』 157.
333 J. Calvin, 『갈라디아서』 621.

할례가 구원의 필수적인 요소이거나 혹은 구원을 이루는 완전한 방편으로 여긴다면 그것은 그리스도의 구원과 아무런 상관이 없다. 유대주의자들은 바로 이점을 간과하고 있었다. 그들은 할례와 몇 가지 의식을 강조했지만 그렇다고 열성 유대인들처럼 그들이 율법 전체를 지키는 것도 아니었다(갈 6:13).

이것은 유대주의자들의 주장이 자가 당착에 빠져 있음을 보여준다. 그 누구도 할례를 율법의 단 한 가지 필요한 요소라고 분리시켜 놓고서 율법의 나머지 부분은 불필요하다고 주장해서는 안 된다. 때문에 할례를 주장하는 것은 율법 전체를 준수해야 한다는 것과 같은 의미를 가진다. 그럼에도 불구하고 그들이 할례를 주장하는 것은 율법의 준수를 통해서 의롭다 함을 얻는다고 주장하는 것과 다를 바 없다. 이것은 자신의 행위나 공로를 은혜의 복음에 덧붙이는 것과 같다. 때문에 할례를 받아야 한다는 것은 그리스도의 십자가를 거부하는 것이며 결국 그리스도의 은혜를 부인하는 주장일 뿐이다. 어떤 이유에서든 할례를 은혜의 복음에 덧붙일 방법이 없기 때문이다. 그들을 향하여 바울은 단호하게 '너희는 그리스도에게서 끊어지고 은혜에서 떨어진 자로다' 고 규명하는 이유가 여기에 있다.

하나님의 선물은 그 성격상 선한 행위나 종교적 활동이나 진정한 성실성에 의해 유지되는 것이 아니다. 하나님은 오로지 자신의 사랑으로만 백성을 구원하실 뿐이며 개인의 공적이나 그들이 가지고 있는 매력적인 견인력(attractiveness)에 끌리지 않는 분이시다.[334] 따라서 누구든지 율법적 방도로써 의롭다함을 얻으려 하거나 끝까지 이 잘못된 주장 가운데 머물기를 고집하는 사람들이 있다면 그들에게는 그리스도에게 연결된 줄이 더 이상 필요 없게 된다. 반면에 성령의 임재 가운데서 하나님의 새 시대의 전조(foretaste)에 감동을 받은 성도들은 하나님의 의로운 선물을 기다린다.

---

334 Chrales B. Cousar, 『갈라디아서』 161.

비록 아직 완전히 소유한 것은 아니지만 그 선물을 받을 희망과 기대 가운데 살고 있다. 이들에게는 할례의 문제에 더 이상 얽매이지 않는다.

이런 이유에서 바울은 "우리가 성령으로 믿음을 좇아 의의 소망을 기다리노니 그리스도 예수 안에서는 할례나 무할례가 효력이 없되 사랑으로써 역사하는 믿음뿐이니라"(갈 5:5-6)고 밝히고 있다. 갈라디아서 5장 5-6절은 원문에 근거해 "왜냐하면 우리가 성령에 의해서 믿음으로 말미암아 (장래에 있을) 우리가 바라는 의를 간절히 기다리기 때문이다. 이러므로 그리스도 예수 안에서는 할례나 무할례나 아무런 가치가 없다. 단지 사랑을 통해 스스로를 발현하는 (성령께서 주시는) 믿음뿐이다"로 번역된다. 여기에서 바울은 그동안 자신이 전개한 논증에 대하여 일련의 교리적 축약을 하고 있다.

바울은 칭의에 대한 논의를 시작함에 있어 믿음은 성령의 임재로부터 시작되었음을 밝힌 바 있다(갈 3:2-5). 아울러 이 믿음으로 말미암아 아브라함처럼 의롭다 하심을 받았음을 논증한다(갈 3:6-18). 따라서 성도들은 이 믿음에 근거하여 장차 종말에 이루어지게 될 '의'에 대한 소망을 가질 수 있다고 결론짓는다.

바울에게 있어 성도들이 믿음으로 의롭다 함을 이미 받았고 종말에도 의롭다 함을 받기를 간절히 기다리게 하는 것은 오로지 성령을 통해서 성취되는 성령의 역사였다. 왜냐하면 율법은 사망의 열매를 맺지만 성령은 살게 하며(갈 4:29), 율법은 두려움과 누추함을 가져다 주지만 성령은 소망과 확신을 가져오며(롬 8:16), 율법은 종노릇하게 만들지만 성령은 자유함을 베풀어주기 때문이다(갈 4:29-5:1).

그러므로 성도들 편에서 볼 때 구원은 믿음에 의해 받아들여진 것이나 이 믿음은 전수(傳授)에 있어서나 그 완성 단계에 있어서 성령께서 주시는 은사이다. 따라서 성도들이 소망하는 바 의롭다 하심을 얻는 것도 역시 성령으로 말미암은 것이며 이것은 성도들의 심령에 성령의 임재하심의 증표이

자 나아가 장차 오게 될 더 큰 영광의 첫 번째 징조이다.335 이와 같은 의미
에서 바울은 장차 그리스도의 영광스러운 재림의 날에 성도들의 의가 공
개적으로 선포될 것을 의심치 않는다(살전 3:13).

그리스도 안에서 누리는 의의 현재적 경험은 장차 하나님께서 성도들에
게 최종적으로 마지막 심판날에 '무죄' 평결하실 것을 소망하게 한다. 이
날까지 성도들은 성령을 통해 믿음으로 말미암아 하나님께서 그 약속을
성취하실 것을 간절히 고대한다. 때문에 그리스도 예수 안에서(갈 2:26-29)
할례와 무할례의 벽을 넘어 믿음이 사랑을 낳고 이 사랑이 성도들의 삶속
에서 작용하고 있다는 것은 성령께서 지금도 역사하고 있다는 증거이다.
그러므로 지금 갈라디아인들에 있어 중요한 관심사는 할례와 무할례가 아
니라 사랑을 통해 역사하는(working) 믿음이다. 이 믿음이 없다면 하나님께
서 자신과의 새로운 교제의 은혜로운 선물을 거부하는 것이며 마지막 심
판에서 받게 될 '무죄 선언'과 아무런 상관이 없다.

이상에서 전개된 '이신칭의'에 근거한 신학적 논증과 더불어 유대주의
자들이 주장하는 할례 문제에 대하여 이제 바울은 최종적 결론을 내리고
있다. 먼저 바울은 갈라디아인들이 현재 당하고 있는 당면한 문제의 원인
을 지적한다. "너희가 달음질을 잘하더니 누가 너희를 막아 진리를 순종치
않게 하더냐 그 권면이 너희를 부르신 이에게서 난 것이 아니라 적은 누룩
이 온 덩이에 퍼지느니라"(갈 5:7-9). 이어 바울은 갈라디아 성도들이 이 문
제로부터 해답을 찾고 유대주의자들의 주장을 철저하게 배격할 것을 독려
한다. "나는 너희가 아무 다른 마음도 품지 아니할 줄을 주 안에서 확신하
노라 그러나 너희를 요동케 하는 자는 누구든지 심판을 받으리라"(갈 5:10).

만일 바울이 할례를 수용했다면 그리고 그의 복음 전파와 함께 할례를
전파했다면 그것이야말로 '십자가의 거치는 것'이 되었을 것이다. 그 결

---

335 William Handriksen, 『갈라디아서』 272.

과 바울이 전파하는 십자가는 더 이상 아무런 의미가 없었을 것이며 바울에게서 십자가의 능력까지도 잃어버리고 말았을 것이다(갈 5:11). 그랬다면 바울은 그리스도의 사도가 아니다.

"그리스도께서 나를 보내심은 세례를 주게 하려 하심이 아니요 오직 복음을 전케 하려 하심이니 말의 지혜로 하지 아니함은 그리스도의 십자가가 헛되지 않게 하려 함이라"(고전 1:17)고 바울이 밝힌 것처럼 십자가야말로 구원의 계시였고 이방인들까지 포함하여 모든 사람에게 유효한 복음이기 때문이다. 때문에 십자가의 복음과 할례는 결코 공존하거나 화해할 수 없는 갈등을 가지고 있다. 그 둘은 단일 사고 방식으로 조정될 수도 없으며 누구나 둘 중 하나만을 선택해야 한다.[336]

여기에서 바울은 극적인 선언을 하고 있다. "너희를 어지럽게 하는 자들이 스스로 베어버리기를 원하노라"(갈 5:12). 헨드릭슨은 "너희를 혼미하게 하는 자들은 스스로 거세될 지어다"로 본문을 번역하고 있다. 이러한 바울의 최종 선언은 이미 할례가 종교적 가치를 상실한 상태에서는 관습적인 손할례에 불과하다는 점을 지적하고 하나의 작은 신체적 절단에 불과한 할례를 계속 주장하는 자들이 있다면 그들은 스스로를 거세하여 열렬한 '봉헌제'를 드리는 이방 사제들처럼 영원히 거세되어야 할 것이라는 경고를 담고 있다.[337]

3. 성령의 인도를 받는 성도들의 삶

지금까지 바울은 "그리스도께서 하나님 곧 우리 아버지의 뜻을 따라 이 악한 세대에서 우리를 건지시려고 우리 죄를 위하여 자기 몸을 드리셨다"(갈 1:4)는 신학적 근거에 대한 논증을 전개해 왔다. 먼저 자서전적인 자료

336　Chrales B. Cousar, 『갈라디아서』 168.
337　William Handriksen, 『갈라디아서』 283.

를 포함한 논증에서 바울은 갈라디아인들과 유대주의자들이 명심해야 할 복음의 권위를 밝히고(1장) 이신칭의의 신학(2장)과 더불어 율법에 대한 복음의 우월성과 그리스도와 더불어 죽고 산다는 의미에 대해 다양하게 논증을 전개했다(3-4장).

이 논증을 통해 바울은 이방인 회심자들에게 할례를 강요하는 일은 기독교 신앙의 핵심과 모순됨을 밝히고 하나님의 백성은 율법에 언급된 의식에서 자신의 정체성을 찾는 것이 아니라 그리스도와의 연합, 즉 하나님의 아들됨과 자유가 보증된 그리스도 안에서 찾아야 할 것을 제시하고 있다.

바울은 십자가의 복음과 율법의 할례가 공존할 수 없음을 밝히고 성도들이 누리는 자유의 유지에 대한 경고(갈 5:1), 성령의 역사(갈 5:5), 사랑 안에서 활동하는 믿음(갈 5:6) 그리고 결론부(갈 6:11-18)에서 다루게 될 십자가의 장애물에 대한 언급으로 지금까지의 논증을 정리하고 있다.338 이어 갈라디아서 5장 13절-6장 10절에서 전개되는 바울의 논증은 1-4장에서 논증한 내용을 종합한 갈라디아서 5장 1-12절에 대한 구체적인 내용을 다루고 있다. 여기에서 다루게 될 신학적 주제들은 크게 세 가지로 집약된다.

첫째, 성도들의 자유 : 이웃 사랑으로 율법을 완성함으로써 성도들은 지속적으로 자유를 유지할 수 있다(갈 5:13-15). 둘째, 성령의 지속적인 역사 : 성령은 자유로운 삶의 양식과 능력이다(갈 5:16-25). 셋째, 사랑 안에서 활동하는 믿음 : 율법의 완성으로써 사랑 안에서 활동하는 믿음에 근거한 성도들의 삶은 교회를 위해 봉사한다(갈 6:1-10).

이러한 신학적 주제들을 통해 바울이 다루게 될 주제의 핵심은 사랑이었다. 사랑은 믿는 자들이 해방을 받았던 옛 율법을 대체한 새로운 율법처럼 그들에게 지워진 또 다른 무거운 짐이 아니다. 사랑은 참 자유의 표현

---

338 Chrales B. Cousar, 『갈라디아서』 174.

이다. 그것은 성령의 열매이며 이웃의 짐을 지는 봉사이다. 자유, 사랑과 성령의 상호 관계야 말로 유대인과 이방인의 구분을 초월하고 유대주의자들의 주장이 들어설 여지가 없는 새로운 창조의 세계이다.

바울의 복음은 그리스도의 십자가로 말미암아 성도들에게 주어진 자유가 방종으로 이어질 수 있다는 반론을 받을 수 있다. 즉 구원의 전제 조건으로서 율법을 거부하는 것이 무법 상태를 초래할지 모른다는 유대주의자들의 비난이 그것이다. 아울러 오랫동안 이방인으로 살아왔던 갈라디아인들의 심경과 생활 속에 아직 잔존해 있는 이방적인 악이 침투할 수 있는 여지를 남겨둘 있었다. 이처럼 두 가지의 오염된 흐름, 즉 율법주의와 자유주의라고 하는 두 시류 위에 교회가 존재한다.339

따라서 성도들은 유대주의라고 하는 조직적인 오류에 걸려 넘어지거나 한편 이방 사상의 조잡한 악의 영향에 빠질까 경계하며 균형을 잃지 말아야 한다. 이 두 가지 사조思潮는 육체, 즉 죄많은 인간 본성의 소산이다. 바울은 유대주의적 자기 의, 교만, 배타주의 등과 투쟁하는 한편 특별히 이방인들 가운데 현저하게 상존하고 있는 자유주의에 대한 경계를 할 필요가 있었다.

"형제들아 너희가 자유를 위하여 부르심을 입었으나 그러나 그 자유로 육체의 기회를 삼지 말고 오직 사랑으로 서로 종노릇하라"(갈 5:13)는 바울의 권고는 자칫 그리스도 안에서 얻은 자유를 방종으로 치달을 수 있는 가능성을 염두에 두고 있다. 이 권고는 "그리스도께서 우리로 자유케 하려고 자유를 주셨으니 그러므로 굳세게 서서 다시는 종의 멍에를 메지 말라"(갈 5:1)는 말씀과 같은 조건에서 서로 다른 면을 강조하고 있음에 유의해야 한다.

'종의 멍에를 메지 말라' 는 권고와 '오직 사랑으로 서로 종노릇하라' 는

---

339 William Handriksen, 『갈라디아서』 287.

권고는 결코 다르지 않다. 기독교의 자유 안에서 이루어지는 행위들은 법률적 요구를 충족시키기 위해 강요되거나 수행되지 않는다. 그와 같은 행위가 계율이나 도덕적 규정에 의해 미리 정해져 있지 않기 때문이다. 오히려 그리스도는 그와 같은 율법에서 성도들을 해방시키셨다. 때문에 자유는 주어진 선물이고 자유롭게 행동하는 일 자체가 이미 받은 은혜의 표시이다. 그러나 이 자유는 하나님께서 허락하신 자유를 얼마나 잘 표현하느냐 하는 사실로 입증된다.[340]

"너희가 그 은혜를 인하여 믿음으로 말미암아 구원을 얻었나니 이것이 너희에게서 난 것이 아니요 하나님의 선물이라 행위에서 난 것이 아니니 이는 누구든지 자랑치 못하게 함이니라 우리는 그의 만드신 바라 그리스도 예수 안에서 선한 일을 위하여 지으심을 받은 자니 이 일은 하나님이 전에 예비하사 우리로 그 가운데서 행하게 하려 하심이니라"(엡 2:8-10)는 바울의 말처럼 선한 일을 성취함으로써 진정한 자유의 삶을 표출하는 것이 성도들이다.

이런 이유에서 바울은 '형제들아 너희가 자유를 위하여 부르심을 입었으나 그러나 그 자유로 육체의 기회를 삼지 말고 오직 사랑으로 서로 종노릇하라' 고 권고하고 있다. '육체' 란 부도덕, 방탕, 술취함, 증오, 이기심, 질투의 근원이다. 이와 같은 일들을 하기 위해 성도들이 부르심을 받은 것이 아니다. 대신에 성도들은 선한 일, 즉 사랑으로 서로 종노릇하기 위해 부르심을 받았다. 때문에 사랑의 봉사는 자유의 적절한 행위인 셈이다. 이것은 출애굽한 이스라엘 백성이 애굽의 종살이에서 해방됨으로써 얻은 자유가 하나님을 섬기기 위함이라는 사실에서 확인된다(출 9:1).

유대주의자들과 바울은 율법에 대해 서로 다른 관점을 가지고 있었다. 유대주의자들은 성도들이 구원받은 것은 모세법에 대한 복종을 위함이라

---

340 Chrales B. Cousar, 『갈라디아서』 182.

는 관점에서 이해하고 율법 준수를 윤리적 삶의 지침으로 제시한다. 반면에 바울에게 있어서 성도들은 하나님을 자유롭게 섬기기 위함이라는 관점에서 이해하며 하나님에 대한 사랑은 자연스럽게 타인에 대한 봉사를 통해 스스로를 발현하는 사랑으로 제시한다. 그리고 이러한 사랑의 발현은 성령 안에서 새로운 존재로 태어난 것에서 그 근거를 찾고 있다.341

때문에 바울은 "이웃 사랑하기를 네 몸과 같이 하라 나는 여호와니라"(레 19:18)는 레위기를 인용하면서 "온 율법은 네 이웃 사랑하기를 네 몸같이 하라 하신 한 말씀에 이루었나니"(갈 5:14)라고 지적하고 있다. 왜냐하면 "사랑은 이웃에게 악을 행치 아니하나니 그러므로 사랑은 율법의 완성이니라"(롬 13:10)는 말과 같이 이웃 사랑이야말로 율법의 완성이기 때문이다.

이 말은 성령에 근거한 자유로운 사랑의 삶이 율법의 본질과 목적을 완성한다는 의미이다. 즉 율법을 통한 오용에서 사람들을 자유롭게 하며, 사람들에 의한 남용에서 율법을 자유롭게 하는 것이 바로 사랑이기 때문이다. 사랑은 여러 덕목 중의 하나가 아니다. 사랑은 기독교인이 된다는 의미의 총화이며 본질이다. 즉 그리스도와 더불어 죽고 뒤이어 오는 새 생명을 따라서 성도들은 그들이 하나님으로부터 사랑을 받은 수혜자임을 받아들이며, 믿음은 본질적으로 이 사랑에 굴복함을 의미한다는 사실을 발견하게 된다(갈 2:20; 롬 5:5, 8). 그리고 이 굴복을 통해 비로소 "이웃 사랑하기를 네 몸과 같이 하라 나는 여호와니라"(레 19:18)는 말씀이 성도들의 삶을 통해 실제로 이루어진다.342

이처럼 사랑은 율법을 폐지하는 것이 아니라 그것을 확인하고 율법의 정확한 해석을 마련해 준다. 사랑 안에서 율법은 파기되는 것이 아니라 오히려 새로운 전망을 이룩하게 되기 때문이다. 이런 점에서 그리스도의 사랑에 반응하고 그리스도 안에 거하는 새로운 존재임을 확인해 주는 사랑

---

341 Richard N. Longenecker, 『갈라디아서』 548.
342 Chrales B. Cousar, 『갈라디아서』 185.

은 성도들의 윤리적 삶의 동기가 되며 그 사랑의 결과들이 율법의 참된 목적을 충족시킨다.

"만일 서로 물고 먹으면 피차 멸망할까 조심하라"(갈 5:15)는 바울의 경고는 '너희를 요동케 하는 자는 누구든지 심판을 받으리라'(갈 5:10)는 경고를 연상시킨다. 앞에서는 할례를 주장함으로써 교회를 혼란케 하는 자들에 대한 경고이며 여기에서는 이웃 사랑을 실천하지 않음으로써 율법을 파기하는 자들에게 주어지는 경고로 '만약 너희가 서로 물고 갈기갈기 찢으면 서로에 의해 소멸되지 않을까 조심하라' 는 의미이다. 이것은 '이웃 사랑'과 극단적인 대조의 모습을 보여주고 있다.

예수는 율법에 대해 "네 마음을 다하고 목숨을 다하고 뜻을 다하여 주 너의 하나님을 사랑하라"(마 22:37) 그리고 "네 이웃을 네 몸과 같이 사랑하라"(마 22:39)고 하시면서 "이 두 계명이 온 율법과 선지자의 강령이니라"(마 22:40)고 말씀하셨다. 바울 역시 하나님을 섬기는 성도들의 삶의 실체로써 이웃 사랑이야말로 율법을 완성하는 것이라고 한다. 그렇다면 율법의 성취로써 진정한 이웃 사랑은 어떻게 가능한가?

이에 대해 바울은 "너희는 성령을 좇아 행하라 그리하면 육체의 욕심을 이루지 아니하리라"(갈 5:16)라고 제시한다. 이 구절은 앞선 "형제들아 너희가 자유를 위하여 부르심을 입었으나 그러나 그 자유로 '육체의 기회를 삼지 말고' 오직 사랑으로 서로 종노릇하라"(갈 5:13)는 구절과 연결되어 있다. 따라서 "육체의 기회를 삼지 말고 성령을 좇아 행하라"와 "오직 사랑으로 서로 종노릇하면 육체의 욕심을 이루지 아니하리라" 는 서로 대치되는 논리로 연결된다.343

'성령을 좇아 행한다' 또는 '성령을 따라 행한다' 는 말은 문자적으로 번역하면 '성령에 의해 계속 걸어간다' 는 또는 '성령과 조화를 이룬다' 는

---

343 조병수, 『갈라디아서』, 206.

의미이다. 즉 일상 생활 속의 결정과 활동에 대해 성령의 인도하심과 매 순간의 접촉을 강조한다. 성령을 따라 사는 일은 성도들의 일상적이고 지속적인 행위가 되어야 한다. 이럼으로써 성도들은 자유로 육체의 기회를 삼지 않게 되며 육체의 욕심으로부터 자유롭게 된다.

이미 바울은 성령은 십자가에 못 박힌 그리스도를 전파하는 중에 그리고 그 전파와 더불어 임하시며, 성령은 육체와 철저히 대비된 상태에 존재하시며, 성령은 새 시대의 능력이며 신자들의 활력과 강력한 사역의 근원이시며, 성령은 공동체 전체에게 임재하시며 단지 소수의 선택된 지도자들에게만 임재하시는 것이 아니라고 밝힌 바 있다(갈 3:1-5).

성령의 임재는 그리스도 안에서 구속의 결과로 이방인들에게 임했던 아브라함이 받은 복과 일치한다(갈 3:14). 그 결과 유대인과 이방인의 장벽이 무너지고 적대감이 사라지며 할례가 더 이상 적절하지 않는 새로운 세계가 열렸다(갈 4:6). 여기에서 바울은 하나님께서 성령을 보내신 일과 구속받고 양자된 자녀들로 하여금 하나님께 확신 있게 나오도록 격려하기 위해 그의 아들을 보내셨음을 강조하고 있다.

비록 이삭처럼 '성령으로 따라 난' 자녀들은 학대의 대상이 되지만(갈 4:29) 성령은 성도들이 하나님의 의를 기다리는데 필요한 열심과 인내를 함께 북돋우신다(갈 5:5). 때문에 성령을 따라 행하는 길만이 육체의 욕심으로부터 벗어나는 길이다. 신자들이 주변의 방종과 죄성을 억누르는 방법은 성령을 따르는 길밖에 없다.344 여기에서 바울이 성령을 따라 사는 삶과 육체를 따라 사는 삶을 서로 대조하고 있음은 분명하다(갈 5:17). 이 둘은 서로를 제어하기 때문이다.

반면에 육체를 따라 사는 삶은 이방인 성도들이 회심 이전에 겪었던 삶에서 이미 경험되었다. 그들은 율법 아래 있었으며(갈 3:23; 4:4, 5, 21), 몽학

---

344 Chrales B. Cousar, 『갈라디아서』 190.

선생 아래 있거나(갈 3:25) 또는 저주아래 있음(갈 3:10)을 상징하는 후견인과 청지기 아래 있었다(갈 4:2). 율법은 그들에게 다그치고 정죄하는 독재자 같이 행동하지만 자유를 부여하지 못한다.

바울은 육체를 따라 사는 삶을 율법 아래 있었던 과거의 삶으로 연결시키고 있다. 왜냐하면 "육체의 일은 현저하니 곧 음행과 더러운 것과 호색과 우상 숭배와 술수와 원수를 맺는 것과 분쟁과 시기와 분냄과 당 짓는 것과 분리함과 이단과 투기와 술취함과 방탕함과 또 그와 같은 것들이라"(갈 5:19-21)는 지적처럼 율법 아래 있는 삶과 육체를 따라 사는 삶이 다르지 않기 때문이다. 이런 것들은 하나님의 나라를 유업으로 받지 못하며 성령으로 따라 사는 삶과 대치된다.

바울이 "너희가 만일 성령의 인도하시는 바가 되면 율법 아래 있지 아니하리라"(갈 5:18)고 한 이유가 여기에 있다. 즉 성령을 따라 사는 삶은 "오직 성령의 열매는 사랑과 희락과 화평과 오래 참음과 자비와 양선과 충성과 온유와 절제니 이같은 것을 금지할 법이 없느니라"(갈 5:22-23)는 성령의 열매를 가져오기 때문이다.345 무엇보다도 성령은 모세의 율법(갈 5:14)과 그리스도의 법(갈 6:2)이 요구하는 바로 그 중심적 입장인 사랑으로 신자들을 인도하신다.

이러한 논증을 근거로 바울은 "그리스도 예수의 사람들은 육체와 함께 그 정과 욕심을 십자가에 못 박았느니라"(갈 5:24)고 선언한다. '그리스도 예수의 사람들' 은 육체, 즉 아직 우리 안에 활동하고 있는 죄와 반역의 원리를 십자가에 못 박은 것이 어느 정도인지에 따라 죄악된 욕망에 대한 승리가 결정된다.

분명히 옛 자아 또는 옛 사람은 십자가에 못박혀 죽었지만(롬 6:6; 골 3:9-

---

345 어떤 사람들은 성령의 열매가 9가지라고 오해한다. 하지만 본문에서 성령의 열매는 단수이며 이것은 한 열매에 9가지 성격이 담겨있음을 의미한다. 그리고 이 9가지 성격들은 하나님의 성품을 지시하고 있다. 조병수, 『갈라디아서』 214-15.

10; 엡 4:22-24) 육체는 여전히 우리를 공격하고 성령을 방해하기 때문이다. 실제적인 십자가 형벌처럼 육체의 죄악된 인간의 욕망은 십자가에 날마다 못 박아야 한다. 그리고 이 육체의 십자가 처형을 통해 성도들의 몸에서 역사하는 죄의 권세를 그리스도께서 깨뜨리셨음을 입증해야 한다.346

성령께서 갈라디아인들에게 생명을 주었고 그들 가운데서 놀라운 역사를 이루었고 그들로 노예 근성을 버리고 기독교인 가족이 되는 자유에 이르도록 했으므로 이제 그들은 성령을 따라 살아야 한다. 그리고 성령을 자유로운 삶의 형태와 방편으로 인정해야 한다. 그래서 바울은 "만일 우리가 성령으로 살면 또한 성령으로 행할지니 헛된 영광을 구하여 서로 격동하고 서로 투기하지 말지니라"(갈 5:25-26)고 권면하고 있다.

본문에서 성령으로 '행한다'는 말은 갈라디아서 5장 16절과 달리 군사적 용어로 '성령의 대열을 따른다' 또는 '성령의 지도력과 보조를 맞춘다'는 의미이다. 이 개념은 자부심을 내세우지도 않고, 서로 간에 경쟁하자고 도전하지도 않으며, 질투심도 없음을 포함한다. 이처럼 성령을 따라 행한다는 의미는 전투에 참여하는 일이며 싸워서 이겨야 할 육체의 욕심과 적대 관계에 있음을 암시한다. 이 둘 사이에는 결코 중립 지대가 없다. 그러나 이 싸움은 우리 자신에게 위임된 것이 아니다. 신자들은 자기 자신을 성령과 하나님께 위탁했기 때문이다. 다만 하나님의 지시를 따르도록 부름받았음을 명심해야 한다.

C. 하나님의 자녀가 누리는 자유

1. 성령의 열매를 함축하는 '이웃 사랑'

성령께서는 성도들이 살아가는 삶의 각 방면, 즉 그리스도인의 영적 중

---

346 Bruce B. Barton, 『갈라디아서』 302.

생으로부터 성화의 전 생애를 지나 육체적 부활에 이르기까지 창조자로서, 생명을 주시는 분으로서, 동기를 부여하시는 분으로서 필수적이며 직접적으로 관계하신다. 또한 성령께서는 신자들 속에 내주하시고 충만히 채우심으로(롬 8:9, 11; 고전 3:16; 6:19; 딤후 1:14) 그들 속에 그리스도 자신의 성품을 창조하심으로써 그들을 점진적으로 거룩하게 하신다.

성령의 열매는 "사랑과 희락과 화평과 오래 참음과 자비와 양선과 충성과 온유와 절제"(갈 5:22-23)이며 그 중에 첫째는 바로 사랑이다(고전 12:31; 13:13). 이 사랑은 인간의 인격적인 관계 속에서 오래 참음과 자비와 양선과 충성과 온유와 절제로 나타난다(고전 13:4-7). 또한 사랑은 희락과 화평과 짝을 이룬다(롬 14:17; 15:13). 여기에서 희락은 그리스도안에서 가장 깊은 만족을 찾는 신앙적 정서이며, 화평은 전인숲ㅅ을 포괄하는 구원의 상태를 묘사하는 표현이다.347 이런 점에서 사랑은 많은 다른 요소들과 함께 셈할 수 있는 기독교 생활 중 하나의 특징이 아니다.

사랑은 처음부터 성령의 인도를 받으며 '그리스도 안에' 있는 삶의 진수이다(갈 5:6, 13-14). 또한 사랑은 성령의 임재를 분별하는 유일한 기준이 된다. "만일 우리가 성령으로 살면 또한 성령으로 행할지니 헛된 영광을 구하여 서로 격동하고 서로 투기하지 말지니라"(갈 5:25-26)는 바울의 경고처럼 사랑의 증거를 보아서 성령께서 지시하시는 성령의 발자국을 따라갈 수 있기 때문이다.

성령은 율법에 대한 적극적 복종을 촉진함으로써 육체의 소욕을 이기는 데 있어 돕는 역할을 하는 율법의 부가적 존재가 아니다. 또한 윤리적 싸움에서 실제 전투자는 그리스도인의 복종을 그 상으로 가지는 율법과 육체가 아니다. 오히려 성령이 육체와 대립하며 그 육체의 일들(갈 5:19-21)을 성령은 자신의 수확물, 즉 성령의 열매 또는 성령의 추수물로 대체한

---

347 Robert L. Reymond, 『바울의 생애와 신학』, 508.

다.348 따라서 '헛된 영광을 구하여 서로 격동하고 서로 투기한다는 것'은 사랑을 대적하는 일이며 결국 성령으로 살지 않는 삶의 결실임을 알 수 있다. 이에 바울은 "형제들아 사람이 만일 무슨 범죄한 일이 드러나거든 신령한 너희는 온유한 심령으로 그러한 자를 바로 잡고 네 자신을 돌아보아 너도 시험을 받을까 두려워하라"(갈 6:1)고 권하고 있다.

이 권면은 '오직 사랑으로 서로 종노릇하라'(갈 5:13) 그리고 '성령으로 살면 또한 성령으로 행하라'(갈 5:25)에 근거하고 있다. 이 두 명령은 "이웃 사랑하기를 네 몸과 같이 하라 나는 여호와니라"(레 19:18)는 말씀의 성취와 관련된다. 따라서 성령으로 행하는 신자들이 비록 잘못을 저지른 형제들을 온화하게 회복하도록 도우며 그들 자신이 시험을 당하지 않도록 조심한다는 것은 "그리스도 예수의 사람들은 육체와 함께 그 정과 욕심을 십자가에 못 박았느니라"(갈 5:24)는 말씀을 실천하는 것과 같다. 이들을 가리켜 바울이 '신령한 너희들'이라고 지칭하는 것은 그들이야말로 성령 안에서 사는 사람들(갈 5:25)이기 때문이다.

본문의 '온유한 심령'은 '온유한 성령'이라고 말하는 셈어의 표현 방식이다. 바울은 성령의 힘있는 역사, 즉 범죄한 사람을 회복하시는 성령의 온유함을 하나님의 성품에서 그 근거를 찾는다. 왜냐하면 회복에 필요한 부드러움과 돌봄은 그 범죄로 인해 가장 마음이 상하셨던 하나님으로부터 나오기 때문이다. 하나님은 신자들이 범죄의 짐을 스스로 해결하도록 놓아두시지 않고 치유의 과정에서 함께 하시며 회복하도록 돌보시는 분이다.

바울이 개인의 죄 문제를 집단적인 책임의 차원에서 거론하고 있다는 것은 신자들이 개별적으로 죄를 지을 수 있지만 그 사람은 그리스도의 몸 안에 있기 때문에 전체에 영향을 미친다는 점을 염두에 두고 있음을 알 수

---

348 Richard N. Longenecker, 『갈라디아서』, 557.

있다.349 "만일 한 지체가 고통을 받으면 모든 지체도 함께 고통을 받고 한 지체가 영광을 얻으면 모든 지체도 함께 즐거워하나니 너희는 그리스도의 몸이요 지체의 각 부분이라"(고전 12:26-27). 이런 점에서 교회 안에서 죄의 문제는 그리스도의 몸인 교회를 거룩하게 세우고 보존하기 위한 차원에서 다루어야 한다. 이에 바울은 "너희가 짐을 서로 지라 그리하여 그리스도의 법을 성취하라"(갈 6:2)고 말한다. 이것은 단순히 서로 용납하라든지 서로 참으라는 뜻이 아니다. 각자 무거운 짐을 연대적으로 메라는 뜻이다.

이 '짐'은 문자적으로 어깨에 메는 짐처럼 등에 메는 여행자의 짐을 의미한다. 즉 혼자서는 도저히 짊어지고 갈 수 없는 무거운 짐을 연상시키고 있다. 모든 성도들은 각자 자기의 어깨에 다른 회원이 신음하고 있는 무거운 짐들이 메어져야 한다. 그리고 형제 사랑으로 이 짐을 나눌 수 있는 것은 이 형제로 하여금 영적인 연약함을 극복할 수 있도록 하기 위함(갈 6:1)이다.350

이렇게 함으로써 성도들은 '그리스도의 법', 즉 "새 계명을 너희에게 주노니 서로 사랑하라 내가 너희를 사랑한 것같이 너희도 서로 사랑하라 너희가 서로 사랑하면 이로써 모든 사람이 너희가 내 제자인 줄 알리라"(요 13:34-35)는 그리스도의 명령을 성취해야 한다. 이 '그리스도의 율법'은 유대주의자들이 갈라디아인들에게 강요하는 속박하는 율법과 대치된다. 그들은 자신들도 메기 힘든 율법이라는 짐을 갈라디아인들에게 짊어지게 하고 있다. 반면에 그리스도의 율법은 형제들의 짐을 서로 나누어짐으로써 가볍게 한다.

반면에 이 '그리스도의 율법'은 스스로 자유롭다 하며 방종으로 빠져드는 신자들을 제어하는 역할을 한다. 바울이 여기에서 '율법'이라는 단어를 사용하는 것은 복음의 핵심에서 기원하는 원리들, 즉 예수의 모범과 가

---

349 Bruce B. Barton, 『갈라디아서』 310.
350 William Handriksen, 『갈라디아서』 317.

르침들과 구체적으로 표현된 원리들을 대표하는 용어로 보아야 한다. 이 '그리스도의 율법'은 항상 사랑으로 동기화 되고 조건 지워지는 성령의 인도와 능력 부여에 의해 특정 상황들에 적용되도록 의도된다. 따라서 '너희가 짐을 서로 지라'는 말씀은 단지 자기 자신만을 위해 살고자 하는 욕망에 기초하는 방종주의를 배격하고 신자들 중에서 상호 배려가 있을 때 예수의 모범과 가르침의 전체 의도가 그 교회에서 성취되어야 함을 의미하고 있다.351 때문에 바울은 "(왜냐하면) 만일 누가 아무것도 되지 못하고 된 줄로 생각하면 스스로 속임이니라"(갈 6:3)라고 말한다.

이 구절은 로마 시대에 널리 알려진 격언으로 '너희가 짐을 서로 지라'(갈 6:2)고 한 바울의 지시에 대한 일반적인 입증 방식으로 사용된다. 실제로 하찮은 존재일 뿐인 사람들이 자신을 상당한 인물로 생각하는 자만심自慢心이 타인의 짐을 나누어지는 일을 거부하게 만든다. 이것은 '헛된 영광을 구하여 서로 격동하고 서로 투기하는'(갈 5:26) 자만심과 다를 바 없다. 이런 자만심은 성령을 따라 사는 것과 반대된다.

바울이 "각각 자기의 일을 살피라 그리하면 자랑할 것이 자기에게만 있고 남에게는 있지 아니하리니 각각 자기의 짐을 질 것임이니라"(갈 6:4-5)라고 말하는 이유도 여기에 있다. 왜냐하면 사람들은 타인의 형편을 보고서 자신을 평가하려고 하는 경향을 가지고 있기 때문이다. 혹 어려운 처지에 빠진 형제가 짊어진 무거운 짐을 보고 자신은 그렇지 않다는 것으로 인해 자랑하고자 하거나 스스로 만족한다면 그것은 교만과 다를 바 없다.

자기 만족과 기만은 생색내는 오만을 일으키며 자신의 과오에 대해서는 눈을 감고 타인의 과실에 대해서는 엄격하게 주의를 환기시키게 한다. 바울은 정확한 가기 평가에 의해서 자신의 행위가 죄로 병들었다는 것과 자랑할 만한 충분한 이유가 없다는 사실을 확인하고 있다. 사람은 누구나 자

---

351 Richard N. Longenecker, 『갈라디아서』 601.

부심을 가질 근거가 없다. 지상에서 앞으로 닥칠 어려움을 생각하거나 마지막 심판을 깊이 생각하거나 간에 '각각 자기의 짐을 질 것임이니라' 는 권면을 기억하는 것은 성도들로 하여금 겸손해야 할 이유를 제시한다.352

신자의 환희와 축하의 감정은 하나님의 승인의 견지에서 고찰된 자기 자신의 행위들에서 근거를 찾아야 한다. 자신을 타인이 행하거나 행하고 있지 않는 것들과 비교하는 데서 그것들을 찾아서는 안 된다. 교회 회원들은 압박하는 짐을 서로 나누어짐으로써 형제를 회복시키는 일과 더불어 방종에 빠지기 쉬운 자신의 자만으로부터 교회의 유익을 지켜야 한다.

'각각 자기의 짐을 질 것임이니라' 는 바울의 권고는 마치 최후 심판날에 각자가 자신의 삶에 대해 대답해야 하는 종말론적 상황을 암시하는 것처럼 보인다. 때문에 성도들은 자기 자신의 행위들을 검사함으로써 자기 기만의 가능성을 극소화하여야 한다. 이와 관련해 다가오는 심판 때에 누구나 예외 없이 인간의 생애와 행동에 근거한 판단이 내려질 것을 언급하고 있는 것(갈 6:7-10)은 결코 우연이 아니다.

2. 교회를 세우는 '이웃 사랑' 의 정신

갈라디아서 6장 1-10절에서 "가르침을 받는 자는 말씀을 가르치는 자와 모든 좋은 것을 함께 하라" (갈 6:6)는 권면의 등장은 예외처럼 보여진다. '서로 사랑하라' 고 하신 그리스도의 새로운 계명에 근거하여 '너희가 짐을 서로 지라' (갈 6:2)에 대한 신학적 논증이 전개되고 있는 반면에 현재적 종말론적 관점에서 '모든 이에게 착한 일을 하라' (갈 6:10)에 대한 논증이 전개되고 있는 가운데 "가르침을 받는 자는 말씀을 가르치는 자와 모든 좋은 것을 함께 하라" (갈 6:6)는 권면의 등장은 신자들 사이에 상호 부조를 촉

---

352 Chrales B. Cousar, 『갈라디아서』 202.

구하는 권고로 되어 있는 이 문단의 흐름을 볼 때 결코 부적절하지 않는 것으로 보인다.

하지만 이 구절은 갈라디아 교회들에서 공식적인 기독교 교육이 행해지고 있었음을 암시하고 있다. 여기에서 교사들은 호 카테콘(ο κατηχων)으로 불렸다.353 이 직분은 기독교 신앙의 기초를 가르치는 교리문답교사(catachist)의 전형이다. 한편 가르침을 받는 자들은 호 카테쿠메노스(ο κατηχουμενος)라고 불렸는데 이들은 기독교 신앙의 기초를 배우는 일종의 세례 지원자(catechumen)였다.

교회에서 가르쳐지고 배워진 내용은 기독교 메시지였다. 바울은 이것을 말씀들(τον λογον)이라고 칭하며 이것은 한 사람에 의해 가르쳐지고 다른 사람에 의해 받아들여지는 기독교의 복음을 지시하고 있다. 이 복음을 가르치는 교사는 물질적 또는 재정적 보수를 받을 만한 전임으로 상당한 시간을 소모하는 직분이었음이 분명하다. 그렇지만 어떤 이유에서인지 이 교사들은 갈라디아 교회의 일부 또는 전부에서 물질적으로 적절한 보수를 받지 못하고 있었다.354

바울은 전도 여행 중에서도 교회가 세워진 곳마다 장로들을 택하여 가르치게 하였다(행 14:23). 그리고 교회를 향해 "형제들아 우리가 너희에게 구하노니 너희 가운데서 수고하고 주 안에서 너희를 다스리며 권하는 자들을 너희가 알고 저의 역사로 말미암아 사랑 안에서 가장 귀히 여기며 너희끼리 화목하라"(살전 5:12-13)고 권면했다. 아울러 "잘 다스리는 장로들을 배나 존경할 자로 알되 말씀과 가르침에 수고하는 이들을 더할 것이니라 성경에 일렀으되 곡식을 밟아 떠는 소의 입에 망을 씌우지 말라 하였고 또 일군이 그 삯을 받는 것이 마땅하다 하였느니라"(딤전 5:17-18)고 하였다. 이런 점에서 바울은 교회 행정 조직가라 할 수 있다. 바울은 자신이 다른 곳

---

353 S. Andrew Cooper, *Marius Victorinus' Commentary on Galatians*, 338.

354 Richard N. Longenecker, 『갈라디아서』 606.

으로 이동하기 전에 지도자들을 세웠고 모든 시간을 목회 사역에 헌신하고 있는 이들을 위해 교회가 돌볼 것을 강조했다.

당시 유대교와 그리스 종교 교사들에게 임금을 지불하는 것은 관례였다. 하지만 바울은 교사들이 '좋은 것'을 가르쳤기 때문에 성도들 역시 그들의 필요를 위해 '좋은 것'으로 나누기를 원했다. 이처럼 바울은 갈라디아 교인들이 이 내용을 다시 상기할 필요가 있었던 것으로 보았다. 이에 바울은 교사들이 교회의 지체들의 후원을 받아야 할 이유를 설명하고 있다. 이러한 권고의 바탕에는 역시 이웃 사랑의 정신이 담겨 있다. 여기에서 바울은 하나님의 말씀이라고 하는 좋은 씨앗을 뿌리고 있는 교사가 학생으로부터 선한 결실의 추수를 기대할 권리가 있음을 말하고 있다.[355] 이역시 교회를 세우기 위함이며 새롭게 주어진 계명으로 '서로 사랑하라'하신 주님의 말씀에 근거하고 있다.

종말론적 심판에 대해 언급한 바 있지만(갈 5:2, 21; 6:5) 바울은 성령께서 거두시는 추수의 열매를 궁극적인 종말론적 사건으로 제시하고 있다. 성경에서 최후 심판의 추수를 의미하는 전문 용어인 수확의 비유적 표현(욜 4:8; 욜 3:12-13; 마 13:30; 막 4:29; 계 14:14-16)을 담고 있는 '거둔다'는 미래시제의 동사가 7-10절에 네 번 계속 등장한다는 것에서 이 사실을 확인할 수 있다. 또한 최후 심판을 나타내는 '때'(kairos)를 가리키는 단어가 두 번 등장함에서도 이 사실을 알 수 있다.

예정된 때(갈 6:9)는 성령으로 행하고 사랑의 명령에 순종하는 믿는 자의 성실성을 하나님께서 확증하시는 시간인 심판의 때를 지시한다. 그리고 "우리는 기회 있는 대로 모든 이에게 착한 일을 하되"(갈 6:10)에서 '기회'로 번역된 이 단어(kairos)는 현재의 종말론적 시간이 계속되는 동안 '알맞은 상황'이나 '결정적 순간' 또는 '하나님께서 주신 기회'를 의미한다. 즉 선을 행하는 일은 하나님께서 주신 기회이며 그리스도인의 구속 사명의

---

355 Bruce B. Barton, 『갈라디아서』 324.

일부로 맡겨졌음을 강조하고 있다.356

성령께서 거두시는 추수의 열매는 '사랑과 희락과 화평과 오래 참음과 자비와 양선과 충성과 온유와 절제'를 통해 확인된다. 그리고 이 성령의 열매는 주님께서 새 계명으로 교회에게 주신 '그리스도의 법' 안에서 함축된다. 즉 "새 계명을 너희에게 주노니 서로 사랑하라 내가 너희를 사랑한 것같이 너희도 서로 사랑하라 너희가 서로 사랑하면 이로써 모든 사람이 너희가 내 제자인 줄 알리라"(요 13:34-35)는 말씀에서 지시하고 있는 '이웃 사랑'이야말로 성령의 열매로 요약된다.

이로써 바울은 갈라디아인들이 계속해서 그리스도께서 새 계명으로 주신 성령의 열매인 '이웃 사랑'을 계속 유지해야 할 것을 권고하면서 이 열매는 최후 심판과 더불어 성령께서 추수할 수확물임을 밝히고 있다. 이런 이유에서 바울은 "스스로 속이지 말라 하나님은 만홀히 여김을 받지 아니하시나니 사람이 무엇으로 심든지 그대로 거두리라"(갈 6:7)고 말한다. '스스로 속이지 말라'는 경고는 '속지 말라'(갈 6:8)는 내용과 연결된다.

바울은 여기에서 파종과 수확간에는 직접적인 상관성이 있으며 이것은 하나님께서 만사에 정해 놓으신 것임을 전제하고 하나님은 자신의 율법을 거스르거나 사실이 아닌 것을 사실로 생각하도록 속여지는 분이 아니시기 때문에 심판 대신에 복을 주시게 하려는 인간의 어떤 시도에도 만홀히 여김을 받지 않으시는 분임을 강조하고 있다. 그러므로 "자기의 육체를 위하여 심는 자는 육체로부터 썩어진 것을 거두고 성령을 위하여 심는 자는 성령으로부터 영생을 거두리라"(갈 6:8)는 진리는 결코 변경되거나 취소되지 않는다.

따라서 이 두 구절은 육체로 심고 영생을 거둠으로써 하나님의 정의를 조롱하는 일은 있을 수 없음을 강조하고 혹시라도 육체를 심고서도 영생을 거둘 수 있을 것이라고 스스로 속는 일이 없어야 한다. 성령으로부터

---

356 Richard N. Longenecker, 『갈라디아서』 609.

영생을 얻는 것은 성령으로 사는 믿음의 결과를 지시한다(갈 5:16, 18, 22-25). 반면에 육체의 일들을 하는 자들은 '하나님의 나라를 유업으로 받지 못할 것'(갈 5:21)이라는 경고를 재확인하고 있다.

'성령을 위하여 심는 자는 성령으로부터 영생을 거두리라' 는 말씀, 즉 행함이 하나님의 은혜와 이신칭의에 대한 바울의 강조점과 어떻게 일치될 수 있는가 하는 의문을 가질 수 있다. 이에 바울은 "우리가 선을 행하되 낙심하지 말지니 피곤하지 아니하면 때가 이르매 거두리라"(갈 6:9)라고 말한다. 여기에서 '때가 이른다' 는 말은 종말론적 사건으로 하나님의 심판을 지시한다. 바울은 그때가 오기까지 계속해서 선을 행할 것을 권고한다. 이 것은 그 선을 행함으로써 자신들의 노력이 자기들을 구원할 것이라는 헛된 희망이 아니다.

앞서 지적했듯이 육체의 일은 결코 하나님의 나라와 상관이 없으며 오직 성령의 일만이 영생을 약속한다. 따라서 심판의 때까지 선을 행한다는 것, 즉 이웃 사랑을 실천한다는 것은 그들 가운데서 행하시는 하나님의 은혜로운 역사를 확증하는 증표이다.357

사랑 안에서 활동하는 믿음은 사람들의 모든 헛된 시도들로부터 자유롭게 만든다. 그리고 이 믿음은 성도들 안에서 활동하시는 성령님의 행위이며 성령의 열매로 나타나게 한다. "그러므로 나의 사랑하는 자들아 너희가 나 있을 때 뿐 아니라 더욱 지금 나 없을 때에도 항상 복종하여 두렵고 떨림으로 너희 구원을 이루라 너희 안에서 행하시는 이는 하나님이시니 자기의 기쁘신 뜻을 위하여 너희로 소원을 두고 행하게 하시나니"(빌 2:12-13) 라고 말씀했듯이 성도들은 다가오는 심판에 있어서 자신들의 믿음을 표현하는 삶의 성실성을 요구받고 있다.

이 성실성은 곧 성령과 보조를 맞추며 살아가는 군사들에게서 찾을 수 있다(갈 5:25). 그리스도의 군사들은 선을 행함에 있어 낙심하지 않아야 한

---

357 Chrales B. Cousar, 『갈라디아서』 205.

다. 비록 약해서 지쳐 쓰러진다 할지라도 결코 포기하지 않아야 한다. 왜 냐하면 때가 이르게 되면 영적 추수의 열매는 하나님과 신자 모두 동시적 인 행위들을 통해 발생하기 때문이다. 이것은 자신의 삶속에서 성령의 역 사에 반응하는데 있어 신자의 인내와 특별히 오래 참음의 미덕을 동반하 고 있다.358

 "그러므로 우리는 기회 있는 대로 모든 이에게 착한 일을 하되 더욱 믿 음의 가정들에게 할지니라"(갈 6:10)고 말하는 바울의 권고는 이 점을 충분 히 밝히고 있다. 그리스도의 군사된 성도들은 심판 때까지 남은 시간 동안 에 사랑으로 순종하고 교회 안팎에서 모든 사람들을 봉사하는 일에 계속 성실해야 한다. 그리고 자신들이 받은 소명을 이로써 증거해야 한다. 왜냐 하면 선을 행하는 신자들의 행위의 대상은 모든 사람들에 의해 확인되기 때문이다. 이것이 믿음으로 의롭다 함을 받은 신자들의 삶이다.

 특히 믿음의 가정에 속한 자들에게 선을 행해야 한다. 이것은 "새 계명 을 너희에게 주노니 서로 사랑하라 내가 너희를 사랑한 것같이 너희도 서 로 사랑하라"(요 13:34)고 제자들에게 말씀하신 예수의 명령에 부합한다. 동 시에 이것은 교회 공동체의 일치를 추구하고 있다. 교회 공동체 안에서는 오로지 사랑의 계명만이 유일한 일치의 근거가 되기 때문이다.

 이 모든 일들은 성령으로 살며(갈 5:16) 성령에 인도되며(갈 5:18) 성령과 보조를 맞추며(갈 5:25) 성령으로 심는(갈 6:8) 신령한 자들이 심판 때까지 삶 의 증거로 나타내어야 한다. 이 말은 신자들이 하나님께 나아가는 일이든 합당한 생활 양식을 나타내든 실제로 이 일들을 행하게 하시는 분은 성령 이심을 의미한다. 그리고 이 일들에 있어 성령과 신자의 행위는 동시적으 로 이루어진다. 반면에 율법의 일들이나 육체의 일들에 의해서는 아무것 도 성취될 수 없다는 사실을 보여주고 있다.

---

358 Richard N. Longenecker, 『갈라디아서』 611.

3. 은혜로 부름받은 '하나님의 이스라엘'

"내 손으로 너희에게 이렇게 큰 글자로 쓴 것을 보라"(갈 6:11)는 바울의 결론적 후기(postscript)는 지금까지 전개된 바울의 논증을 크게 세 가지로 압축하고 있다. 그것은 유대주의자들의 동기를 경계시키고, 기독교 복음에서 십자가의 중심성을 강조하며, 새로운 질서의 세계에서 신자들이 나타내어야 할 삶의 양식을 제시한다.

할례와 율법의 준수를 주장하는 유대주의자들의 동기에 대해 바울은 두 가지를 지적한다. "무릇 육체의 모양을 내려 하는 자들이 억지로 너희로 할례 받게 함은 저희가 그리스도의 십자가를 인하여 핍박을 면하려 함 뿐이라"(갈 6:12). 여기에서 바울은 유대주의자들이 이방의 회심자들에게 무슨 일이 일어나게 될 것인가에 대한 관심보다는 자신들이 주장하는 성공적 개종을 자랑하고, 그것으로 보람을 삼으려 한다고 비난한다.

이것을 가리켜 바울은 그들이 '모양을 내려고' 할례를 강요했다고 지적하고 있다. '모양을 낸다'는 말은 겉으로 좋은 인상을 준다는 의미이다. 이것은 이방 신자들이 선택받은 이스라엘 백성으로 온전히 하나님에 의해 인정되며 아브라함 언약이 약속한 복을 온전히 받게 되는 것에만 관심이 있는 것처럼 유대주의자들이 갈라디아인들 앞에서 위장하였음을 밝히기 위함이다. 그러나 실제로 그들의 목적은 십자가의 핍박을 면하는데 있었음을 바울은 지적하고 있다. 유대주의자들은 이방인 회심자들에게 할례를 강조함으로써 '그리스도의 십자가' 때문에 받는 박해를 회피하려 했다. 이들은 기독교로 회심한 이방인들에게 할례를 실시하고 있음을 선전함으로써 배타적인 유대인 동족들로부터 인정을 받으려 했다. 유대주의자들은 기독교인이 되었음에도 여전히 유대인 공동체 안에서 설자리를 얻으려 했던 것이다.359

---

359 Chrales B. Cousar, 『갈라디아서』 208.

유대주의자들의 그릇된 동기에 대해 밝힌 바울은 "할례 받은 저희라도 스스로 율법은 지키지 아니하고 너희로 할례 받게 하려 하는 것은 너희의 육체로 자랑하려 함이니라"(갈 6:13)고 갈라디아인들을 경계시키고 있다. 할례를 받은 유대주의자들은 이방인 회심자들에게 할례를 강요하기 위해 율법을 제시할 뿐이지 그들이 율법을 지킨 것은 아니었다. 여기에서 바울은 율법이 질 수 없는 무거운 짐이었기 때문에 지키지 않은 것이 아니라 그들은 조상들 때부터 율법을 어기고 멸시해 왔었음을 지적하고 있다.[360]

이것은 마치 주님께서 서기관들과 바리새인들을 향하여 지적하신 말씀과 같다. 주님께서는 "무엇이든지 저희의 말하는 바는 행하고 지키되 저희의 하는 행위는 본받지 말라 저희는 말만하고 행치 아니하며 또 무거운 짐을 묶어 사람의 어깨에 지우되 자기는 이것을 한 손가락으로도 움직이려 하지 아니하며 저희 모든 행위를 사람에게 보이고자"(마 23:3-5) 하는 것뿐이라고 말씀하신 바 있다. 따라서 갈라디아인들이 할례를 받아들인다면 그것은 율법의 멍에를 짊어지는 것이며 결국 유대주의자들에게는 자랑거리를 제공하는 것에 불과 했다.

유대주의자들은 이방인 신자들에게 할례를 받게 했다는 것을 커다란 자랑거리로 여기고 있었다. 반면에 바울은 갈라디아인들에게 그리스도의 십자가를 내보임으로써 유대주의자들의 유혹으로부터 벗어나기를 촉구하고 있다. "그러나 내게는 우리 주 예수 그리스도의 십자가 외에 결코 자랑할 것이 없으니 그리스도로 말미암아 세상이 나를 대하여 십자가에 못 박히고 내가 또한 세상을 대하여 그러하니라"(갈 6:14).

바울에게서 자랑은 십자가와 다음에 언급하고 있는 '고난'(갈 6:17)이 전부였다. 이것은 유대주의자들이 이방인 신자들의 개종 활동에서 성공을 거둠으로써 십자가의 고난으로부터 벗어나고자 하는 의도를 전적으로 부정한다. 오히려 바울은 십자가 사건은 개인적인 경험이 아닌 역사적 사건

---

360 S. Andrew Cooper, *Marius Victorinus' Commentary on Galatians*, 343.

으로 하나님의 백성이라면 직접 참여해야 하는 것으로 주장한다.

그리스도의 죽음은 세상이 바울을 십자가에 못 박은 것이며 동시에 바울이 세상을 십자가에 못 박은 역사적 사건이기 때문이다. 여기에서 말하는 '세상'은 하나님이 창조하신 우주가 아니라 이 악한 세대(갈 1:4)와 약하고 천한 초등학문(갈 4:9)이 다스리는 예속적 지배, 유대인과 헬라인, 노예와 자유인, 남자와 여자의 장벽이 아직도 존재하는 영역을 의미한다.361

'십자가에 못 박는다'는 헬라서 동사의 완료 시제는 이 세상이 완전히 지나가 버린 것이 아님을 지시하고 있다. 바울은 아직도 세상과 싸워야 하며 십자가에 못 박힌 관계 가운데 자신의 삶을 살아야 한다는 갈등 속에 있음을 암시한다. 그러나 이제 새로운 시대가 열렸다. 이 새로운 삶의 질서는 십자가로 인해 세상에 대해 새로운 관계를 이미 이루어 놓은 우리 주 예수 그리스도에 의해 주어졌다. '세상에 대하여 죽은 바 되었다'는 것은 "할례나 무할례가 아무것도 아니로되 오직 새로 지으심을 받은 자뿐이니라"(갈 6:15)는 말처럼 새로운 질서의 세계에서 살게 되었음을 의미한다.

이 구절은 "그리스도 예수 안에서는 할례나 무할례가 효력이 없되 사랑으로써 역사하는 믿음뿐이니라"(갈 5:6)와 같은 맥락을 이루고 있다. 즉 '새로 지으심을 받은 자'는 '사랑으로써 역사하는 믿음'과 긴밀한 관계를 가지고 있다. 따라서 이 새 질서의 세계에서는 할례를 통한 구원과 같은 세상적 허구는 전혀 쓸모가 없으며 오로지 그리스도의 십자가에 의한 구원, 즉 새롭게 지음받은 자들의 믿음만 있을 뿐이다.

이러한 바울의 사상은 "새 사람을 입었으니 이는 자기를 창조하신 자의 형상을 좇아 지식에까지 새롭게 하심을 받는 자니라 거기는 헬라인과 유대인이나 할례당과 무할례당이나 야인이나 스구디아인이나 종이나 자유인이 분별이 있을 수 없나니 오직 그리스도는 만유시요 만유 안에 계시니라"(골 3:11-12)에 잘 나타나 있다. 이러한 배경을 가지고 바울은 "무릇 이 규

---

361 Chrales B. Cousar, 『갈라디아서』 210.

례를 행하는 자에게와 하나님의 이스라엘에게 평강과 긍휼이 있을지어다"(갈 6:16)라고 축복하고 있다.

'이 규례' 란 지금까지 바울이 논증한 내용으로 십자가에 못 박히신 그리스도를 온전히 믿으며, 자신의 생을 이 원리에 입각하여 통제하는 것만이 하나님 앞에서 중요하다는 사실을 인식하고 자신을 십자가에 못 박은 신자로서 그리스도에 대한 감사와 사랑이 넘치는 봉사를 행하는 것을 의미한다.362 그러므로 '이 규례를 행하는 자' 는 그리스도 안에 있으며, 성령의 인도를 받으며, 새로 지으심을 받은 자가 되어 기독교의 가르침과 일치되게 살며 따르는 신약의 성도들인 교회의 회원들을 가리킨다. 이들을 가리켜 '하나님의 이스라엘' 이라고 바울이 호칭하는 것은 '이스라엘' 에 대한 새로운 해석에 기초하고 있다.

유대주의자들은 이방인 회심자들이 할례와 율법의 준수를 통해 하나님의 이스라엘이 된다고 유혹했다. 그러나 바울에게 있어서 '하나님의 이스라엘' 은 새로운 규례를 행하는 자들이었다.363 그리고 그들은 믿음을 가진 모든 유대인 성도들과 함께 아브라함의 참된 자녀가 되었기 때문에 이들을 가리켜 '하나님의 이스라엘' 이라 한 것은 조금도 이상하지 않다.

오직 믿음으로 신자들은 그들의 신분과 상관없이 그리스도 안에서 하나님의 이스라엘이 되었기 때문이다. "너희는 유대인이나 헬라인이나 종이나 자주자나 남자나 여자 없이 다 그리스도 예수 안에서 하나이니라"(갈 3:28)는 말씀이 이 사실을 입증하고 있다. 따라서 '하나님의 이스라엘' 은 할례나 무할례는 전혀 고려할 만한 사항이 아니며 오직 새 창조만이 고려할 대상이 될 뿐이다. 그리고 이들에게 그리스도의 평강과 긍휼이 주어진다.

이상에서 유대화의 위협에 반대하는 결론적 진술을 마치고 자신이 전한

---

362 William Handriksen, 『갈라디아서』 336.
363 O. Palmaer Robertson, 『하나님의 이스라엘』 오광만 역 (서울: CLC, 2003), 52.

가르침(갈 6:15)을 따르는 자들에게 그리스도의 평강과 긍휼을 축복하고 난 바울은 "이 후로는 누구든지 나를 괴롭게 말라 내가 내 몸에 예수의 흔적을 가졌노라"(갈 6:17)는 경계의 말로 본 서신의 막을 내리고 있다. 이것은 마치 언약서의 최종 단서로 주어지는 축복과 저주의 선언과 같은 의미를 가진다.

이방인의 사도로 임명된 바울이(갈 1:1) 전도하여 세운 갈라디아 교회들에게(갈 1:8-9; 4:13-15) 할례와 율법 준수를 통해서 이스라엘에 속한다고 선전한 유대주의자들의 거짓 복음은 바울을 이방인의 사도로 세우신 하나님을 대적하는 가르침이었다. 또한 갈라디아 교회들에서 행하여진 이 잘못된 가르침은 갈라디아 교회들의 사도이며 전도자인 바울 자신에게 직접적인 반대를 불러일으키는 모반 행위와 다름없었다.

이에 바울은 유대주의자들과 갈라디아인들을 향해 자신이 '그리스도의 흔적'을 지닌 사도이기 때문에 더 이상 자신을 괴롭혀서는 안 된다고 경고하고 있다. '그리스도의 흔적'이란 그가 그리스도의 소유권과 보호 아래 있음을 알리는 증표이다. 반면에 이 흔적은 그를 대적하고 괴롭히려고 시도하는 자들에게는 그리스도의 심판과 보복 아래 놓이게 될 것을 경고하는 징표이다. 왜냐하면 바울을 대적하는 것은 바울의 소유주인 그리스도를 대적하는 것이기 때문이다.364

지금까지 바울은 신자들이 속죄함을 받고 그들 심령 속에 성령의 역사를 받아 자녀와 상속자로서 택정을 받아들이게 하는 그리스도의 십자가에 대한 믿음에 대해 논증함으로써 유대주의자들이 주장하는 할례나 율법 준수와 같은 인간의 행위를 철저하게 배격했다. 이러한 자신의 의도를 밝힌 바울은 갈라디아인들에게 축복으로 본 서신을 마치고 있다.

이 축도에서 바울이 그리스도의 은혜($\chi\alpha\rho\iota\varsigma$)를 언급한 것은 인간의 행위와 대치되는 은혜를 강조하기 위함으로 보인다. 왜냐하면 그리스도의 은

---

364 Richard N. Longenecker, 『갈라디아서』, 637.

혜가 아니면 신자들의 삶은 아무런 의미가 없기 때문이다.365 아울러 서신의 인사말에서 "우리 하나님 아버지와 주 예수 그리스도로 좇아 은혜와 평강이 있기를 원하노라"(갈 1:3)라고 시작한 것처럼 갈라디아서는 '은혜'가 중심 축이 되어 진행되고 있음을 엿보게 한다. 특히 갈라디아서에서는 은혜와 율법이 대립 관계를 이루고 있는데 하나님 앞에서 의롭게 되는 것(갈 2:15-16, 21; 3:1-18)과 적절한 성도들의 생활 양식으로 사는 일(갈 2:17-21; 3:19-4:11)에서 대립되는 축으로 제시된다.366

바울은 이 '은혜'에 근거하여 기독교 역사상 최초로 '이신칭의'의 신학을 정립하였다. 이로써 바울은 기독교가 유대교에서 분리된 종교가 아님을 온 세상에 천명했다. 기독교는 하나님께서 처음부터 이땅에서 부르신 '하나님의 이스라엘'이었다. 또한 그리스도의 몸된 이 교회는 '하나님의 이스라엘'로 부르신 성도들로 역사 위에 세워지게 하는 발판을 마련했다. 따라서 십자가의 은혜를 부인하는 교회나 성도들은 유대교가 그러하듯이 더 이상 교회, 즉 '하나님의 이스라엘'이라 할 수 없다.

---

365 조병수, 『갈라디아서』 235.
366 Richard N. Longenecker, 『갈라디아서』 638.

VI. 결론

VI. 결론

A. 갈라디아서의 핵심 사상 '이신칭의'

유일한 그리스도의 복음을 받았던 갈라디아 교회들이 '다른 복음'에 빠져들고 바울의 사도권에 의심을 가지게 된 것에 대해 심각하게 우려한 바울은 이에 대한 논증을 전개함으로써 갈라디아 교회들이 유일한 복음으로 복귀하기를 촉구하고 있다.

먼저 바울은 자신의 사도권은 '그리스도 예수의 계시'를 통해 위임된 것으로 예루살렘과 상관없는 독립적이라는 사실을 밝히고 이어 자신이 갈라디아 교회에 전한 복음의 본질과 내용이 예루살렘 사도들과 다르지 않다는 사실을 밝히고 있다. 바울은 이 사실을 입증하기 위해 자신의 자전적 이야기(갈 1:11-2:21)를 통해 자신의 사도권이 가지는 독립성과 복음의 동질성에 대한 논증을 전개시키고 있다.

바울은 서신 초두부터 복음의 유일한 권위를 확인하면서 갈라디아 교회들의 문제들을 진술하고 있다. 여기에서 바울은 이 복음을 가리켜 갈라디아에 있는 유대인과 이방인이 함께 받았던 것이며 악한 현세에서 그리스도와 더불어 갖는 교통과 교회 공동체에 있는 생명으로 그들을 인도했음을 강조한다. 그리고 이 복음의 근본적인 성격은 은혜이기 때문에 그것이 조건적이어야 한다고 제안하는 어떤 조정이나 규정을 배격한다고 밝히고 회심자들에게 할례의 필요성을 주장했던 유대주의자들을 반대하고 있다.367

갈라디아서 1장에서 복음은 인간이 아닌 그리스도에게서 난 것이며 이 복음의 계시를 통해 교회의 박해자에서 이방인을 위한 사도로 그의 소명을 변화시켰음을 밝힌 바울은 갈라디아서 2장에서 복음의 동질성과 자신이 가지는 사도권의 독립성을 재확인하고 있다. 바울은 두 번째 방문한 예루살렘 회합에서 기둥같은 사도들과 선교 협약을 맺었으며 교회의 하나됨과 복음의 동질성을 확인하였고 안디옥 교회에서 이방인들과 가진 식탁 교제에서 베드로의 취한 행동을 통해 이신칭의에 대한 신학의 일치를 재확인하였음을 밝히고 있다.

'이신칭의' 신학을 정의한 갈라디아서 2장 15-21절의 내용은 이후 전개되는 갈라디아서 3장 1절-5장 12절에서 다루는 복음과 율법에 대한 바울의 신학적 성격을 알리는 서론과 같은 위치를 차지하고 있다. 이후 전개될 바울의 논증은 갈라디아서 2장 15-21절에서 밝힌 이신칭의 신학에 근거한 해설과 같은 성격을 지니고 있다. 따라서 이후 전개될 내용의 개요는 기독교 역사상 최초로 정립된 '이신칭의' 신학에 대한 이해를 돕는 길잡이가 된다.368

'이신칭의' 신학에 대한 논증을 마친 바울은 율법으로부터 자유함을 입은 성도들의 위치를 밝히고(갈 5:13-26) 이땅에서 구현하게 될 삶의 원칙인 성령과 사랑의 법을 제시한 후(갈 6:1-6:10) 결론에 도달하고 있다(갈 6:11-18). 특별히 기억할 것은 그리스도인이 되는 데 있어(갈 2:15-16), 그리스도인의 삶에 있어(갈 2:17-20) 율법은 아무런 긍정적 역할을 하지 않는다는 점을 강

---

367 Chrales B. Cousar, 『갈라디아서』 99.
368 Chrales B. Cousar, 『갈라디아서』 101.

조하고 "내가 하나님의 은혜를 폐하지 아니하노니 만일 의롭게 되는 것이 율법으로 말미암으면 그리스도께서 헛되이 죽으셨느니라"(갈 2:21)고 결론을 내리고 있다는 점이다.

이처럼 이신칭의에 대한 갈라디아서 2장 15-21절의 내용은 갈라디아서의 핵심적 신학이며 이후 갈라디아서 3장 1절-4장 11절에서 이 주장에 대한 변증적 논증을 전개하고 있다. 이 논증 부분은 도입부(갈 3:1-5)와 제1주제인 율법주의에 대한 반론(갈 3:6-18), 제2주제인 언약적 율법주의에 대한 반론(갈 3:19-4:7)을 거쳐 이 논제들에 대한 결론(갈 4:8-11)으로 진행된다. 이때 갈라디아서 3장 1-5절과 4장 8-11은 이 부분의 외곽틀 구조(inclusio)를 이루고 있다.[369]

이처럼 갈라디아서를 통해 바울이 논증하고자 했던 주제는 "사람들에게서 난 것도 아니요 사람으로 말미암은 것도 아니요 오직 예수 그리스도와 및 죽은 자 가운데서 그리스도를 살리신 하나님 아버지로 말미암아 사도된 바울"(갈 1:1)에서도 이미 밝힌 바 있다. 여기에서 바울은 복음의 본질과 내용 및 자신이 수행하는 사도직의 권위와 독립성을 선언하고 있다.

이 선언은 갈라디아 교회들에게 들어와서 교회를 '어지럽게 하는 자들'(trouble makers, 갈 1:7; 5:12)의 주장을 경계하기 위함이다. 이 사람들은 '이방인 회심자들이 교회의 회원으로서 아브라함의 복에 참여하기 위해서는 할례와 아울러 절기를 지키는 것과 같은 유대적 관습들을 받아들여야 한다'고 주장하지만 바울은 결코 그들의 주장을 용납할 수 없었다.[370]

바울이 "다른 복음은 없나니 다만 어떤 사람들이 너희를 요란케 하여 그리스도의 복음을 변하려 함이라"(갈 1:7)고 지적하고 있는 것처럼 유대주의자들의 목적은 결국 복음을 변질시키는 데 있었다. 이에 바울은 그들이 가르치는 소위 복음이라는 것이 거짓임을 논증하고 '그리스도의 복음' 만이

---

369 Richard N. Longenecker, 『갈라디아서』 323.
370 F. F. Bruce, 『바울』 197.

진리임을 논증해야 할 필요성을 가지고 갈라디아서를 작성하고 있다. 동시에 유대주의자들은 바울이 예루살렘 교회로부터 어떤 권위도 위임받지 않았다는 주장에 대해 자신의 사도권에 대해서도 증명할 필요를 가지고 있었다.

이 내용의 핵심은 자신이 회심한 이후 이 서신을 쓰는 날까지 예루살렘 교회 지도자들이 자기에게 어떤 권위도 수여할 기회가 없었으며 오히려 예루살렘 교회 지도자들은 바울이 이미 가지고 있던 권위와 그 권위에 근거하여 수년 동안 사도로서 사역을 활발하게 수행하고 있음을 인정했음을 밝히는 데 집중되어 있다.371 이것은 바울의 사도직이 예루살렘 교회의 권위로부터 독립되어 있으며 전적으로 하나님에 의해 위임되었음을 입증하기 위함이다.

이 과정에서 바울은 자신이 선포한 복음의 본질과 내용을 밝히고 예루살렘 교회 지도자들로부터 그 이상의 복음을 받은 바 없으며 오히려 동일한 내용의 복음이라는 점을 서로 확인하였음을 밝히고 있다. 또한 복음이 선포하는 바 "사람이 의롭게 되는 것은 율법의 행위에서 난 것이 아니요 오직 예수 그리스도를 믿음으로 말미암는 줄 아는 고로 우리도 그리스도 예수를 믿나니 이는 우리가 율법의 행위에서 아니고 그리스도를 믿음으로서 의롭다 함을 얻으려 함이라 율법의 행위로서는 의롭다 함을 얻을 육체가 없느니라"(갈 2:16)는 '이신칭의'에 근거하여 예루살렘 교회와 이방인 교회들이 하나임을 확인하고 있다.

바울은 유대주의자들의 주장처럼 '만일 의롭게 되는 것이 율법으로 말미암으면 그리스도께서 헛되이 죽으셨느니라'(갈 2:21)고 반론을 펼침에 있어 '이신칭의' 신학에 근거하여 할례를 받은 사람이든 받지 않은 사람이든 하나님과의 관계에서 아무런 차이가 없으며, 종교적 의무로서 할례를 이행하는 것이 하나님 앞에서 인정을 받는데 아무런 이익이 없음을 논증

---

371 Ibid., 198.

하기 위해 '율법과 복음'이라고 하는 논제 아래 자신의 논증을 전개시키고 있다.

이어 바울은 아브라함의 믿음을 예로 들어 칭의는 율법을 지킴에 의해서가 아니라 믿음에 의해서 온다는 원리를 제시하고 있다. 바울은 갈라디아인들이 받은 성령의 체험(갈 3:1-5)을 아브라함의 믿음과 연결시키면서 아브라함의 믿음에 대한 구체적인 내용을 전개시키고 있다.372 여기에서 바울은 아브라함이 할례이전에 믿음으로 의롭다 인정을 받았으며 의를 얻음에 있어 율법은 아무런 역할을 할 수 없다고 주장한다(갈 3:6-14).

이러한 논증에 근거하여 바울은 율법보다 하나님의 약속이 우월하며, 율법은 그리스도께서 오실 때까지 하나님의 자녀를 지도하는 몽학 선생의 역할을 하기 위해 주어졌으며, 그리스도께서 오심으로써 하나님의 자녀는 더 이상 몽학 선생 아래 있지 않고 그리스도 안에 있으며, 이로써 아브라함의 유업을 계승하게 되었음을 밝히고 있다(갈 3:15-29).

바울은 이 논증을 통해 하나님의 백성에 대한 정의를 새롭게 주장한다. 그리스도가 오기 이전에 하나님의 백성은 율법 아래 있었다. 이 율법은 하나님의 선물이었으며 이스라엘은 선택받은 자들로서 특권적 위치를 누렸다. 하지만 그리스도께서 오심으로써 아브라함의 자손들을 확대하겠다고 하신 하나님의 약속을 성취하셨다. 따라서 하나님의 백성은 더 이상 율법에 의해서가 아니라 그리스도에 의해, 즉 그리스도에게 속하고 세례를 받고 그에게 연합됨으로써 결정된다. 이러한 바울의 논증은 그리스도와 하나님의 백성 사이에 이루어지는 새로운 사귐의 본질을 위한 혁명적 선언이라 할 수 있다.373

바울은 계속해서 율법, 즉 몽학 선생 아래에서는 아무런 권리가 없는 미성년자에 불과한 상태였지만 그리스도 안에서 새로운 신분을 갖게 되어

---

372 Richard N. Longenecker, 『갈라디아서』 166.
373 Chrales B. Cousar, 『갈라디아서』 131.

아버지에게 자유롭게 나갈 수 있는 자녀가 되었음을 밝히고 성도들이 옛 지위로 후퇴함으로써 얻게 되는 비참한 결과에 대해 경고한다(갈 4:1-11). 그리고 고아라 할지라도 양자로 입양되면 아들의 권리를 갖는 것과 같이 성도들에게는 하나님의 양자라고 하는 새로운 신분이 주어짐으로써 양자로서 누리는 권리를 받는다고 밝힌 후(갈 4:12-20) 하나님의 은혜가 가지는 속성을 통해 자유를 누리는 자유인이 다시 종의 지배 아래 놓이는 것에 적극 저항할 것을 권하고 있다(갈 4:21-31). 바울은 이 논증을 통해 종의 지위에서 자유인의 지위로 극적인 전환이 이루어졌음을 강조하고 있다.

바울은 "때가 차매 하나님이 그 아들을 보내사 여자에게서 나게 하시고 율법 아래 나게 하신 것은 율법 아래 있는 자들을 속량하시고 우리로 아들의 명분을 얻게 하려 하심이라"(갈 4:4-5)고 선언한다. 이 선언에 근거하여 "너희가 아들인 고로 하나님이 그 아들의 영을 우리 마음 가운데 보내사 아바 아버지라 부르게 하셨느니라 그러므로 네가 이 후로는 종이 아니요 아들이니 아들이면 하나님으로 말미암아 유업을 이을 자니라"(갈 4:6-7)고 밝히고 있다. 이 두 내용은 갈라디아서의 핵심적 사상이라 할 수 있다.

갈라디아 교회에 들어온 유대주의자들은 그리스도의 오심으로 사람이 율법에서 자유로워진 것이 아니며 오히려 그리스도께서는 율법의 가르침을 확증하셨고 그것이 요구하는 바 순종을 깊게 만드셨다고 주장했다. 이런 이유에서 그리스도께서 중보하여 이루신 구원에 율법의 행위를 이행하는 것이 필요하다고 강조했다. 이들은 할례와 율법이 없이 오직 믿음에 근거한 기독교인의 상태는 초보적인 것이며 미완성의 상태라고 비난했다. 또한 완전한 구원이란 할례와 율법을 준수하는 것으로 이루어지며 이로써 아브라함의 참 아들이 되어 아브라함에게 약속된 복의 상속자가 되는 것이라고 주장하면서 갈라디아 교회에 자신들의 입지를 강화하고 있었다.374

---

374 Richard N. Longenecker, 『갈라디아서』 135.

　유대주의자들의 그릇된 주장에 미혹된 갈라디아인들을 향해 바울은 좌절감과 번민(갈 1:6; 3:1; 4:16, 19-20; 5:7)을 표하고 더불어 유대주의자들을 향해 분노(갈 5:10-12)를 감추지 않는다. 하지만 바울의 논증은 시종일관 합리적으로 전개되고 있다. 바울은 유대주의자들의 주장에 대한 반론으로 크게 세 가지 신학적 주제를 바탕으로 논증을 전개한다.

　첫 번째 주제는 ‘복음의 권위와 믿음’ 에 대한 것으로(갈 1:6-2:21) 은혜의 복음이 갈라디아인들을 믿음으로 인도했고(갈 1:6, 9), 바울의 생애를 변화시켜 이방인들을 복음화하도록 했으며(갈 1:11-17), 예루살렘 교회에서 이 복음의 권위와 동질성을 확인했으며(갈 2:1-10), 율법을 준수하는 유대인에게만 한정되지 않으며 신분과 상관없이 믿음에 의해 받게 된다(갈 2:11-21)는 ‘이신칭의’ 를 논증하고 있다.

　두 번째 주제는 ‘율법과 복음’ 에 대한 것으로(갈 3:1-5:12) 그리스도에 대한 전파와 믿음의 응답은 성령의 임재 결과이며(갈 3:1-5), 자유의 자녀가 되는 것은 아브라함까지 거슬러 올라가는 유전적 혈통을 더듬어 가는 것이 아니라 약속의 자녀 곧 성령으로 난 자(갈 4:22-31)가 되는 것을 의미한다는 사실을 논증하고 있다.

　세 번째 주제는 ‘성령의 도덕적 지도력’ 에 대한 것으로(갈 5:13-6:10) 성령을 통해 생명을 얻은 신자들은 그 동일한 성령에 따라서 자신들의 삶을 주도해 나가야 하며 성령은 육체의 욕심을 제어하고 율법의 요구로부터 하나님의 자녀들을 자유롭게 함으로써 자유에 대한 책임으로 성령의 열매, 즉 율법을 완성시키고 교회 공동체를 세우는 사랑을 이해할 것을 촉구하고 있다(갈 5:13-22). 이에 바울은 성도들이 이땅에서 구현해야 할 성령의 법을 제시하고 있다(갈 6:1-10).

　이상의 과정을 통해 바울은 은혜의 복음에 대한 권위를 높이고 은혜에 대한 인간의 적절한 반응은 믿음이라고 주장한다. 은혜와 믿음은 상호 관계 속에서 작용함으로써 믿음을 불러일으키는 은혜는 결국 사랑에 이르게 한다. 따라서 이 믿음은 율법의 일과 대립되며 믿음 생활의 적절한 행사는 이웃 사랑으로 나타나야 할 것을 제시한다. 율법을 완성하는 이웃 사랑은 불화와 자만과 시기 가운데서 활동하는 사랑이 아니다(갈 5:14-15). 이 사랑은 타락한 자의 회복을 실현하며 모든 사람에게 선을 행하는 일에 결코 낙심하는 법이 없도록 한다(갈 6:1-10)는 사실을 강조하고 있다.375

바울은 자신의 갈라디아 회심자들이 성령으로 살며(갈 5:16) 성령에 인도되고(갈 5:18) 성령의 지시를 받아 성령에 보조를 맞추는 삶(갈 5:25)이 구체적으로 '이웃 사랑'에 함축되어 있음을 제시하고 있다. 이웃 사랑의 정신에 근거하여 바울은 남의 짐을 대신 지는 일이야말로 율법의 완성임을 강조하고(갈 6:1-5). 가르치는 자들을 지원할 것(갈 6:6)과 계속해서 선행을 유지할 것(갈 6:7-10)을 권면하고 있다.

이상의 논증을 통해 바울은 그리스도의 십자가 외에 하나님의 은혜를 보완하려는 어떤 인간적인 노력이나 종교적인 열심을 거부하여야 할 것을 갈라디아인들에게 제시하면서 본 서신의 내용을 요약하고 있다. 여기에서 바울은 할례, 육체, 율법, 그리스도의 십자가, 자만심 그리고 박해 등을 언급하면서 갈라디아 회중들이 이 이슈들에 대해 확고한 결정을 내리도록 촉구하고 있다(갈 6:11-18).

B. '이신칭의' 신학 위에 서 있는 교회들

갈라디아서는 기독교 역사상 최초로 '율법과 복음과의 관계'라는 논제를 불러일으켰다는 점에서 비상한 관심을 가지게 한다. 아울러 복음의 본질과 내용을 바탕으로 '이신칭의'以信稱義의 신학을 정립하고 있다는 점에서도 각별한 관심을 불러 일으켰다. 이로 인하여 갈라디아서는 '종교적 자유의 대헌장'이라는 별명과 함께 '기독교 독립선언' 혹은 '종교 개혁의

---

375 Chrales B. Cousar, 『갈라디아서』 32.

구호' 라고도 불리기도 한다. 그만큼 갈라디아서는 하나님을 영접하는 모든 사람들에게 참 자유의 길을 보여주고 있다(갈 5:1).

이 자유는 율법주의나 방종주의가 아니라 '그리스도에의 귀속' 의 자유이다. 그것은 그리스도의 옷자락(날개) 안에 포로가 되는 것이며 예수 그리스도 안에 구원을 제시하신 삼위일체 하나님께 자복하는 것이기도 하다. 이 자유는 사람이 자기 자신을 구원하려는 모든 시도를 단념하겠다고 자원하면서 그리스도의 십자가만을 자랑하며(갈 6:14) 그리스도를 율법의 완성자로 신뢰하고(갈 3:13) 자신의 주와 구주로 모시려고 자원할 때 비로소 발견된다.

특별히 AD 49년 이전에 쓰여진 갈라디아서는 복음서들이나 다른 어떤 서신서들보다 먼저 쓰여졌다는 점에서 관심을 가지게 한다. 신약에서 최초로 기록된 갈라디아서가 '율법으로부터의 해방과 복음 안에서 누리는 자유' 를 주제로 하고 있다는 점은 시사하는 바가 크다하지 않을 수 없다. 이것은 기독교를 과거 유대주의나 유대 종교의 전통으로부터 독립시키는 쾌거이며 하나님께서 각 족속과 방언과 민족과 나라(계 5:9)에서 택하여 내신 모든 사람들의 심령을 파고드는 사명을 띤 종교가 되게 하였다.

이러한 갈라디아서의 특성은 바울의 회심 사건으로부터 시작되었다고 해도 과언이 아니다. 바울에게 있어 그리스도의 십자가는 구원의 시작이었던 것과 마찬가지로 그리스도의 부활은 교회의 시작을 알리는 서곡이었다. 부활이야말로 그리스도의 왕국의 시작이었다. 그리스도께서는 그의 부활로 말미암아 영광을 받으신 것처럼 그의 교회를 통치하심에 있어서도 역시 부활로써 그의 능력을 행사하는 분이시다.

때문에 바울은 자신의 소명이 그리스도께서 아직 죽을 수밖에 없는 인간으로 살아 있을 때 그에게 사도의 직분을 주신 것보다는 부활하신 후에 사도의 직분을 주신 것은 훨씬 더 권위가 있음을 명확하게 밝히고 있다. 이것은 그리스도께서 땅 위에 살아 계신 동안에 바울이 그리스도와 교제한 사실이 없었다는 이유만으로 바울의 사도권을 부인하고자 하는 이들의 주장을 무색하게 한다.

일반적으로 바울은 자기를 소개함에 있어 '사도로 부름받은 예수 그리스도의 종 바울'(롬 1:1; 빌 1:1) 혹은 '하나님의 뜻으로 말미암아 예수 그리스도의 사도된 바울'(고전 1:1; 고후 1:1)이라고 소개한다. 하지만 본 서신에서는 전혀 다른 소개 양식을 보이고 있다. 이것은 갈라디아에 있는 바울의 반대자들이 바울의 사도직을 예루살렘 사도들에 비해 열등한 것이라고 공격하면서 바울의 복음에 대해 의도적으로 훼손한 것에 대해 바울이 의도적으로 반론을 펼치기 위함이다. 바울은 자기 소개에서부터 적극적으로 자신의 사도직에 대한 권위와 그 근원을 해명하면서 반대자들을 상대하고 있음을 보여주고 있다.

바울은 하나님의 교회를 다스리는 것은 하나님에게만 속한 것으로 이해했다. 그러므로 소명은 하나님으로 말미암지 않는 한 정통이 아니었다. 이것은 가룟 유다를 대신해 맛디아를 그 후계자로 선정한 것에서도 확인된다. 당시 예루살렘 교회는 교회의 다수결로 선정하지 않고 제비뽑기로 사도를 정했다(행 1:26).

일반적으로 교회의 일군을 선정하는 방식과 달리 사도를 선정함에 있어 제비를 뽑았던 것은 사도직이 교회의 다른 직분과 구별되어야 했기 때문이다. 즉 예수께서 직접 12사도를 선택하셨듯이 교회의 사도는 직접 하나님께서 선택해야 했다. 마찬가지로 바울의 사도직도 교회의 투표로 선정된 것이 아니며 자신의 소명이 직접 하나님으로 말미암았다는 사실을 분명히 밝히고 있다.

유대주의자들은 바울이 전파한 그리스도의 죽음으로 약속된 구원만으로는 불충분하기 때문에 보강되어야 한다는 명분을 앞세워 할례와 율법의 준수를 주장한다. 무엇보다도 구원에 있어서는 그리스도의 십자가 외에 아무런 조건이 없음에도 불구하고 거짓 교사들은 사람들의 공로나 희생이나 의식적 행위를 앞세워서 그리스도의 공로를 대신하려고 하는 시도를 끊임없이 저지르고 있다.

만일 그렇다면 그리스도의 십자가 복음은 더 이상 아무런 의미가 없어지게 된다. 이에 대해 바울은 "만일 의롭게 되는 것이 율법으로 말미암으면 그리스도께서 헛되이 죽으셨느니라"(갈 2:21)고 지적하고 있다. 이것은 "나를 사랑하사 나를 위하여 자기 몸을 버리신 하나님의 아들을 믿는 믿음 안에서 사는 것"(갈 2:20)이라는 '이신칭의'를 부정하는 것과 다를 바 없다. 이에 바울은 복음의 본질에 대한 신학적 논증을 제시하고 있다.

① 그리스도는 우리 죄를 위해 자기 몸을 드리셨다 : 그리스도는 우리의 대표로서 우리의 처지를 실제로 담당하셨다. 그리스도의 자기 희생은 교회 공동체로서 그리고 신자 개인으로서 당연히 가지고 있는 죄들에 대한 대속적 성격을 가지고 있다. 이 사실은 우리가 모든 죄에 대한 책임을 면제받았음을 의미한다. 따라서 더 이상 죄로 인해 괴롭힘을 당하거나 고발을 당하지 않게 되었다.

② 그리스도는 이 악한 세대에서 우리를 건지시려고 죽으셨다 : 여기에서 바울은 악의 지배 아래 있는 현재의 상황을 자유와 희망의 특징을 가진 다가올 세대와 대비하여 설명하려고 유대교의 종말론적 언어를 채용하고 있다(롬 12:2; 고전 2:6, 8:3; 엡 1:21; 2:7). 이것은 한 시대가 시작하고 다른 시대가 마친다는 두 시대의 연대기에 놓인 것이 아니라 구원이 요청되는 그 시대의 지배적 힘에 놓여 있다. 왜냐하면 두 시대가 동시적으로 존재하기 때문이다. 바울은 "보라 지금은 은혜 받을 만한 때요 보라 지금은 구원의 날이로다"(고후 6:2)라고 선포한다. 죄들이라는 용어가 속죄의 대속적 의미를 가진다면 '이 악한 세대에서의 구원'은 그리스도의 죽음에 더불어 참여한다는 근거에 입각하여 하나의 지배에서 다른 지배로의 이동을 반영하고 있다. 이 사상은 갈라디아서에서 구원 사건에 대한 가장 두드러진 비유적 표현이다.

③ 그리스도는 하나님 곧 우리 아버지의 뜻을 따라 죽으셨다 : '하나님의 뜻' 은 그리스도의 구속 사역에서 극명하게 나타난다. 그리스도의 죽음은 하나의 우연한 사건이 아니며 순교자의 희생과 같은 비극도 아니다. 그의 죽음은 보다 크고 거룩한 계획과 관련된다. 이 복음은 오래 전에 아브라함에게 전파되었다(갈 3:8). 그리고 '때가 차매' 하나님이 그의 아들을 보내주셨다(갈 4:4). 하나님은 계획하신 구속을 이루시기 위해 성 금요일 사건 속에 한 가지 목적을 갖고 계셨다. 따라서 그리스도의 죽음이 불충분함으로 의식과 규정을 더 만들어 보충해야 한다는 주장은 하나님의 뜻에 상반될 뿐이다.

이상의 신학적 근거에 따라 바울은 죄의 지배로부터 성도들을 해방시킴에 있어 그리스도의 죽음 외에 더 이상의 조건이 필요하지 않음을 강조하고 있다. 이 신학적 주장은 사도행전 1-6장에서 거듭 확인된 사실이기도 하다. 따라서 아버지께서 그 사랑하는 아들인 독생자를 우리의 구원을 위하여 내어 주심으로써 보여주신 장엄한 사랑 앞에서 바울은 "영광이 저에게 세세토록 있을지어다 아멘"(갈 1:5)이라고 외칠 수밖에 없다. 여기에서 바울은 모든 사람에게 자기와 함께 이 일을 완성하고자 극대화시키고 있다.

이 내용은 갈라디아서 1-2장에서 다루고 있는 내용의 주제라는 점에서 바울 사상의 신학적 시발점을 마련해 주고 있다. 아울러 3-6장에서 논증하고 있는 바울의 메시지를 요약하고 있다. 특히 바울은 그리스도를 가리켜 "하나님 곧 우리 아버지의 뜻을 따라 이 악한 세대에서 우리를 건지시려고 우리 죄를 위하여 자기 몸을 드리신 분"(갈 1:4)이라고 그의 신분을 소개하고 있다. 이것은 십자가에 못 박히신 그리스도 외에 구원이 없다는 바울의 확신을 확고하게 제시하고 있다.

이러한 확신에 근거하여 바울은 이제 그리스도의 나타나심으로 그리스도와 함께 새로운 시대가 도래했음을 강조할 수 있었다. 아울러 한시적인 율법의 기능도 끝나게 되었음을 주장하고 있다. 이로써 그리스도를 믿는 사람들은 그들이 유대인이든 헬라인이든 하나님의 자녀이며 그리스도 안에서 하나의 백성을 이루게 되었다(갈 4:1-7). 따라서 그리스도를 믿음으로서 성도들은 아브라함에게 약속되었고 그가 경험하였던 복을 받게 되는 것이다. 이 복은 성령을 경험하는 것과 동일시된다. 이렇게 해서 믿음은 그리스도가 확보한 혜택을 성도들이 받는 수단이 된 것이다. 이 믿음을 가리켜 바울은 믿음에 의한 칭의, 곧 '이신칭의' 라고 강조한다.

이제 '이신칭의' 의 확고한 토대 위에 서 있는 우리 시대의 교회는 하나님의 교회로서 존재론적 의미를 명확하게 확인함으로써 이신칭의 신학에 근거한 갈라디아서 본문에 담겨 있는 다양하고 역동적인 믿음을 근거로 바울이 제시하고 있는 교회의 성품과 모습들을 본받음으로써 교회 존재에 대한 자긍심을 명확하게 가져야 할 것이다.

이를 위해 그리스도께서 확보한 은혜 안에서 누리는 교회의 본질적인 속성을 명확하게 구현하는 교회관의 정립과 구현에 대한 목회적, 신학적 연구가 요구된다. 아울러 '이신칭의' 사상에 근거한 하나님의 절대주권에 순종하며 이땅에서 살아가는 성도들의 실제적인 교회 공동체에 대한 보다 심도 깊은 연구들이 계속되어야 할 것이다.

ABSTRACT

The Justification by Faith in the Galatians

Paul's Epistle to Galatians attracts great attention because it has provided the answer to the question of 'the relationship between the Law and the Gospel' first in Christian history. Moreover, it is also of our extraordinary interest due to its credibility of laying the foundation of the doctrine of "Justification of Faith." For this, Paul's Epistle to Galatians has the nickname of 'The Great Charter of Religious Freedom' , allowing another honorary names of 'Christian Declaration of Independence' and 'Slogan of Religious Reformation' , which means it guides every believer in God to the path to the true freedom(Gal. 5:1). The said freedom is 'the freedom into Christ' , not the 'legalism' or 'self-indulgence.' When it comes to the freedom, it doesn't actually mean what we think it usually does; it is becoming a voluntary captive to Christ and obeying triune God, who provides salvation for us. This freedom is one's self-denial seeking no other way than the cross of Christ(Gal. 6:14) and placing one's trust only in Christ as the fulfillment of the Law(Gal. 3:13) and willingly confessing He is the only savior and the Lord.

Written prior to 49 AD, Galatians is highly important because of its earliest appearance of all the Epistles. The earliest Epistle, Galatians, demonstrates the subject matter of 'freedom cherished in the Gospel, set free from the Law' , which has huge significance for us Christians. It is the astonishing work of making Christianity free from Judaism or Jewish tradition, letting Christianity be a religion whose mission is to penetrate into the heart of everyone chosen by God from every tribe and language and people and nation(Rev. 5:9).

Having accepted the only true gospel, the church in Galatia soon deserted it and turned to a different gospel, raising doubt against Paul's apostleship, which made Paul really worried and confirm its authenticity, urging them to quickly return to the original gospel.

To begin with, Paul wants to convince Galatians that his apostleship was appointed through 'the revelation of Jesus Christ' , not depending on Jerusalem and adds that the nature and contents of the gospel are not different of those of the apostles in Jerusalem. To prove this, Paul provides them with his own autobiographical account(Gal. 1:11-2:21), claiming the independence of his apostleship and the sameness of the gospel.

Confirming the unique authority of the gospel from the very beginning of the account, Paul states about the problems of the church in Galatia. Received equally along with the Gentiles, the gospel is being emphasized as the life-giver to the church along with the communication with Christ in the evil world. He also affirms that the fundamental basis and condition of the gospel is grace, and no other adjustment or regulation should be added, refuting the Jews continually forcing controverts to get circumcised.

In the first chapter of Galatians, Paul argues the gospel is not something man made up but is from Christ, which transformed his mission from the persecutor of the churches to the apostle for the Gentiles through the revelation of this gospel. In the following chapter, Paul reaffirms the sameness of the gospel and the independence of his apostleship of the apostles in Jerusalem. By visiting Jerusalem the second time to attend the meeting, Paul reached the evangelical agreement, confirming the oneness of the Church and the sameness of the gospel. He adds that when he was in Antioch, he reconfirmed the theological unity on 'Justification by Faith' through rebuking Peter's hypocritical behavior shown at the table with the Gentiles.

The definition of 'Justification by Faith' given in Gal 2:15-21 acts like preface to Paul's theological standpoint of the relationship between the gospel and the law, which is covered in Gal 3:1-5 and 5:12. The remaining chapters serve for the explanation of his doctrine of 'justification by faith', which was the first of its kind in the Christian history.

Closing the testimony of the doctrine of 'Justification by Faith', Paul identifies the status of the saints released from the bond of the Law(Gal. 5:13-26), indicates the role of the Holy Spirit and love, which is the basis for Christian life to be lived during this earthly journey(Gal. 6:1-10) and reaches the conclusion(Gal 6:11-18). What is to be remembered is that the Law doesn't play any positive role in being a Christian(Gal. 2:15-16) and in living a Christian life(Gal 2:17-20). The conclusion is "I do not set aside the grace of God, for if righteousness could be gained through the law, Christ dies for nothing!"(Gal. 2:21).

Gal 2:15-21 covering 'Justification by Faith' displays the main theme of Paul's Epistle to Galatians and Paul demonstrates its argument starting from Gal 3:1-4, which is followed by the first theme 'opposition to legalism' (Gal. 3:6-18), the second theme 'opposition to covenantal legalism' (Gal. 3:19-4:7) and the conclusion to this issue(Gal. 4:8-11).

The main theme of Galatians appears in the very beginning of the book "Paul, an apostle - sent not from men nor by man, but by Jesus Christ and God the Father, who raised him from the dead"(Gal. 1:1). Here Paul openly professes the essence of the gospel and the authentication and independence of his apostleship, by which he is performing his job. The purpose of the profession is to warn the trouble makers(Gal. 1:7; 5:12) against their false testimonies. These wicked people insisted the controverts after becoming the church members should get circumcised and keep the special days to join the same blessings as Abraham's, which seemed nonsense to Paul.

As Paul justly points out in Gal 1:7, saying "(which) is really no gospel at all. Eventually some people are throwing you into confusion and are trying to pervert the gospel of Christ," the purpose of the Jews was to corrupt the gospel of Christ. Thus Paul needed to prove only 'the gospel of Christ' is the truth, confirming their testimony was false and it made him write the Epistle to Galatians. Moreover, he had to assure them of his authentic apostleship, for they argued that he was not the genuine apostle accepted by Jerusalem Church.

Paul's purpose of writing this Epistle is focused on the authentication of his being a true apostle of Christ by writing that the leaders of the Jerusalem Church didn't have the chance to endorse his apostleship, but they admitted he had been doing his apostolic job with and by the officialdom up to that point. This was to ascertain that his gospel was independent of the Jerusalem apostles and his gospel was received by special revelation of God.

In the course of justifying his being a true apostle, he discloses that he didn't get any other gospel than the gospel he is preaching, which means they share the same gospel of God. Furthermore, he demonstrates that the Jerusalem Church and the churches in other areas are the one based on the doctrine of 'Justification by Faith', proclaiming "(We) know that a man is not justified by observing the law, but by faith in Jesus Christ. So we, too, have put our faith in Christ Jesus that we may be justified by faith in christ and not by observing the law, because by observing the law no one will be justified"(Gal. 2:16).

Against the Jews' claim, Paul maintains "If righteousness could be gained through the law, Christ died for nothing"(Gal. 2:21) and demonstrates, with the title of 'Gospel and Law', that it doesn't make any difference to God if they are circumcised or not and the circumcision shows no merit in front of God.

And Paul takes Abraham's faith as an example in demonstrating the principle that man can be justified by the faith, not by keeping the law, linking the Galatians' spiritual experience(Gal. 3:1-5) to Abraham's faith. By this Paul confirms that Abraham believed God from before his circumcision and this faith of Abraham's was credited to him as righteous, maintaining that the Law didn't have any impact on Abraham being justified(Gal. 3:6-14).

Paul makes his assurance afresh of God's justice to His people through this testimony. Jewish people had been under the control of the Law until Jesus' incarnation. The Law was the free gift from God, and the Jews enjoyed their privilege as a chosen people, but God accomplished His promise that he would multiply His people by sending Jesus to the world. Accordingly God's people can be decided by Christ, not by the Law, by belonging to Christ and being united to Him through baptism. This is the revolutionary proclamation defining the nature of the new relationship between Christ and God's people.

Then, Paul continuously points out that we are like slaves with no rights to claim the inheritance under the tutor of the Law, but we become children of God getting new status and freely get close to the Father and also he warns Galatians of the miserable state by getting enslaved all over again(Gal. 4:1-11). Just as the case of an orphan adopted and given new status gets the rights of the true son, we saints are given the new status and the proper rights(Gal. 4:12-20) and urges us who become free people enjoying the true freedom through God's grace to strongly resist against getting enslaved again(Gal. 4:21-31) by going back to the old status. By telling this, Paul puts great emphasis on the fact the there has been a dramatic change in our status from slaves to free people.

Paul proclaims, "When the time had fully come, God sent his Son, born of a woman, born under law to redeem those under law, that we might receive the full rights of sons"(Gal. 4:4-5). As a result, "Because you are sons, God sent the Spirit of his Son into our hearts, the Spirit who calls out, 'Abba, Father.' So you are no longer a slave, but a son; and since you are a son, God has made you also an heir"(Gal. 4:6-7), he affirms. These are the essential idea of the whole Galatians.

Judaists joining the Galatians argued that they didn't get full freedom from the Law despite Jesus coming, rather, He made it complete through our fuller obedience to the Law, which meant that it's necessary to obey the Law to complete the redemption obtained by His mediation. They also blamed that the Christian state based only on faith without obeying the Law such as circumcision and imperfect. They also strongly reassured Galatians that full salvation can be given by keeping the Law including circumcision, through which they became the true sons of Abraham inheriting the blessings promised to Abraham.

Paul reveals his frustration and agony toward Galatians bewitched by the false argument of Judaists(Gal. 1:6; 3:1; 4:16, 19:20; 5:7) and doesn't hide his anger toward them(Gal. 5:10-12). In the meantime he never goes astray in presenting his argument, his counter-testimony against the Judaists' errors, based on three theological issues.

The first issue is on 'Authority of the gospel and faith' (Gal. 1:6-2:21), making it clear that the gospel of grace has led Galatians to faith(Gal. 1:6, 9), whose authority and identity was confirmed in the Jerusalem Church, transformed Paul's life to be the apostle to Gentiles(Gal. 2:1-10) and is not limited only to Jews keeping the Law, permitting those having faith regardless of status(Gal. 2:11-21), namely 'Justification by Faith.'

The second one is on 'Law and gospel' (Gal. 3:1-5:12), claiming that the spread of the gospel of Christ and the resulting faith is owing to the indwelling of the Holy Spirit(Gal 3:1-5) and becoming the children of free woman means becoming the children of promise, that is, the children guided by the Holy Spirit, not following the hereditary line dating back to Abraham(Gal. 4:22-31).

The last one is on 'Ethical guidance of the Holy Spirit' (Gal. 5:13-6:10), suggesting that Christians, whose life is controlled by the Holy Spirit, ought to lead their life guided by the same Holy Spirit, who encourages them to restrain their lust of flesh and sets the children of God free from the bond of the Law, resulting in the fruit of the Spirit, fulfilling the demand of the Law and serving one another with love to establish the community of the church(Gal. 5:13-22). Here Paul exhibits the law of Christ, by which Christians should live in this world.

Through this course of argument, Paul reaches the main point that faith is Christians' just response to God's grace enhancing the authority of the gospel of Christ. God's grace and faith interact each other and the grace, by creating faith in the heart of Christians, eventually leads them to reach to the state of love. That's the point we realize that faith does the work opposite to what the Law works, causing those who lead Christians to manifest that kind of life based on love toward neighbors. Love fulfilling the demand of the Law is different from the one acting in discord, conceit, and jealousy(Gal. 5:14-15). Paul strongly maintains his view that through this love derived from the exercise of the faith, the redemption of the corrupted people is realized, never making Christians discouraged in doing good to every person(Gal. 6:1-10).

Paul suggests that the controverts in Galatia live by the Spirit(Gal. 5:16) and led by the Spirit(Gal. 5:18), keeping in step with the Spirit(Gal. 5:25), which is involved in exercising 'love of neighbor.' Based on such love, Paul argues that carrying one's own load is the fulfillment of the Law(Gal. 6:1-5) and exhorts Christians to share all good things with the instructor in the word(Gal. 6:6) and urges them to keep doing good to all people(Gal. 6:7-10).

It's the point that Paul sums up the contents of the Epistle emphasizing that they should reject any human efforts or any religious fervor to compensate for God's grace, only trusting the cross of Christ, perfect and only instrument of the grace. Furthermore, he compels Galatians to make up their minds on the issues such as circumcision, living by flesh, sticking to the law, the cross of Christ, conceit, and persecution(Gal 6:11-18).

It's proper to say that the basis of Galatians was laid on Paul's conversion. To Paul, just as the cross of Christ was the start of salvation, His resurrection was the prelude to the beginning of the Church. It's resurrection of Christ that gave birth to the Kingdom of God. As Christ was glorified by His resurrection, He exercises his power through it in governing the Church, His Kingdom.

That's why Paul makes it clear the apostleship received after Christ's resurrection is more authoritative than the one received while He was in the mortal flesh, which makes them speechless, those who rejected Paul's apostleship for not having any contact with Christ in person while He was in this world. Paul usually introduces himself 'Paul, a servant of Christ Jesus, called to be an apostle' (Rom. 1:1; Phil. 1:1) or 'Paul, called to be an apostle of Christ Jesus by the will of God' (1Cor. 1:1; 2Cor. 1:1). Here in Galatians, however, he presents different mode of introduction, which demonstrates his intention of counter-attacking the opponents in Galatia claiming that Paul's apostleship is inferior to that of the apostles in Jerusalem to deliberately hinder the gospel Paul has proclaimed. From the very beginning of his introduction, Paul wants to make them realize their errors by making his Apostle legitimate by authenticating it through explaining its origin.

Paul explains his ground of understanding that governing the Church of God only belongs to God. Therefore the calling not derived from God is not genuine, whose example can be found in the case of Judas Iscariot replaced by Matthias(Acts. 1:26). To decide on the replacement, they adopted the method of casting lots, not like the ordinary method of choosing people for offices in the church, because they had to differentiate due to the uniqueness of the Apostle. In the manner of Jesus choosing 12 apostles, the apostle should be decided by God Himself. Likewise, Paul's calling derives directly from God, not by the vote of the Church, which is what Paul strongly insists.

Judaists claimed the Jews should get circumcised and observe the Law on the ground that the promised redemption by Christ's death was not sufficient, which Paul proclaimed. Although there is no condition other than the cross of Christ in salvation, false teachers has made continuous efforts to replace Christ's merit for human work, sacrifices or ritual ceremonies. If we need human merits to be added, the cross of Christ loses its meaning, so Paul justly mentions "If righteousness could be gained through the law, Christ died for nothing"(Gal. 2:21). It is like rejecting 'Justification by faith,' which is manifested in the phrase "I live by faith in the Son of God, who loved me and gave himself for me" (Gal. 2:20). Here Paul needs to put forth the theological agreement on the nature of the gospel as follows:

① Christ sacrificed his body for our sin: Christ as our representative carried our burden in a real situation. Christ's self-sacrifice has the role of atonement for the sins of Christians as the Church and an individual, which means every guilt of our sins was already removed and we are no longer under the burden of our sins afflicting and accusing us.

② Christ died to deliver us from this evil generation: Paul adopts the eschatological language of Jews to compare the present situation under the control of evil and the coming generation with the nature of freedom and hope(Rom. 12:2; 1Cor. 2:6; 8:3; Eph. 1:21; 2:7). This doesn't mean that one generation ends and the other generation starts, but shows the controlling power of the whole generation necessitating salvation. That's because the two generations exist at the same time. Paul proclaims, "Now is the time of God's favor, now is the day of salvation"(2Cor. 6:2). As sins need atonement, 'salvation in this evil generation' implies the shift from one controlling power to another in that it involves the participation in Christ's death. This idea is the most outstanding description of redemption in Galatians.

③ Christ died by the will of God the Father: 'the will of God' reveals itself in the redemptive work of Christ. The death of Christ is neither an accidental event nor a tragedy like a martyr's sacrifice, but is related with great divine plan. This gospel was first revealed to Abraham(Gal. 3:8), and then God sent us His Son 'when the time had fully come' (Gal. 4:4). To accomplish the salvation by His plan, He intended the event of Good Friday. That's the reason the argument that it needs some compensation, by keeping some rituals and making more regulations, for the death of Christ because it lacks something is totally against the will of God.

Based on the above mentioned theological grounds, Paul emphasizes the death of Christ is enough for setting the Christians free from the bond of sins, which is reassured in the chapter 1-6 of Acts. Therefore Paul cannot help exalting God "According to the will of our God and Father, to whom be glory for ever and ever. Amen"(Gal. 1:5) witnessing the magnificent love of God who has given His only begotten Son for our salvation. Here Paul magnifies this fact calling all of us to share this work with him.

This heralds the beginning of Paul's theology, as it is covered in the first two chapters of Galatians, summed up in the following four chapters. The overwhelming point is that Paul presents Christ; "the Lord Jesus Christ who gave himself for our sins to rescue us from the present evil age, according to the will of our God and Father"(Gal. 1:4). This is Paul's firm assurance that there is no salvation other than Christ crucified on the cross.

On such strong grounds, Paul is emphasizing that a new era has come with Christ's coming, putting the temporary working of the Law to an end. That's because every person believing in Christ has become God's people, whether a Jew or a Greek(Gal. 4:1-7). Similarly the faith allows every Christian to get the same blessings promised and offered to Abraham. These blessings can be identified with the experience of the Holy Spirit and Christ gives the benefits He secured for His people through faith in the Lord, by which every believer is called justified.

The Church of our age is God's Church standing on the basis of 'Justification by Faith,' confirming its nature of existence on the ground of dynamic faith as manifested in Paul's Epistle to Galatians, directing its nature and marks of true Church. We should have confidence in the existence of the Church, trying to follow the model Paul presents.

For this, we need further pastoral and theological study on God's true church fully realizing its essential nature and establishing it. In addition to that, we Christians need to do more research on the church community, admitting God's sovereignty and establishing true church all together here in this world.

참고문헌

강유중. 「바울연구사」 서울: 예수교문서선교회, 1979.

권성수. 「성경해석학 I」 서울: 총신대학출판부, 1997.

김세윤. 「바울 복음의 기원」 홍성희 역. 서울: 도서출판엠마오, 2000.

______. 「빌립보서 강해」 서울: 두란노, 2006.

______. 「예수와 바울」 서울: 도서출판 제자, 1996.

김영봉. 「신약성서이해」 서울: 성서연구사, 1996.

김영재. 「기독교 교리사 강의」 수원: 합동신학대학원출판부, 2006.

김창락. 「새로운 성서해석-무엇이 새로운가?」 서울: 한국신학연구소, 1987.

김한인. 「바울과 옥중서신」, 서울: 예루살렘사, 1991.

도양술. 「사도 바울의 신학」, 서울: 기독교문서선교회, 1992.

박근용. 「바울서신」 서울: 기독교문사, 1991.

박형용. 「바울신학」 수원: 합동신학대학원출판부, 1998.

박윤선. 「로마서」 서울: 영음사, 1972.

______. 「사도행전」 서울: 영음사, 1999.

______. 「에베소서」 서울: 영음사, 1974.

박수암. 「갈라디아서 살전-딛」 서울: 대한기독교서회, 2007.

서용원. 「생존의 복음」 서울: 한들출판사, 2000.

______. 「마가복음과 생존의 수사학」 서울: 대한기독교서회, 2003.

성종현. 「신약총론」 서울: 장신대출판부, 1992.

이광호. 「바울의 생애와 바울서신」 서울: 도서출판 깔뱅, 2007.

이상근. 「갈라디아, 히브리서」 서울: 대한예수교장로회 총회교육부, 1977.

______. 「에베소서 주해」 서울: 예장총회 교육부, 1979.

이한수. 「바울신학 연구」 서울: 총신대출판사, 1996.

장수민. 「칼빈의 기독교강요 분석」 서울: 칼빈아카데미, 2005.

전경연. 「신약성서신학」 서울:사상계사, 1955.

조갑진. 「로마서이야기」 인천: 도서출판 바울, 2004.

조병수. 「갈라디아서」 서울: 도서출판 가르침, 2005.

하문호. 「기초교의신학, 교회론(VI)」 서울: 상영설관, 1983.

Anders, Max. *Ephesians*. HNTC. Nashville: Broadman & Holman Publishers, 1999.

Banks, Robert John. *Paul's Idea of community*. 「바울의 그리스도인 공동체 이상」 장동수 역. 여수룬, 1991.

Barclay, Willam. *The Mind of St. Paul*. 「바울신학개론」 박재문 역. 서울: 크리스찬 다이제스트, 1993.

Barth, Karl. *Dogmatics in Outline*. London: SCM Press, 1949.

Barton, Bruce B. 「갈라디아서」 김진선 역. 서울 성서유니온선교회, 2006.

Beker, Christian J. *Paul The Apostle*. 「사도바울」 장상 역. 한국신학연구원, 1991.

Berkhof, Louis. *Systematic Theology*. London: Cox & Wyman Ltd, 1971.

Best, Ernest. *One Body in Christ*. London: SPCK, 1955.

Bettenson, R. H. ed. *The Early Christian Father*. Oxford: Oxford University Press, 1956.

Bright, John. *The Kingdom of God*. Nashville: Abingdon Cokesburg Press, 1953.

Bruce, F. F. 「바울」 박문제 역. 고양: 크리스챤다이제스트, 1992.

______. *Paul and Jesus*. 「바울과 예수」 이길상 역. 서울: 아가페 출판사, 1988.

Bultmann, Rudolf. *Theologydes Neuen Testamants*. 「신학성서 신학」 허혁 역. 서울: 한국성서연구원, 1976.

Burton, Ernest De Witt, A Critical and Exegetical Commentary, *The Epistle to the Galatians*. Edinburgh: T. & T. Clark Ltd, 36 George Street, 1980.

Caeson, D. A. 「신약개론」 엄성옥 역. 서울: 은성출판사, 2006.

Calvin, J. 「갈라디아서」 존 칼빈성경주석출판위원회 역. 서울: 성서교재간행사, 1990.

______. 「사도행전」 II 존 칼빈성경주석출판위원회 역. 서울: 성서교재간행사, 1990.

______. 「에베소서」 존 칼빈성경주석출판위원회 역. 서울: 성서교재간행사, 1990.

______. *The Epistles of Paul the Apostle to the Galatians, Ephesians, Philippians, and Colossians*. Tr. T. H. L. Paker, Grand Rapids: Eerdmans, 1965.

Campbell, Donald K. 「갈라디아서」 정민영 역. 서울: 두란노, 1983.

Conzelmann, Hans. 「신약성서신학」 박두환 역. 서울: 한국신학연구소, 1987.

Cousar, Chrales B. 「갈라디아서」 천병욱 역. 서울: 한국장로교출판사, 2004.

Cooper, S. Andrew, *Marius Victorinus' Commentary on Galatians*. New York: Oxford Univesity Press, 2005.

Cox, Harvey. *The Secular City*. New York: Macmillan, 1965.

Craddock, Fred B. 「빌립보서」 김도일 역. 서울: 장로교출판사, 2001.

Dahl, N. A. *The Background to the New Testament and Its Eschatology*. ed. W. D. Davies and D. Daube. Cambridge: Cambridge University Press, 1956.

Dibelius, Martin Paulus. 「바울의 인물, 사상, 역사」 전경연 역. 서울: 종로서적, 1977.

Drane, John W. *Paul*,「바울」 이중수 역. 두란노서원, 1989.

Dodd, C. H. *The Meaning of Paul for Today*. New York: New American Library, 1974.

Dunn, James D. G. 「바울신학」 박문제 역. 고양: 크리스챤다이제스트, 2003.

Erasmus, D. *Collected Works of Erasmus*, Vol. 42: *Paraphrases on Romans and Galatians*. ed. R. D. Sider. Toronto: University of Toronto, 1984.

Ernst, Kasemann. *Paulinische Perspektiven*. 「바울신학의 주제」 전경연 역. 서울: 대한기독교서회, 1989.

Goppelt, Leonhard. 「신약 신학」II 박문재 역. 고양: 크리스챤다이제스트, 2003.

Grenz, Stanley J. 「조직신학」 신옥수 역. 고양: 크리스챤다이제스트, 2003.

Gundry, Robert H. 「신약개관」 이홍성 역. 서울: 크리스챤서적, 1994.

Guthrie, Donald. 「신약 서론」 김병국 · 정광욱 공역. 고양: 크리스챤다이제스트, 1996.

Handriksen, William. 「갈라디아서」 김경신 역. 서울: 아가페출판사, 1984.

______. 「빌립보서」 서춘웅 역. 서울: 아가페출판사, 1983.

______. 「에베소서」 신성종 역. 서울: 아가페출판사, 1983.

Hawthorne, Gerald F. 「빌립보서」 채천석 역. 서울: 솔로몬, 1999.

Henry, Matthew. 「에베소서」 남준희 역. 서울: 기독교문사. 1983.

Hoehner, Harold W. *Ephesians*. AEC. Grand Rapids: Baker Book House Co, 2002.

Hodges, Jess W. *Christ's Kingdom and Comming*. Grand Rapids, Michigan: William B. Eerdmans Publishing Co., 1957.

Hughes, R. Kent. *Ephesians*. PTW. Wheaton: Crossway Books, 1990.

Jay, Eric G. 「교회론의 변천사」 주재용 역. 서울: 대한기독교서회, 2002.

Johnston, G. *The Doctrine of the Church in the N.T.* Cambridge: Cambridge

University, 1943.

Klooster, Fred H.,「하이델베르크 요리문답에 나타난 기독교신앙」 이승구 역. 서울: 여수룬, 1992.

Kümmel, W. G. *The New Tastament: The History of the Investigation of Its Problems.* New York: Abingdon, 1970.

Ladd, G. E. *A Theology of New Testament.* Michigan: Eerdmans Publishing Co., 1974.

Liefeld, Walter L. *Ephesians.* Illiomis: Inter Varsity Press, 1997.

Lehman, Chester K. 「성경신학」II 김인환 역. 고양: 크리스챤다이제스트, 1994.

Longenecker, Richard N. 「갈라디아서」 이덕신 역. 서울: 솔로몬 출판사, 2003.

_______. 「바울의 선교와 메시지」 노상국 역. 대한기독교서회, 1992.

Luther, M. *Luther's Works.* Vol. 27. ed. J. Pelikan. St. Louis: Concordia, 1963-64.

Marshall, I. Howard. 「신약성서신학」 박문제 · 정용신 공역. 고양: 크리스챤다이제스트, 2006.

Martin, Ralph「신약의 초석」II 원광연 역. 고양: 크리스챤다이제스트, 1993.

_______. *Reconciliation: A Study of Paul's Theology.* Atlanta: Jhon Knox Press, 1981.

Matera, Frank J. *Galatians.* Minnesota: The Liturgical Press, 1992.

Moule, C. F. D. *The Origin of Christology.* Cambridge: Cambridge University Press, 1977.

Murry, John. *Redemption-Accomplished and Applied.* Grand Rapids: Eerdmans, 1955.

Mussner, Auslegung von Franz, *Der Galaterbrief.* Herstellung: Freiburger Graphische Betriebe, 1981.

O`brien, Peter T. *The Letter to the Ephesians.* Grand Rapids: Wm. B. Eerdmans Publising Co, 1999.

Oswald, Sanders J. 「지도자 바울」 네비게이토출판사 역. 서울: 네비케이토출판사, 1987.

Phillips, John. *Exploring Ephesians & Philippians.* JPCS. Grand Rapids: Kregel Publications, 1995.

Picirilli, Robert E. 「사도바울」 배용덕 역. 도서출판 솔로몬, 1993.

Plumer, Eric. *Augustine's Commentary on Galatians.* New York: Oxford University Press, 2003.

Reymond, Robert L. 「바울의 생애와 신학」 원광연 역. 고양: 그리스챤다이제스트, 2003.

Richardson, Alan. 「신약신학개론」 이한수 역. 고양: 크리스챤다이제스트, 1994.

Ridderbos, Herman. 「바울과 예수」 이한수 역. 서울: 한국로고스연구원, 1984.

______. 「바울신학」 박영희 역. 서울: 지혜문화사, 1985.

______. *Paul and Jesus*. Philadelphia: The Presbyterian and Reformed Publ. Co., 1958.

Ritschl, Albrecht. *The Christian Doctrine of Justification and Reconciliationf.* (ed. by H. R. Mackintosh and A. B. Macauley) Edinburgh: T. & T. Clark, 1900.

Robertson, O. Palmer. 「개약신학과 그리스도」 김의원 역. 서울: 기독교문서선교회, 1995.

Roetzel, Calvin J. 「최근의 바울서신 연구」 이억부 역. 서울: 은성, 1998.

Sloan, W. W. 「신약성서해설」 안재복 역. 서울: 대한기독교 교육협회, 1971.

Smedes, Lewis B. 「바울의 그리스도와의 연합 사상」 오광만 역. 서울: 여수룬, 1991.

Sproul, R. C. *The Purpose of God An Exposition of Ephesians*. Ross-shire: Christian Focus Publications, 2002.

Stott, Jhon R. W. 「갈라디아서 강해」 정옥배 역. 서울 : IVP, 2007.

Turker, Leon W. *Studies in Ephesians*. Grand Rapids: Kregel Publication, 1983.

Wrede, William. *Paul.* London: Philp Green, 1907.

Westcott, B. F. St. *Paul' s Epistle to the Ephesians*. Grand Rapids: Eerdmans, 1952.

Wright, Nicholas T. 「하나님의 아들의 부활」 박문재 역. 고양: 크리스챤다이제스트, 2005.

〈사전류〉

Bauer, W. *A Greek-English Lexicon of the New Testament and other Early Christian Literature*. Chicago: The University of Chicago Press, 1979.

Kittel, G. and Friedrich, G. *Theological Dictionary of the New Testament*. Grand Rapids: Eerdmans, 1964.

〈성구색인〉

신 약

구 약